Adolf von Harnack

Militia Christi

Die christliche Religion und der Soldatenstand in den ersten drei Jahrhunderten

edition pace I Band 25
Regal: Pazifismus der frühen Kirche 1

Herausgegeben von Peter Bürger
In Kooperation mit:
Bodo Bischof, Lebenshaus Schwäbische Alb,
Ökumenisches Institut für Friedenstheologie,
Solidarische Kirche im Rheinland

Adolf von Harnack

Militia Christi

Die christliche Religion
und der Soldatenstand in den
ersten drei Jahrhunderten

Mit einem einleitenden Essay
von Franz Segbers

edition pace

Diese Buchausgabe
folgt der schon erschienenen
Digitalversion des Online-Regals
(OekIF / SoKi / Lebenshaus Schwäbische Alb)

Adolf von Harnack

MILITIA CHRISTI
Die christliche Religion und der Soldatenstand
in den ersten drei Jahrhunderten (1905)

Mit einem Essay von Franz Segbers

edition pace ǀ Band 25
(*Regal: Pazifismus der frühen Kirche* 1)

Herausgegeben & gestaltet von Peter Bürger

Umschlagbild: Säulensockel ‚kämpfende Legionäre‘ (1. Jh.),
Landesmuseum Mainz ǀ commons.wikimedia.org

Verlag: BoD · Books on Demand GmbH, In de Tarpen 42,
22848 Norderstedt ǀ Druck: Libri Plureos GmbH,
Friedensallee 273, 22763 Hamburg

ISBN: 978-3-7597-6020-3

Inhalt

Über den Pazifismus der Alten Kirche

Unzeitgemäße Erinnerung zur Zeitenwende

Franz Segbers

LOSUNG KRIEGSTÜCHTIGKEIT

Dass zur Kriegstüchtigkeit ermuntert wird, kennt die deutsche Geschichte nur zu gut. Das Wort „Kriegstüchtigkeit" ist verräterisch. Die mittelhochdeutsche Wurzel des Wortes meint „taugen". Und wenn etwas taugt, dann ist es verwendbar. Man muss nur „es" durch ‚Männer' und ‚Frauen' ersetzen, dann enthüllt der Begriff Kriegstauglichkeit seine rhetorische Martialität. Der Publizist Heribert Prantl hat recht, wenn er die Losung ‚Kriegstüchtigkeit' „eine Beleidigung für die Mütter und Väter des Grundgesetzes"[1] nennt. Den Zweiten Weltkrieg gerade überwunden – und manchem von ihnen war auch das Grauen des Ersten Weltkriegs noch in bedrückender Erinnerung, hatten sie nämlich in die Präambel des Grundgesetzes wie eine Mahnung den Auftrag hineingeschrieben, „dem Frieden der Welt zu dienen". Ihnen schwebte ein Manifest des Friedens mit einem nachdrücklichen Friedensgebot in der Verfassung vor. Nach 1945 sollte alles anders werden.

Wohin die Kriegsertüchtigung gerade auch Deutschland geführt hat, war im 20. Jahrhundert in zwei Weltkriegen leidvoll zu besichtigen. Deshalb lohnt ein Blick in das Jahr 1905, als Adolf von Harnack seine Schrift über die „Militia Christi. Die christliche Religion und der Soldatenstand in den ersten drei Jahrhunderten" publizierte. Themen haben ihre Zeit. Es war die Zeit des Vorabends, als der Erste Weltkrieg bereits dunkel heraufzog. Mitten in der heraufdämmernden Katastrophe des Ersten Weltkriegs verweist Harnack in wissenschaftlicher Distanz auf das Evangelium, das „alle Gewalt ausschließt und nichts Kriegerisches an sich hat oder auch nur

---

[1] HERIBERT PRANTL, Den Frieden gewinnen. Die Gewalt verlernen, München 2024, S. 56.

dulden will"[2]. Wenn Harnack den konstitutiven Grund des Evangeliums als friedfertig und allem Kriegerischen fremd beschreibt, entpuppt sich zugleich der Nationalprotestantismus mit seiner Kriegs- und Gewaltverherrlichung als ein entfremdetes, verfälschtes, in ideologische Gefangenschaft geratenes Christentum. Das macht seine Studie – sicherlich gegen die Absicht des Autors – zu einer für den Zeitkontext keineswegs harmlosen Erinnerung an „die Unverträglichkeit des Christen- und Soldatenstandes"[3], an den Gegensatz von Kriegshandwerk und Evangelium. Aber die nationalprotestantische Theologie folgte der politischen Agenda und unterstützte mit erbaulicher Andacht oder theologischer Reflexion eine vermeintlich naturwüchsige Kriegslogik. Auch hier gilt jedoch, dass kein theologischer Satz unpolitisch ist.

Das Jahr 1905, als Harnack seine Schrift „Militia Christi" veröffentlichte, war ein Jahr, in dem um den Frieden gerungen, aber auch zum Krieg angestachelt wurde. So hatte am 1. April 1905 der Reichstag ein Gesetz über die Erhöhung der Friedenspräsenzstärke des deutschen Heeres verabschiedet. Die Landstreitmacht sollte in vier Jahren um 10.000 Mann auf insgesamt rund 500.000 aufgestockt werden. Die SPD mobilisierte am 9. Juli 1905 zu einer Massenkundgebung in Berlin gegen die drohende Kriegsgefahr angesichts der Marokko-Krise. 18.000 Teilnehmer versammelten sich, um die Verbundenheit der deutschen und der französischen Arbeiter zu bekunden. Doch durch eine persönliche Intervention von Reichskanzler Bernhard Graf von Bülow wurde die Teilnahme des französischen Sozialistenführers Jean Jaurès verhindert. Im Sommer vereinbarten Kaiser Wilhelm II. und Zar Nikolaus II. am 25. Juli ein Verteidigungsbündnis: Deutschland und das Russische Reich verpflichteten sich für den Fall eines Angriffs einer europäischen Macht zur gegenseitigen Hilfeleistung. Und am 10. Dezember 1905 erhielt erstmals mit der Friedensaktivistin Bertha von Suttner eine Frau den Friedensnobelpreis – vor allem wegen ihres Romans „Die Waffen nieder".

In diesem Jahr von drohender Kriegsgefahr, Aufrüstung und deutsch-französischen Friedenskundgebungen hatte der angesehe-

---

[2] ADOLF VON HARNACK, Militia Christi. Die christliche Religion und der Soldatenstand in den ersten drei Jahrhunderten, Tübingen 1905, S. 2.
[3] HARNACK, Militia, S. 69.

ne Theologe Adolf von Harnack seine hochgelehrte und akademische Abhandlung mit dem lateinischen Titel „*Militia Christi*" scheinbar ungerührt von der Vorgängen außerhalb seiner Studierstube vorgelegt. Der lateinische Buchtitel zeigt an, dass die Schrift nicht fürs gemeine Volk gedacht war. Bereits das Vorwort lässt aufmerken, benennt es doch als das Besondere am Verhältnis der christlichen Religion zum Heer, dass sich die „alten Christen – vor allem im Abendland – auch als Krieger Gottes empfanden"[4], doch mit den „Waffen" des Friedens und der Gewaltlosigkeit. Harnack muss den Widerspruch gespürt haben, denn er formuliert gleich zu Beginn den Kontrapunkt: „Aber ,der Krieg' ist eine der Grundformen alles Lebens, und es gibt unveräußerliche Tugenden, die im Kriegsstande ihren höchsten oder doch ihren symbolischen Ausdruck finden – der Gehorsam und der Mut, die Bereitschaft und Treue bis zum Tode."[5]

Wer so schreibt, ist unverdächtig, die Gewaltfreiheit und die Absage an Gewalt und Krieg, wie sie Theologen zur Zeit der Alten Kirche vertreten haben, verherrlichen zu wollen. Für Harnack ist der Krieg etwas Naturwüchsiges, gar Tugendhaftes. So wird er auch nur wenige Jahre später im Ersten Weltkrieg junge Männer mit feurigen Kriegspredigten zur Kriegstüchtigkeit ermutigen. Der Krieg, seine theologische Rechtfertigung und Unterstützung waren zu einer unhinterfragten Christentumspraxis verfeindeter christlicher Nationen geworden. Nur wenige und marginale Milieus der europäischen Christenheit entzogen sich dieser Dynamik. Die Kirchen Europas stellten sich im Ersten Weltkrieg jeweils ihren Staaten zur Verfügung und gestanden ihnen ihr ,Recht auf einen gerechten Krieg' zu: Die deutsche Kirche dem Deutschen Reich, die Church of England dem Vereinigten Königreich und die Fédération Protestante de France der französischen Nation. Jede Nation hatte ihr „Gott mit uns", wie es auf dem Koppelschloss deutscher Landser hieß. Christliche Legitimationsformeln wurden zur bloßen Bemäntelung handfester Interessenkonflikte. Die christlich geprägten Länder hatten sich alle mit ihren christlich gebildeten Eliten und christlich erzogenen Bevölkerungen kriegstüchtig gemacht.

---

[4] HARNACK, Militia, S. VI.
[5] HARNACK, Militia, S. 2.

In diese Gesellschaft hinein spricht Harnack mit seinem Buch über die „Militia Christi", den Soldatendienst für Christus, der doch so ganz anders war als der Soldatendienst im kriegstüchtig aufgerüsteten Heer. Der Titel greift eine Metapher aus dem Militärkontext auf, die bereits Paulus immer wieder herangezogen hatte, um die christliche Existenz zu charakterisieren (Eph 6, 10-20; 1 Kor 9, 24-27; 1 Thess 5, 8-9). Wie Soldaten sollten Christen sich eine Rüstung anlegen, um für das „Evangelium vom Frieden" (Eph 6, 15) einzutreten. Diese paulinische Metapher wird für die nächsten drei Jahrhunderte den ausschlaggebenden Hintergrund für die Einstellung der Alten Kirche zum Militärdienst bilden, bis sich nach Konstantins Wende die Haltung ändern wird. Die Metapher der „Militia Christi" verwundert zunächst kaum, war doch im Römische Imperium das Militär nicht nur überall präsent, sondern auch tragende Säule und Stütze bei der Absicherung von Herrschaft. Die Pax Romana war ein durch das Militär gefestigter ‚Friede': Krieg gilt als Voraussetzung des Friedens. – Diesem Gewaltfrieden hält Jesus entgegen: *„Denkt nicht, ich sei gekommen, um Frieden auf die Erde zu bringen! Ich bin nicht gekommen, um Frieden zu bringen, sondern das Schwert"* (Mt 10, 34). Dem ‚Frieden' nach Roms Art bringt Jesus das „Schwert". Dass dieses nicht wörtlich zu verstehen ist, zeigt der Zusammenhang, denn es ist ein bildhafter Ausdruck für die Entzweiung im Haus. Der Friede, wie ihn die Pax Romana meint, ist eine Ordnung der Ausplünderung und Ausbeutung der unterworfenen Provinzen.[6] Der militärisch hergestellte und durchgesetzte Friede ist begleitet von Leichen, Blut und Leid, deren Ausmaß schier unvorstellbar ist. Die „Militia Christi" – der Soldatendienst für Christus, von dem Paulus und die Theologen in der Alten Kirche sprechen – unterscheidet sich auf dramatische Weise von dem durch den erfolgreichen Einsatz der römischen Legionen militärisch-gewaltsam abgesicherten Frieden. Nicht der Kaiser bringt mit seinen Legionären den Frieden, sondern die „Militia Christi". Der ‚Friede', den Rom bringt, beruht auf militä-

---

[6] KLAUS WENGST, Pax Romana. Anspruch und Wirklichkeit. Erfahrungen und Wahrnehmungen des Friedens bei Jesus und im Urchristentum, München 1986, S. 80 ff.

rischer Gewalt. Die „Militia Christi" hat einen polemischen Unterton, sie zielt auf einen Gegenentwurf zur imperialen Kaiserideologie Roms.

Das war eine mutige Behauptung dieser kleinen Schar von Christen, die in den ersten drei Jahrhunderten kaum mehr als zehn Prozent der Bevölkerung ausmachte. Doch es ging um die Mitte der Kirche und des Glaubens – im Widerspruch zum römischen Militärstaat und seiner Art, „Frieden" zu schaffen. In heftigen Disputen mit den jüdischen Gelehrten rangen die Theologen und Kirchenväter in der Zeit der Alten Kirche darum, ob dieser Jesus von Nazareth, der als politischer Verbrecher von den Legionären Roms gekreuzigt und umgebracht worden war, wirklich der von den Propheten verheißene Messias ist. Der zentrale jüdische Einwand, der bis heute zu Recht erhoben wird, lautete: Wenn der Messias kommt, dann gibt es die entscheidende Zeitenwende zum Frieden. Gemeint ist kein Friede in der Ferne eines Reiches Gottes, das erst *nach* der Welt kommt. Zum Messias gehört unabdingbar, dass er den Frieden bringt. Und gibt es keinen Frieden, dann ist der Messias auch noch nicht gekommen. Der große jüdische Gelehrte Leo Baeck (1873-1956) schreibt im Kompendium über „Die Lehren des Judentums nach den Quellen" deutlich, dass es der biblisch-jüdischen Friedenshoffnung um einen *Frieden in der Welt* geht: „Wo der Friede ist, dort ist das Reich Gottes, er ist die Welt, in der das seine Erfüllung hat."[7] Ist der Friede also nicht greifbar da, dann sind auch der Messias und das Reich Gottes noch nicht gekommen.

Die Theologen wie Justin wussten um diese gesellschaftlich greifbare und konkrete Friedenshoffnung der Propheten. Justin (100 bis 165) berichtet über einen Disput mit dem Juden Tryphon, der ihn fragt, wo denn eingetreten sei, was die Propheten erwarteten. Justin verweist auf die Kirche: „Obwohl wir uns so gut auf Krieg, Mord und alles Böse verstanden hatten, haben wir alle auf der weiten Erde unsere Kriegswaffen umgetauscht, die Schwerter in Pflugscharen, die Lanzen in (andere) Ackergeräte."[8] Justin bezieht sich auf den wohl größten Friedenstext der Menschheitsgeschichte, den Ernst

---

[7] LEO BAECK, Der ewige Friede, in: Die Lehren des Judentums nach den Quellen, Leipzig [1928-1930], neu herausgegeben von Walter Homolka, München 1999, S. 179.
[8] JUSTIN, Dialog, 110.

Bloch „das Urmodell der pazifistischen Internationale"[9] genannt hat. Es ist die doppelt überlieferte prophetische Friedensvision, Schwerter in Pflugscharen umzuschmieden (Mi 4, 3 / Jes 2, 4).[10] Für Kirchenvater Origenes (185 - 253/254) ist die „Militia Christi", der Kriegsdienst Christi, ein Friedensdienst im Sinne dieser Friedensvision der Propheten Micha und Jesaja:

> „Wir sind gekommen nach den Weisungen Jesu, um die geistigen ‚Schwerter', mit denen wir unsere Meinungen verfochten und unsere Gegner angriffen, zusammenzuschlagen ‚zu Pflugscharen', und ‚die Speere', deren wir uns früher im Kampfe bedienten, umzuwandeln zu ‚Sicheln'. Denn wir ergreifen nicht mehr ‚das Schwert gegen ein Volk', und wir lernen nicht mehr ‚die Kriegskunst', da wir Kinder des Friedens geworden sind durch Jesus, der unser ‚Führer' ist."[11]

Auch der Kirchenvater Irenäus von Lyon (130 - 202) brachte gegen jüdische Einwände keine theologischen Argumenten vor, sondern den Verweis auf eine Praxis, die „eine so große Veränderung bewirkt hat, dass ... aus den kriegerischen Schwertern und Lanzen Pflugscharen und Sicheln gemacht" worden sind. Dass Jesus der erwartete Messias ist, wird sichtbar und beweist sich in der Erfüllung der prophetischen Friedensvision. Diese Erfüllung ist eine Praxis

---

[9] ERNST BLOCH, Prinzip Hoffnung, Frankfurt 1967, S. 578.

[10] JUSTIN, der Märtyrer, Dialog mit dem Juden Trypho 110; ORIGENES, Gegen Celsus 5, 33; IRENAEUS, Gegen die Häresien IV 34,4; TERTULLIAN, Gegen die Juden 3,9f.; ATHANASIUS, Über die Erscheinung des Logos und seine leibliche Erscheinung unter uns, 51f.. – Die Kirchenväter werden im Folgenden zitiert nach: Bibliothek der Kirchenväter, hrsg. von O. Bardenhewer u. a, Kempten – München 1911ff., in: Bibliothek der Kirchenväter. Eine Auswahl patristischer Werke in deutscher, französischer und englischer Übersetzung. Theologische Fakultät, Patristik und Geschichte der alten Kirche, Universität Fribourg, abrufbar unter: https://bkv.unifr.ch/de (Aufruf 18.09.2024). – Vgl.: MARCO HOFHEINZ, „Schwerter zu Pflugscharen", in: Klara Butting / Gerard Minnard (Hg.), Der Friede Gottes, der höher ist als alle Vernunft, Uelzen 2024, S. 21-46. GERHARD LOHFINK, „Schwerter zu Pflugscharen." Die Rezeption von Jes 2, 1-5 par Mi 4, 1-5 in der Alten Kirche und im Neuen Testament, in: Theologische Quartalsschrift 166 (1986), S. 184-209; FRANZ SEGBERS, „So hat doch der Herr jedem späteren Soldaten die Waffe weggenommen, als er Petrus entwaffnete." (Tertullian). Entwurf einer Friedensethik aus alt-katholischer Perspektive, in: Alt-Katholische und Ökumenische Theologie 8, Bonn 2023, S. 29-45.

[11] ORIGENES, Gegen Celsus 5, 33.

von Christen, die von sich sagen, dass sie „nicht mehr verstehen zu kämpfen, sondern ‚geschlagen, die andere Backe hinhalten'"; also „haben die Propheten nicht von einem anderen gesprochen, sondern von dem, der es erreicht hat. Das aber ist unser Herr."[12] Lange wurde und wird in der Exegese darum gerungen, ob die Bergpredigt alltagstauglich sei, ob mit ihr Politik gemacht werden könne oder sie nur ein utopisches Programm sei, allenfalls für Minderheiten praktikabel. Justin bezieht sich auf die Bergpredigt (Mt 5, 39). Er spiritualisiert den Frieden nicht, sondern verweist auf eine Praxis, die die prophetische Friedenshoffnung erfüllt. Solches ist für Athanasius von Alexandrien (300 - 373) ein „sichtlicher Beweis für die Gottheit des Heilandes"[13]. Clemens von Alexandrien (150 - 215) spricht von „… friedfertigen Kriegern, die Christus schickt und die sich mit den Waffen des Friedens zum Kampf gegen den Bösen aufstellen."[14] Origenes nimmt die Christen in Pflicht für einen anderen Kriegsdienst, für den Dienst an den Menschen, um sie von den Dämonen des Krieges zu befreien: „Wir vernichten aber mit unseren Gebeten auch alle Dämonen, welche die kriegerischen Unternehmungen anstiften und Eide brechen und den Frieden stören, und helfen dadurch den Herrschern mehr als die Personen, welche äußerlich zu Felde ziehen."[15]

MILITIA CHRISTI:
DIE UNERLAUBTHEIT DES KRIEGSDIENSTES

Es kann als Forschungskonsens gelten, dass „die frühen Christen vom Götzendienst der römischen Armee ebenso abgestoßen waren wie vom Töten, wenn nicht sogar noch mehr; die stärksten frühchristlichen Gegner des Militärdienstes begründeten ihre Einwände mit ihrer ‚Abscheu vor der römischen Militärreligion' und mit ihrer Ablehnung des Blutvergießens"[16]. Der geforderte Militärkult stellte

---

[12] IRENÄUS VON LYON, Gegen die Häresien IV, 34, 4.
[13] ATHANASIUS VON ALEXANDRIEN, Über die Erscheinung des Logos 52.
[14] CLEMENS VON ALEXANDRIEN, Protrepticus 116.
[15] TERTULLIAN, Gegen Celsus 8,73.
[16] ANDREAS GERSTACKER, Der Heeresdienst von Christen in der römischen Kaiserzeit. Studien zu Tertullian, Clemens und Origenes, Berlin 2021, S. 33. (Übers. F.S.)

die Entscheidungsfrage zwischen Gott und Kaiser. Für Tertullian ist die Lage eindeutig: Wie der Legionär sich mit dem Fahneneid auf den Kaiser verpflichtet, so der Christ mit der Taufe auf Christus.[17] Das Opfer ist ein Zeichen der Loyalität gegenüber dem Kaiser, aber auch eine Bitte an die Götter um Erfolg bei kriegerischen Unternehmungen. Wie christliche Soldaten ihren Glauben und ihre Opferpflicht miteinander in Einklang bringen konnten, ist Quellen nicht zu entnehmen. Doch berichtet wird, dass mancher christliche Soldat während eines Opfers mit dem Schlagen eines Kreuzes seine *Distanzierung* ausdrückte.[18]

Aufschlussreich ist die Analyse des Militärapparats, die Tertullian in seiner Schrift „Vom Kranze der Soldaten" vornimmt. Er geht die verschiedenen Tätigkeitsbereiche der Soldaten im römischen Heer durch und stellt zu diesen jeweils analysierende Fragen:

> „Wird es erlaubt sein, mit dem Schwerte zu hantieren, da der Herr den Ausspruch tut, ‚wer sich des Schwertes bedient, werde durch das Schwert umkommen'? Soll der Sohn des Friedens in der Schlacht mitwirken, er, für den sich nicht einmal das Prozessieren geziemt? Wird er Bande, Kerker, Foltern und Todesstrafen zum Vollzug bringen, er, der nicht einmal die ihm selber zugefügten Beleidigungen rächt? [...] Wird er diejenigen [lebensfeindlichen Dämonen, *Anm.*], welche er am Tage durch Exorzismen vertreibt, bei Nacht beschützen, gestützt und ruhend auf der Lanze, womit die Seite Christi durchbohrt wurde?"[19]

Tertullian geht es nicht abstrakt um die Frage, ob Christen Militär- und Kriegsdienst verrichten dürften. Er stellt vielmehr Fragen, die an das berühmte Diktum des Widerstandkämpfers, Friedensaktivisten und Kirchenpräsidenten der Evangelischen Kirche von Hessen-Nassau (EKHN) Martin Niemöller (1892-1984) erinnern: Was würde Jesus dazu sagen? Diese Frage klingt zunächst ziemlich naiv, kann aber in ihrer Einfachheit auch Klarheit schaffen. Was würde Jesus zu dem Panzerfahrer sagen? Was dem Drohnenpiloten, dem Jagdbomber oder dem Infanteristen an der Haubitze? Könnte er den Lenk-

---

[17] TERTULLIAN, Vom Kranz des Soldaten 11,1; 19.

[18] JEAN-MICHEL HORNUS, Politische Entscheidung in der Alten Kirche, München 1963, S. 121.

[19] TERTULLIAN, Vom Kranze des Soldaten 11.

flugkörper Taurus abfeuern, der noch in einer Entfernung von 500 Kilometern seine verheerende Vernichtungskraft anrichtet?

Tertullian redet Christen im Kontext der militärischen Gewalt an. Unstrittig ist für ihn, dass der ganze Militärapparat kein Ort für Christen sein kann, sofern konkret analysiert wird, was der Militärdienst bedeutet, in dem Soldaten mit Schwertern hantieren, Kerkerhaft, Folter und Todesstrafen vollstrecken oder mit jener Lanze, die einst die Seite Christi durchbohrt hat, Wache stehen. Ob Christen Militärdienst leisten dürfen, ist *konkret* zu beantworten. Tertullian zieht eine Schlussfolgerung: die „Unerlaubtheit des Soldatenstandes"[20]. Für Tertullian geht es hier um eine Frage, die die Nachfolgepraxis der Christen betrifft. Denn: „So hat der Herr allen späteren Soldaten die Waffen weggenommen, als er Petrus entwaffnete."[21] Was, wenn ein getaufter Christ in das Heer eintreten will oder ein Soldat getauft werden will? Wenn ein Soldat Christ werden will, dann soll er den Dienst quittieren. Und dies haben auch viele getan – so Tertullian. Sollte aber ein Verlassen des Militärs nicht möglich sein, empfiehlt Tertullian, irgendwelche Ausflüchte zu suchen. Für Tertullian war es schlechterdings ein Unding, wenn ein getaufter Christ freiwillig in das römische Heer eintreten wollte. Dass der Militärdienst ein Taufhindernis darstellt, regelt auch die „Traditio apostolica" (210 / 235 n. Chr.), eine der einflussreichsten Rechtssammlungen der Alten Kirche, in der es heißt: „Wenn ein Taufbewerber oder ein Gläubiger Soldat werden will, weise man ihn ab, denn er hat Gott verachtet."[22] Wie ernst es aber um die Beteiligung von Christen am Militär- und Soldatendienst wirklich bestellt ist, zeigt sich darin, dass Tertullian die Sache zum Bekenntnisfall macht, und zwar notfalls bis zum Martyrium. Über einen solchen Bekenntnisfall berichten die Märtyrerakten. Maximilianus (274 - 295), ein junger Christ, wird zwangsausgehoben, weigert sich aber, den Militärdienst anzutreten, mit dem klaren und einfachen Begründungssatz: „Mihi non licet militare, quia Christianus sum!" (dt.: Mir ist es nicht erlaubt, Militärdienst abzuleisten, denn ich bin ein Christ!) Und auf Nachfrage des Offiziers bekräftigt er: „Non possum militare, non

[20] TERTULLIAN, Über den Götzendienst 11,17.
[21] TERTULLIAN, Über den Götzendienst 19.
[22] Zit. in: LOHFINK, Schwerter, S. 255.

possum malefacere; Christianus sum." (Ich kann keinen Militärdienst ableisten, ich kann nichts Böses tun, denn ich bin ein Christ.)[23]

Das Töten und Morden, die Verwicklung in Gewalt und Zerstörung lehnt Kirchenvater Origenes in seinem Kommentar zu Matthäus 26, 51 f. in klaren Worten ab. Es ist die Stelle, in welcher geschildert wird, wie einer der Begleiter Jesu bei seiner Festnahme dem Diener des Hohenpriesters das Ohr abschlägt und Jesus kommentiert: „Steck dein Schwert in die Scheide, denn alle, die zum Schwert greifen, werden durch das Schwert umkommen" (Mt 26, 52). Mit Hinweis auf diese Szene formuliert Origenes die wohl schärfste Verurteilung des Militärdienstes bei den Kirchenvätern:

„Jesus will nämlich, dass seine Jünger friedfertig sind, damit sie dieses kriegerische ‚Schwert' ablegen und das andere friedfertige ‚Schwert' nehmen, welches die Schrift ‚Schwert des Geistes' nennt. […] Und ich meine, dass alle Unruhestifter, Kriegstreiber und solche, welche die Seelen der Menschen in Aufruhr versetzen, besonders die der Kirchen, zu dem Schwert greifen, durch das sie auch selber umkommen werden, denn, ‚wer eine Grube gräbt, wird selbst hineinfallen'. […] Wenn wir also mit denen, die den Frieden hassen, friedfertig sein müssen, dürfen wir gegen niemand das Schwert gebrauchen."[24]

Die gesamte Auslegung des Origenes klingt wie eine vollständige Ablehnung des Militärs für Christen. Gerstacker kommt zu dem Gesamturteil: „Hat man die harten, verurteilenden Worte über diejenigen Menschen vor Augen, die das Schwert führen, Worte, die ja so allgemein gehalten sind, dass sie gerade auch Heiden einschließen, kann man sich kaum vorstellen, dass es für Origenes überhaupt eine Rechtfertigung für den Einsatz des Schwertes gibt."[25]

Wie wichtig die Absage an Gewalt für die Theologie war, zeigt sich daran, dass Kirchenväter eine eigene Theologie der Gewaltlosigkeit entwickelt haben. So schreibt Tertullian in seiner Schrift „Über die Geduld": „In diesem Grundgesetz ist die ganze Lehre von der Gewaltlosigkeit zusammengefasst, da Böses zu tun nicht mehr

---

[23] HARNACK, Militia, S. 114 f.
[24] Zit. GERSTACKER, Heeresdienst, S. 341.
[25] GERSTACKER, Heeresdienst, S. 345.

erlaubt ist – auch nicht einmal mit guten Gründen."[26] Auch Cyprian (200/210 - 258) schreibt in der Schrift mit dem Titel „Vom Segen der Geduld" über die Gewaltlosigkeit. Er führt darin aus, dass bei keinem Christen „die Hand durch Schwert und Blut besudelt"[27] ist. Harnack kommt in seiner Schrift „Militia Christi" zu dem resümierenden Fazit: „[D]as Christentum verwarf prinzipiell Krieg und Blutvergießen."[28]

Für die Theologen der Alten Kirche war die Gewaltfreiheit nicht zuerst ein ethisches Thema, sondern ein theologisches, christologisches und ekklesiologisches Thema. Denn *Gewaltfreiheit* mitten in einer Welt der Pax Romana mit ihrem durch Gewalt durchgesetzten und abgesicherten ‚Frieden' ist das *Kennzeichen der Kirche* – als dem Ort des Friedens. Wo die Kirche aber nicht mehr ein solch sichtbarer Ort des Friedens ist, ist sie nicht mehr die Kirche Jesu Christi.

Es ist davon auszugehen, dass die frühen Gemeinden ernsthaft darum bemüht waren, Jesu Ethos der Gewaltfreiheit in einer Umwelt voller Gewalt zu leben. Äußerungen Jesu zum Krieg überliefern die neutestamentlichen Evangelien zwar nicht, erhellend aber ist es, die Evangelien als Nachkriegsliteratur zu lesen, wie Luzia Sutter Rehmann in ihrer Studie „Dämonen und unreine Geister" überzeugend begründet.[29] Sie erzählen von Ereignissen *vor* dem Krieg für Leser*innen *nach* dem Krieg und richten sich an eine Gegenwart, die von den Kriegsverbrechen immer noch tief traumatisiert ist. Die Menschen haben erlebt, dass die Kreuzigung Jesu keineswegs singulär war; sie war das Schicksal Tausender im römisch-judäischen Krieg. Was ist die Auferstehung Jesu angesichts dieser abertausenden Kriegstoten? Das Markusevangelium wurde vermutlich gegen Ende des römisch-judäischen Krieges im Jahr 70 n. Chr. verfasst; Rom hatte zuvor die jüdische Aufstandsbewegung mit aller Härte niedergeschlagen. Als die Evangelien nach Lukas und Matthäus entstanden, war Jerusalem bereits seit einer Generation dem Erdboden gleichgemacht worden. Doch noch immer war diese Katastrophe verstörend im Gedächtnis der Menschen präsent. So ist Jesu Mah-

---

[26] TERTULLIAN, Über die Geduld 6, 6.
[27] CYPRIAN, Vom Segen der Geduld, S. 14.
[28] HARNACK, Militia, S. 46.
[29] LUZIA SUTTER REHMANN, Dämonen und unreine Geister. Die Evangelien, gelesen auf dem Hintergrund von Krieg, Vertreibung und Trauma, Gütersloh ²2023.

nung „Steck dein Schwert in die Scheide, denn alle, die zum Schwert greifen, werden durch das Schwert umkommen" (Mt 26, 52) nicht nur eine moralisch-ethische Forderung, sondern auch eine erfahrungsgesättigte Reflexion der Kriegsgräuel. Jesu Wort in der Bergpredigt „Leistet dem, der euch Böses antut, keinen Widerstand" (Mt 5,39) liest sich wie ein kluges Verhalten angesichts der gerade überwundenen Gräuel des Krieges. Es ist keine Aufforderung zu Duldsamkeit oder „zur Passivität, zu resigniertem Rechtsverzicht".[30] Die von der Gewalt gesetzten Bedingungen sollen durch Schaffen einer neuen Situation verändert werden. Feindesliebe lässt den Feind nicht so, wie er ist. „Es geht hier um praktizierte Feindesliebe, die das Ende der Feindschaft will, aber nicht das Ende des Feindes."[31] Angesichts der Aneignung von jüdischem Landbesitz durch die siegreichen Römer bekommt die Seligpreisung Jesu eine aktuelle Bedeutung: „Selig die Sanftmütigen; denn sie werden das Land erben" (Mt 5, 5). Was hier mit „Sanftmut" bezeichnet wird, meint eine Gewaltlosigkeit, die eng mit dem messianischen Friedenskönig verbunden ist.[32] Der gewaltlose Messias Jesus zieht wie der vom Propheten Sacharja verheißene Friedenskönig in die Stadt Jerusalem ein (Mt 21, 5ff). Die kriegstraumatisierten Menschen rufen „Hosianna", was auf Deutsch bedeutet: Komm zu Hilfe! Der von Sacharja verheißene Friedenskönig wird die Streitwagen und Bogen zerbrechen (Sach 9, 9-10). Leben und Wirken des gewaltlosen Messias Jesus gehört in die Traditionslinie der prophetischen Friedenshoffnung in Jesaja 2 / Micha 4. Paulus setzt diese Tradition fort, wenn er die Christinnen und Christen in Rom mahnt, nicht Böses mit Bösem zu vergelten, sondern Frieden mit allen Menschen zu halten (Röm 12, 17f; vgl. auch 1 Thess 5, 15; 1 Petr 3, 9).

---

[30] KLAUS WENGST, Das Regierungsprogramm des Himmelreichs. Eine Auslegung der Bergpredigt in ihrem jüdischen Kontext, Stuttgart, 2010, S. 118.
[31] WENGST, Pax Romana, S. 89.
[32] WENGST, Regierungsprogramm, S. 43.

Für den Kirchenvater Origenes ist das Gewaltverbot eine „evange-
lica [...] Christi doctrina" – eine Lehre des Evangeliums Christi[33].
Solche und vergleichbare theologische Äußerungen der großen Theologen und Kirchenväter aus der Zeit der Alten Kirche führen uns
zur Frage, ob die Christinnen und Christen der Alten Kirche Pazifist*innen waren. Wenn ja, in welchem Sinne waren sie Pazifist*innen? Und warum wäre das überhaupt wichtig?

Das Wort „Pazifismus" ist ein Kunstwort. In ihm klingt das Je-
suswort der Bergpredigt an: „Selig sind die Frieden stiften (lat.:
pacem facere) ..." (Mt 5, 9). Harnack hat es 1905 in seiner Abhandlung
„Militia Christi" nicht verwendet. Obgleich es bereits frühere Hinweise auf eine Verwendung des Begriffs Pazifismus im 19. Jahrhundert gibt, wurde dieser doch erst nach dem Ersten Weltkrieg ge-
bräuchlicher. Es war – und ist immer noch – ein hoch umkämpfter
Begriff. Die Verurteilung von Gewaltanwendung zur Lösung zwi-
schenstaatlicher Konflikte und eine unbedingte Friedensbereitschaft
gehören zu den Hauptinhalten des Pazifismus. Pazifist bezeichnet
wohl den, der alles daransetzt, dieses blutige Handwerk des Krieges
zum Verschwinden zu bringen. Darauf kam es auch den Propheten
Micha und Jesaja bereits in ihrer Friedenshoffnung an, denn diese
zielt darauf, dass man „nicht mehr für den Krieg übt" (Mi 4, 3 / Jes
2, 4). In diesem Sinne haben die theologischen Schriftsteller, die Kirchenväter und Bischöfe der Alten Kirche mit guten biblischen und
theologischen Argumenten deutlich gemacht, dass Christ*innen pazifistische Menschen sein sollten. Diese Haltung ist für die Kirchenväter eine Bekenntnisfrage, denn die Gewaltfreiheit ist nicht eine
vordergründig ethische Verpflichtung, sondern eine aus der Quelle
der Sendung der Kirche kommende Verpflichtung, der sich die Kirche als Kirche verdankt.

Die historische Forschung ist in ihrem Urteil über einen frühchristlichen Pazifismus keineswegs einhellig.[34] Manche Autoren

---

[33] Origenes, Comm. ser. in Mt. 102, zit. in: GERSTACKER, Heeresdienst, S. 347.
[34] Siehe dazu: FRANZ SEGBERS, „So hat doch der Herr jedem späteren Soldaten die
Waffe weggenommen, als er Petrus entwaffnete" (Tertullian). Entwurf einer Friedensethik aus alt-katholischer Perspektive, in: Alt-Katholische und Ökumenische Theologie 8, Bonn 2023, S. 29-45.

sprechen von einem klaren Verbot des Kriegsdienstes, andere vertreten die Gegenposition. Wieder andere tragen vor, dass allenfalls ein „leiser ‚pazifistischer' Unterton" anklingen würde, während wieder andere einen eindeutigen Antimilitarismus der Alten Kirche ausmachen. Diese Vielstimmigkeit erstaunt zunächst nicht, denn die Alte Kirche war keine einheitliche Institution mit gemeinsamer Lehre, sondern eine Gemeinschaft, verschieden je nach Region, Zeit und Umständen. Die kirchlichen und theologischen Positionen scheinen wohl auch in einer gewissen Spannung zum konkreten Verhalten der Gläubigen gestanden zu haben, denn – so bemerkt Harnack – „diese Anweisungen der Moralisten sind im 3. Jahrhundert keineswegs befolgt worden"[35]. Es gab gewiss Christen im Militär, deren genaue Anzahl ist aber unbekannt.

Äußere historische Tatsachen wie die Präsenz von Christen in Militäreinheiten des 3. Jahrhunderts sind indessen kein theologisches Argument. Denn was theologisch gelten soll, ergibt sich nicht aus dem, was ist, sondern aus den biblischen Schriften, der Lehre und der Tradition. Bedeutende Kirchenschriftsteller wie Tertullian, Clemens und Origenes waren hochgebildete Menschen, die im antiken Denken ihrer Zeit verwurzelt sind. *Keiner* der Theologen in der Zeit der Alten Kirche vor Konstantin hat militärische Gewalt theologisch gerechtfertigt oder gar eine ‚Theorie des gerechten Krieges' entwickelt.

Aus der Vielstimmigkeit, die es bereits vor der konstantinischen Wende gegeben hat, konnten sich beim Übergang zu einer staatstragenden Reichskirche unter dem Soldatenkaiser Konstantin (306-337) manche bisher eher marginale Stimmen durchsetzen und eine endgültige und nachhaltige Akzentverschiebung bewirken.[36] Die Kirche wurde zu einer *Kirche des Imperiums*. Es wurden nunmehr auch die prophetischen Schlüsseltexte für eine Kirche des Friedens nach Konstantin anders gelesen: *Ort des universalen Friedens* ist für den christlichen Schriftsteller Eusebius (260/64 – 339/340) nicht mehr die Kirche, sondern das *römische Imperium*. Für die Zeit vor Konstantin galt noch ein unbedingtes Tötungsverbot, wie es Anfang des 4. Jahrhunderts bei Lactantius (250–325) heißt: „Ein gerechter Mann darf nicht

---

[35] HARNACK, Militia, 73.
[36] ROBERT JONISCHKEIT, Eine ethische Diskussion altkirchlicher Argumente über Krieg und Frieden im Umfeld der Konstantinischen Wende, Innsbruck – Wien 2009.

Soldat sein; [...] denn es ist dasselbe, ob du einen mit dem Schwert oder dem Wort tötest, da eben das Töten verboten ist."[37] Das änderte sich. Bis ins 20. Jahrhundert hinein blieb dann die neue Auffassung des Augustinus von Hippo (354-430) prägend, wonach Soldaten legitim handeln, wenn sie in Ausübung ihres Amtes Menschen töten.[38] Für das theologische Denken wurde die ‚Lehre des gerechten Krieges' prägend, für die Augustinus nach antiken Vorbildern die Grundlage erstellte und die später von Thomas von Aquin weiterentwickelt wurde.

Nach Konstantin: Bekennen in der Friedensfrage

Die Haltung der Kirchen gegenüber dem Militär hat sich im Laufe der Geschichte erheblich gewandelt. Sie wird aber nicht allein theologisch bestimmt, sondern vielleicht sogar in weitaus größerem Maße von ihrer Stellung im und zum Staat. Die Kirchen in der DDR haben bereits in den sechziger Jahren erkennen müssen, dass das konstantinische Zeitalter einer Staatskirche oder einer Nähe von Staat und Kirche vorüber ist. Sie haben das Ende dieses Zeitalters als Chance wahrgenommen. In Deutschland ist dieses Ende faktisch längst eingetroffen, auch wenn die religionsverfassungsrechtlichen Privilegierungen für die christlichen Kirchen dieser Entwicklung noch nachhinken. Die derzeitige nachkonstantinische Lage nähert sich in gewisser Hinsicht der vorkonstantinischen Situation, in welcher die Kirchen in der Minderheit waren.

Die Erfahrungen der vom Staatsparadigma freien (bzw. befreiten) Kirchen in der DDR sind gerade bezogen auf die Friedensethik höchst aufschlussreich. In der Zeit der Friedensbewegung erregten die Kirchen mit dem biblischen Motto „Schwerter zu Pflugscharen" Aufsehen. Die SED hatte ihm den Kampf angesagt und meinte es sehr ernst damit. Sie verbot 1982 das Motto mit einer Begründung, die heute inmitten einer neuen Militarisierung sehr aktuell anmutet: Der Friede müsse bewaffnet sein. Die Bundessynode, das Kirchenparlament aller evangelischen Kirchen in der DDR, reagierte damals

---

[37] Lactantius, Divinae institutiones VI. 20, 16, zit. in Robert Jonischkeit, Diskussion, S. 46.
[38] Augustinus von Hippo, Zweiundzwanzig Bücher über den Gottesstaat 1, 26.

umgehend und erklärte, auf das Motto „Schwerter zu Pflugscharen"
nicht verzichten zu können.

Ihre eigenständige und auch widerständige Haltung zeigten die
evangelischen Kirchen in der DDR schon 1965 in der „Handrei-
chung zur Seelsorge an Wehrpflichtigen". Darin verabschiedeten sie
sich von der Meinung, dass es für Christen eine grundsätzliche
Gleichwertigkeit in der Entscheidung für oder gegen den Waffendienst geben könne; vielmehr – so die neue Position – sei die Wehr-
dienstverweigerung ein „deutlicheres Zeichen des gegenwärtigen
Friedensgebotes unseres Herrn"[39]. Die Verweigerung führe in eine
größere Nähe zum jesuanischen Friedensgebot. Das Bekennen qua-
lifiziert das Handeln; aber erst beim Bekennen wird das Tun zum
Zeichen. Es geht um eine ethische Orientierung für das Handeln, die
aus dem Bekennen folgt. Auch der Beschluss der Evangelischen Kirchen in der DDR „Bekennen in der Friedensfrage" von 1987 sieht „in
der Entscheidung von Christen, den Waffendienst oder den Wehrdienst überhaupt zu verweigern, einen Ausdruck des Glaubensgehorsams, der auf den Weg des Friedens führt"[40]. Denn in dieser Situation „setzt sich die Kirche für gewaltfreie Förderung und Siche-
rung des Friedens ein". Joachim Garstecki, damaliger Referent für
Friedensfragen in der Theologischen Studienabteilung beim Bund
der Evangelischen Kirchen, verweist ausdrücklich darauf, dass der
biblisch begründete Gewaltverzicht in der Geschichte der Christenheit „seit je her das deutlichere Zeugnis für die Wirklichkeit und
Wirksamkeit der Friedenszusage Gottes an die Welt"[41] war. Die Verweigerung des Wehr- und Waffendienstes ist deshalb „Ausdruck eines Glaubensgehorsams, der auf den Weg des Friedens führt"[42]. So

---

[39] https://www.ekmd.de/attachment/aa234c91bdabf227d333e5305b/2f100511036e3f12
1cbb9c43d27928cf/zeitdokument%2B-%2BFriedensdienst%2BHandreichung_6.11.196
5.pdf (Zugriff am 02.10.2024).

[40] Beschluss der Synode des Bundes der Evangelischen Kirche in der DDR zum „Bekennen in der Friedensfrage" vom 22. September 1987, in: GEMEINSAM UNTERWEGS.
Dokumente aus der Arbeit des Bundes der Evangelischen Kirchen in der DDR 1980-
1987, Berlin / DDR 1989, S. 253-257, hier S. 255.

[41] JOACHIM GARSTECKI, Für Frieden, Gerechtigkeit und Bewahrung der Schöpfung. Einführung, in: Gemeinsam unterwegs, Dokumente aus der Arbeit des Bundes der Evangelischen Kirchen in der DDR, Berlin, S. 219-246, hier S. 241.

[42] Beschluss der Synode, Bekennen in der Friedensfrage, in: GEMEINSAM UNTERWEGS, S.
255.

wird das Bekennen zu einem Akt öffentlicher Delegitimierung des Denkens in militärischer Logik.

Die Kammer der EKD für Öffentliche Verantwortung hat dagegen nur zwei Jahre später für Westdeutschland in ihrem Text „Wehrdienst oder Kriegsdienstverweigerung? Anmerkungen zur Situation des Christen im Atomzeitalter" (1989)[43] den Militärdienst mit der Waffe und den Friedensdienst ohne Waffen als ‚gleichwertigen Friedensdienst' gewertet. Schon bald nach der Wiedervereinigung wird der Bund der Evangelischen Kirchen (DDR) 1991 in die EKD aufgenommen, und die so anders gelagerte Friedenstheologie der DDR-Kirchen findet ihr Ende.

GEWALTFREIHEIT IM ERBE

Wie die Theologen der Alten Kirche in den vorkonstantinischen Jahrhunderten für ihre Zeit des Imperium Romanum eine kontextuelle Theologie der Gewaltfreiheit entworfen haben, ist es auch den Theologen und Theologinnen im 21. Jahrhundert aufgegeben, den Zusammenhang von Kapitalismus, Militarisierung und Rückkehr des Krieges als Kontext ihrer Theologie zu reflektieren. Da die Minderheitensituation der Kirchen heute in gewisser Hinsicht Ähnlichkeiten mit der Kirche in vorkonstantinischen Zeit aufweist, gewinnt auch das Erbe der Friedenstheologie der Alten Kirche für eine Friedenstheologie in nachkonstantinischer Zeit an Bedeutung. Dieses Erbe hält die Erinnerung an die biblische Tradition und die theologischen Einsichten der Alten Kirche wach. Es kann zwar die eigenen politischen Entscheidungen in gegenwärtigen Konfliktlagen nicht ersparen, ist aber als Kompass in einer Zeit bedeutsam, in der die *Kriegstüchtigkeit* wieder zum Leitbild geworden ist.

Zum Autor | Dr. theol. Franz Segbers, alt-katholischer Theologe, Prof. em. für Sozialethik am Fachbereich Evangelische Theologie der Universität Marburg.

---

[43] EVANGELISCHE KIRCHE IN DEUTSCHLAND, Kammer für Öffentliche Verantwortung, Wehrdienst oder Kriegsdienstverweigerung? Anmerkungen zur Situation des Christen im Atomzeitalter, EKD – Texte 29, Hannover 1989, S. 11.

Die Soldateska des Römischen Imperiums martert Jesus von Nazareth.
Gemälde von Alessandro Allori (1535-1607) | commons.wikimedia.org

Militia Christi

Die christliche Religion und der Soldatenstand
in den ersten drei Jahrhunderten[1]

Adolf von Harnack

VORWORT

Die Probleme, die in den nachstehenden beiden Abhandlungen untersucht werden, habe ich in meinem Werke über die *Mission und Ausbreitung des Christentums in den ersten drei Jahrhunderten* (1902) S. 297 ff. 388 ff. kurz erörtert. Sie schienen mir schon damals eine eingehendere Behandlung zu verdienen; aber in dem Rahmen der Missionsgeschichte konnte ich eine solche nicht bieten. Hier ist sie nun nachgebracht. Ich habe mich streng an das Thema gehalten, da ich in Bezug auf allgemeinere Fragen („Die Religion im römischen Heere", „Die Beurteilung des Kriegs und des Kriegerstandes bei den griechisch-römischen Philosophen" usw.) Neues nicht zu bringen vermochte und Bekanntes nicht wiederholen wollte. Man muss aber den Hintergrund stets im Auge behalten, wenn man das besondere Problem des Verhältnisses der Kirche zum Soldatenstand zu würdigen unternimmt. „Religio Romanorum tota castrensis", sagt Tertullian, „signa veneratur, signa iurat, signa omnibus deis proponit". Aber auch die abschätzigen Urteile der Philosophen über den Kriegsdienst dürfen nicht vergessen werden; denn das Christentum galt nicht nur als „Philosophie", sondern war ihr auch wirklich wahlverwandt und wurde von ihr beeinflusst.

Man wird in dem Verhältnis der alten Kirche zum Krieg und zum Heere wiederum ihre beispiellose Elastizität und ihren Univer-

---

[1] Textquelle I Adolf von HARNACK: Militia Christi. Die christliche Religion und der Soldatenstand in den ersten drei Jahrhunderten Tübingen: Verlag von J. C. B. Mohr (Paul Siebeck) 1905. – Zählung der Fußnoten nachfolgend abweichend von der Erstauflage.

salismus bewundern. Die Kirche hielt die höchsten Ideale aufrecht und richtete sich doch in der Welt ein. Sie verstand es sogar einer ganz weltflüchtigen Zukunftshoffnung konservative Motive für das weltliche Leben abzugewinnen, und sie bewährte es auch hier wieder, dass sie das Gegensätzliche zu dulden vermag, indem sie es umklammert. Weltkirche war sie schon damals, als sie noch schutzlos der Welt gegenüberstand.

Das besondere Recht, das Verhältnis der christlichen Religion zum Heere in einer monographischen Darstellung zu entwickeln, liegt darin, dass sich die alten Christen – vor allem im Abendland – auch als Krieger Gottes empfanden und dass sich der weltgeschichtliche Umschwung vom Heidentum zum Christentum öffentlich zuerst im Heere vollzogen hat.

In Bezug auf die Stellung der Christen zum Militärdienst besitzen wir eine Studie von *Bigelmair* in dem Buche: „Die Beteiligung der Christen am öffentlichen Leben in vorkonstantinischer Zeit" (München, 1902) S. 164-201, und soeben – der Satz dieser Blätter war bereits nahezu abgeschlossen – kommt mir die Abhandlung *de Jong's* zu: „Dienstweigering bij de oude Christenen" (Leiden, 1905). Beide Untersuchungen, besonders die erste, sind gründlich und fördernd; ich hoffe aber, dass die meinige neben ihnen nicht überflüssig sein wird, da in jenen Arbeiten die „Militia Christi" kaum gestreift ist und sie Vollständigkeit des Materials und der Gesichtspunkte nicht überall angestrebt haben.

Berlin, den 20. März 1905.
A. H.

26

Die christliche Religion und der Soldatenstand – dieser Titel umfasst drei Probleme: (1) Hat die christliche Religion selbst in ihrer Geschichte irgend einmal oder dauernd einen kriegerischen Charakter angenommen und Recht und Pflicht des heiligen Kriegs gepredigt? (2) Hat die Kirche militärische Organisation (in übertragenem Sinn) zeitweilig oder dauernd bei sich eingeführt und ihre Gläubigen oder einen Teil derselben als Soldaten Christi diszipliniert? (3) Wie hat sich die Kirche zum weltlichen Soldatenstand und zum Krieg gestellt, liess sie sie gelten oder duldete oder verurteilte sie sie? Es sind drei verschiedene Fragen, aber sie stehen doch in einem engen Zusammenhang mit einander. Sie sollen im Folgenden in Bezug auf die drei ersten Jahrhunderte der Geschichte des Christentums beantwortet werden. Die erste und zweite Frage ist in *eine* Untersuchung zusammengefasst, die dritte aber besonders behandelt. Wer mit diesen Fragen durch die folgenden Jahrhunderte bis zur Gegenwart schreiten wird, darf auch noch auf interessante Einblicke und auf wertvolle Erkenntnisse rechnen. Das hier Erörterte soll nur den Grund legen.

I.

DER CHRISTLICHE KRIEGERSTAND

„Miltia Christi", „Militia dei vivi": die Anschauung, welche diesen Begriffen zu Grunde liegt, konnte in der alten christlichen Religion anscheinend nur einen sehr beschränkten Spielraum gewinnen. Sprüche Jesu wiesen in eine ganz andere Richtung, und die Natur des Evangeliums selbst, wie es die erste Generation verstehen musste, erschien allem Kriegerischen entgegengesetzt. Geduld, Demut, Dienstfertigkeit, Verzicht auf das eigene Recht: diese Tugenden sollen den Christen durchdringen; sogar die Notwehr wird nicht anerkannt. Selig gepriesen werden die, welche das Unrecht ertragen; den Sanftmütigen wird der Besitz des Erdreichs verheissen; „Friede" wird allen Menschen verkündigt, und das Evangelium selbst heisst „das Evangelium des Friedens". Wie es „die Gewaltigen" machen, so sollen es die Jünger Jesu *nicht* machen, und ihre Gesinnung soll der Gesinnung der Herrschenden entgegengesetzt sein. Es bedarf nicht weiterer Worte, um festzustellen, dass das

Evangelium alle Gewalt ausschliesst und nichts Kriegerisches an sich hat oder auch nur dulden will. Wie zum Ueberfluss – aber es war gewiss nicht überflüssig – ist Matth. 26, 52 noch gesagt: „Steck dein Schwert ein; denn wer zum Schwert greift, wird durchs Schwert umkommen", und daran schliesst sich die Mitteilung, dass der Vater im Himmel sein Werk auf Erden nicht durch Legionen kriegerischer Engel ausführen wolle (s. auch Joh. 18, 36).

Aber „der Krieg" ist eine der Grundformen alles Lebens, und es gibt unveräusserliche Tugenden, die im Kriegerstande ihren höchsten oder doch ihren symbolischen Ausdruck finden – der Gehorsam und der Mut, die Bereitschaft und Treue bis zum Tode, die Entsagung und die Kraft (virtus). Keine höhere Religion kann daher die Bilder entbehren, die vom Kriege genommen sind, und sie wird eben deshalb auch „Krieger" nicht entbehren können. Ob sie sich dann von diesen Notwendigkeiten bestimmen lässt, auf das militärische Element und seine Formen mehr und weiter einzugehen, das ist eine Frage, bei deren Beantwortung sich stets ein wichtiger Teil der Geschichte der Religion enthüllt. Ist man bisher auf diese Seite auch der christlichen Religionsgeschichte noch wenig eingegangen[1], so ist das nur ein Beweis dafür, dass wir die Gesichtspunkte, unter denen die Religion zu betrachten ist, noch immer nicht vollständig überschauen.

Aber noch von einer anderen Seite her ist das Verhältnis der höheren Religionen zum Kriegerischen von Wichtigkeit. Sie alle haben sich aus Vorstufen niederer Art entwickelt, und auf diesen Vorstufen war die Verbindung der Religion mit dem Kriegerischen eine sehr enge. In jenen Religionen, in denen die religiösen und die politischen Ziele so gut wie ganz zusammenfallen, sind alle „religiosi" auch „milites", und der Krieg ist die *ultima ratio* der Religion; er ist immer „heiliger" Krieg. Die jüdische Religion war auf einer bestimmten geschichtlichen Stufe von langer Dauer nicht anders beschaffen gewesen, und da sich die christliche aus ihr entwickelt hat, ist es a priori wahrscheinlich, dass sie Züge älterer Art, also auch kriegerische, bewahrt haben wird.

Endlich ist noch daran zu erinnern, dass sich unter den Sprüchen

---

[1] Doch s. die Andeutungen in meiner [Darstellung zu] „Mission und Ausbreitung des Christentums in den ersten drei Jahrhunderten" (1902) S. 297 ff.

Jesu, wie die Evangelien sie überliefern, doch auch ein paar finden, die kriegerisch lauten: „Ich bin nicht gekommen Frieden zu bringen, sondern das Schwert". „Das Reich des Himmels dringt mit Gewalt ein, und die Stürmer reissen es an sich", dazu der dunkle Spruch bei der letzten Mahlzeit, man solle seinen Mantel verkaufen und ein Schwert kaufen. Endlich, dass das Wort Jesu, man solle um seinetwillen alles verlassen, und das Bekenntnis zu ihm bei der Taufe wie ein Fahneneid aufgefasst werden konnten, werden wir sehen. Sofern die Sprüche Jesu in der Folgezeit aus den geschichtlichen Zusammenhängen herausgerissen wurden, mussten auch die kriegerisch lautenden einen Spielraum erhalten, wie sie ihn ursprünglich nicht besessen hatten[2].

Blicken wir nun von den Anfängen auf die gegenwärtigen Zustände, so gewahren wir folgendes: (1) In den orientalischen Kirchen sind das Volkstum (event. auch der Staat) und die Religion wieder so zusammengewachsen, dass in Fällen der Not der heilige Krieg

---

[2] Wie der Spruch (Matth. 10, 34): „Ich bin nicht gekommen Frieden zu bringen, sondern das Schwert" zu verstehen ist, lehrt der Context und Luc. 12, 49-53. Gemeint ist die Entzweiung in den Familien, welche die Folge der Verkündigung des Evangeliums sein wird, und der Friede ist hier der häusliche Friede. Der Spruch, dass jetzt die Stürmer (die Gewalttätigen) das Himmelreich an sich reissen (Matth. 11,12, ähnlich Luc. 16,16) wird verschieden verstanden. Die einen meinen, Jesus habe die Tatsache *missbilligend* ausgesprochen, die anderen aber erklären, dass das, was geschieht, von ihm gebilligt wird. Ich zweifle nicht, dass diese Recht haben (das ist ganz sicher, sobald man V. 12 nicht übersetzt „das Himmelreich wird gestürmt", sondern „das Himmelreich dringt mit Gewalt ein"). Bei der anderen Erklärung entsteht in dem Zusammenhang, in welchem der Vers steht, etwas viel zu Kompliziertes. Der Sinn ist also: Weil das Himmelreich jetzt mit Gewalt d. h. stürmisch eindringt, so muss man gewaltsam zugreifen, um es nicht vorübergehen zu lassen, sondern um es für sich zu gewinnen. Etwas Kriegerisches liegt nur im Bilde, nicht in der Sache. – Wirklich dunkel bleibt die Mahnung (Luc. 22,36 ff.), wer kein Schwert hat, solle seinen Mantel verkaufen und ein Schwert kaufen, samt dem überraschenden Zusatz: „Die Jünger aber sagten: es sind zwei Schwerter da; er sprach: es ist genug". Die wahrscheinlichste Deutung bleibt die, nach der Jesus seinen Jüngern gesagt hat, ihre Lage werde sich nun gänzlich ändern; so lange sie bei ihm waren, habe er sie vor Mangel geschützt; nun aber werde nicht nur Mangel eintreten, sondern die bitterste Verfolgung über sie kommen; gegen sie müssten sie alles aufbieten, und das Schwert werde in Zukunft ihr nötigstes Werkzeug sein. Er meinte die kriegerische Bereitschaft, das Evangelium mit allen Mitteln zu verteidigen; sie aber verstanden ihn sinnlich und wiesen auf die zwei Schwerter hin, die im Gemache waren. Ironisch bricht er das Gespräch ab mit den Worten: Es ist genug. Ganz befriedigend ist freilich auch diese Erklärung nicht; denn man ist am Anfang nicht darauf gefasst, dass das Schwert bildlich zu verstehen ist.

proklamiert wird, um mit dem Volkstum den „Nationalgott" zu verteidigen. Aber auch ohne Proklamation empfindet sich der Russe, der Armenier u.s.w. als Krieger Gottes, wenn seine Kirche oder sein Volkstum angetastet wird, und selbst der orientalische Priester oder Mönch ergreift das Kreuz und feuert die Scharen der gläubigen Volksgenossen zum heiligen Feldzug an. (2) Solange die abendländisch-katholische Kirche mit Staaten in ähnlicher Weise verbunden war wie die morgenländische, hat auch sie heilige Kriege im Namen Christi und für ihn geführt. Erinnert sei nur an die Kriege Karls des Grossen und an die Kreuzzüge, erinnert sei aber auch an die Kriege, die das Papsttum im Bunde mit diesen oder jenen Staaten gegen den Kaiser oder gegen andere Fürsten geführt hat. Scheidet man auch die Feldzüge aus, die die Päpste als Herrn des Kirchenstaats und für ihn geführt haben, so ist doch bis in die Neuzeit für Christus und die Kirche seitens der Kirche förmlich gekämpft worden. Erst seit der Mitte des 17. Jahrhunderts wurden das Papsttum und die römische Kirche genötigt – vom Kirchenstaat abgesehen –, sich als „friedliche" Macht einzurichten, d. h. sich auf die Politik zu beschränken und dabei auf die ultima ratio der Politik zu verzichten. Doch haben Versuche, diesen oder jenen Krieg als „Religionskrieg" zu bezeichnen und die Soldaten durch diesen Gedanken anzufeuern, bis in die jüngste Zeit nicht gefehlt. In den Einrichtungen aber der römischen Kirche findet sich das militärische Element in *übertragener Bedeutung* an zwei Stellen: erstlich wird zwar jetzt in der allgemeinen Sakramentenlehre (s. z. B. Catech. Rom. P. 11 c. I qu. 2) der militärische Sinn des Begriffs „Sakrament" „Fahneneid" (entgegen einer älteren Tradition) abgelehnt, aber doch von der Firmung behauptet, dass durch sie der Christ ein „perfectus miles Christi" zu werden anfängt[3]; jeder Christ soll sich also als Streiter Christi wissen und fühlen. Zweitens werden die Asketen und Mönche in besonderem

---

[3] Catech. Rom, P. H c. 3 qu. 2: „Qui baptizatus est, cum ab episcopo sacro chrismate ungitur ... novae virtutis robore firmior adque adeo perfectus miles esse incipit". Schon eine alte Predigt aus dem 5. oder 6. Jahrh. sagt: „In baptismo regeneramur ad vitam, post baptismum confirmamur ad pugnam". In einer anderen, mit Unrecht dem Eusebius von Emesa beigelegten, Predigt heisst es in Bezug auf die Handauflegung und Konfirmation, dass sie trotz der Taufe nicht überflüssig seien: denn „si exigit militaris ordo, ut cum imperator quemcumque in militium receperit numerum, non solum signet receptum, sed etiam armis competentibus instruat pugnaturum, ita in baptizato benedictio illa munitio est: dedisti militem, da ei adiumenta militiae".

Sinne als Krieger Christi betrachtet, und demgemäss haben sich auch einige höchst bedeutende Orden – von den mittelalterlichen Ritterorden zu schweigen – eine militärische Organisation gegeben und wissen sich als Schutztruppe Gottes, der Kirche bez. des Papstes. Viel wichtiger aber noch als Beides ist die Theorie, welche die römische Kirche aus Luc. 22,38 heraus gesponnen hat, dass Jesus der Kirche zwei Schwerter gegeben habe, das geistliche und das weltliche, und dass die Kirche somit die Besitzerin aller Gewalt ist. (3) Den protestantischen Kirchen liegt das militärische Element ganz fern, da ja schon das politische eine viel geringere Rolle in ihnen spielt als in den katholischen Kirchen. Allerdings sind auch sie, namentlich die reformierten Kirchen, im Zeitalter der Reformation und Kontrareformation genötigt worden, für das Evangelium das Schwert zu ziehen – man denke an die Hugenotten und die Scharen Cromwells – aber das waren vorübergehende Nötigungen. In einem ganz friedlichen Sinne hat das Soldatische aber auch in ihnen, in einer einzelnen Erscheinung der Gegenwart einen bedeutenden Spielraum erhalten; ja die geistliche Kopierung des militärischen ist hier weiter geführt als selbst in den abendländischen Mönchsorden. Die „Heilsarmee", eine Hervorbringung des Methodismus, betreibt die Christianisierung der „Christenheit" in der Form einer Organisation und mit Mitteln (auch in der religiösen Sprache), die den militärischen bis zum Anstössigen nachgebildet sind. Aber sie hat Grosses erreicht und darf daher aus ihren Erfolgen das Recht ihrer eigentümlichen Konstitution beglaubigen. Diese uniformierte und taktisch geschulte, kampfbereite, aber ganz friedliche „militia Christi" ist die merkwürdigste Erscheinung der Organisation von Christen in der Neuzeit. Endlich und im Gegensatz zu dem allen ist noch darauf hinzuweisen, dass sich im Reformationszeitalter aus mittelalterlichen Sekten (den Wiedertäufern) eine christlich-kirchliche Gemeinschaft gebildet hat, die prinzipiell und tatsächlich jeden Krieg verurteilt und ihren Mitgliedern den Soldatendienst streng untersagt – die Mennoniten.

Priester und Krieger, Mönche und Krieger – man kann die ganze Weltgeschichte unter diese Aufschriften stellen, wie *Hans Delbrück* in einer geistvollen Ausführung gezeigt hat. Es sind Gegensätze, oder vielmehr Pole, die sich zugleich abstossen und anziehen. Werden die Formen des Kriegerstandes auf die höheren Religionen übertragen, so erscheint dadurch das Kriegerische zunächst in sein striktes Gegenteil umgesetzt oder in ein blosses Symbol verwandelt zu sein. Allein auch die *Form* hat ihre eigene Logik und ihre necessitates consequentiae. Zuerst unmerklich, bald aber deutlicher und deutlicher führt das als Symbol rezipierte Kriegerische auch die Sache selbst herbei, und die „geistlichen Waffen der Ritterschaft" werden zu weltlichen. Aber auch dort, wo es nicht so weit kommt, tritt eine kriegerische Stimmung ein, welche die normale der Sanftmut und des Friedens bedroht. Der kriegerische Orthodoxe ist eine ebenso bekannte Erscheinung in der Kirchengeschichte wie der aggressive Asket und Pietist. Beide glauben die Kämpfe des Herrn zu führen und beide vermögen furchtbare Wunden zu schlagen. Die Geschichte der „Zionswächter" ist das dunkelste Kapitel der Kirchengeschichte.

Wir beschränken uns hier auf die Aufgabe zu untersuchen, welchen Spielraum das kriegerische Element in der ältesten Entwicklung der christlichen Religion gehabt hat.

*

Als die christliche Religion sich aus dem Mutterschoss der jüdischen befreite, war das kriegerische Element in dieser noch in einer doppelten Gestalt vorhanden: erstlich, innerhalb der messianischen Erwartung und Dogmatik war es noch in seiner ursprünglichen Art lebendig und entflammte die Juden (bis zur Erhebung im grossen jüdischen Krieg und über diesen hinaus) zu kriegerischen Taten; zweitens, in der Sprache der Propheten und Psalmisten war eben dieses Element in allegorischer Umdeutung wirksam und entfaltete sich in zahlreichen Bildern (geistiger Kampf, geistige Waffenrüstung u.s.w.).

Beides findet sich auch im Urchristentum wieder. Die apokalyptische Eschatologie bewahrte die Züge des kriegerischen Messias, indem sie sie auf Jesus übertrug, und in den sittlichen Ermahnungen finden sich von Anfang an kriegerische Bilder.

Was das erste betrifft, so bemerkt man, dass das kriegerische Element ganz auf die apokalyptische Eschatologie beschränkt bleibt und sich auf das Christusbild ausserhalb derselben nicht ausdehnt. Es ist eine Ausnahme, wenn es Ephes. 4,8 von Jesus heisst: „Aufgefahren in die Höhe, hat er die Gefangenschaft gefangen geführt, hat Spenden den Menschen ausgeteilt"; aber im Grunde bildet auch diese Stelle keine Ausnahme; denn mit dem „Aufstieg" beginnt eben schon die neue Existenzform für ihn, in welcher er der kriegerische Held ist, der wiederkommen wird. Die Heerscharen aber, welche ihn dann begleiten und unter seiner Führung streiten werden, sind nicht Menschen, sondern Engel: den Menschen kommt der grosse Kampf und Sieg lediglich zu gut; sie selbst sind in diesem Zusammenhang nicht „milites Christi". Infolge davon wurde die Stimmung der Gläubigen von hier aus keine kriegerische oder vielmehr eine kriegerische im passiven Sinn. Der Jude zog in der letzten Not wirklich das Schwert und griff dem Messias vor; er hatte ja auch ein Land, eine heilige Stadt und einen Tempel zu verteidigen. Der Christ aber war angewiesen, auf seinen Christus-victor zu warten. Wohl füllte sich seine Phantasie, wie die Johannes-Apokalypse zeigt, auch mit kriegerischen Bildern des Hasses und der Rache; aber er muss immer Geduld haben und sehnsüchtig auf den Moment ausblicken, in welchem er Zuschauer des grossen Kampfs und Siegs sein wird. Die innere, ethische Stimmung, in die er dadurch geriet, konnte peinlicher, ungesunder und verderblicher werden, als wenn er selbst zum Schwerte gegriffen hätte; allein – im Gegensatz zu der heute herrschenden kritischen Meinung – scheint mir, dass man hier, wie auch in anderer Hinsicht, die Bedeutung der Eschatologie (und so auch dieses messianischen Zukunftsbildes) überschätzt. Ueberschaut man die urchristliche Literatur in ihrer Totalität und sucht sich nach ihr ein Bild der inneren Stimmung und Haltung der ältesten Christen zu machen, nimmt man ferner ihr äusseres Verhalten hinzu, so darf man die Eschatologie nicht zu sehr in den Vordergrund rücken. Man darf auch die psychologische Tatsache nicht vergessen, dass die Welt der Phantasie und die Welt des wirklichen Lebens getrennt sind, und dass unter Umständen ein sehr ruhiger und sehr friedfertiger Mensch zeitweise sich ausschweifenden Phantasien hinzugeben vermag, ohne dass dieselben im Grunde seine innere Haltung beeinflussen. Die Geschichte bezeugt, dass der kriegerische Jesus Christus redivivus der Apokalyptik die Christen niemals in den drei ersten Jahrhunderten zu kriegerischen Revolutionären gemacht hat; *ja sofern das militärische Element in die christliche Stimmung eingetreten ist, ist es nicht von hier aus abzu-*

leiten. Der Gedanke der militia Christi, zu der der Christ berufen ist, hat nichts mit dem kriegerischen Christus der Zukunft zu tun; denn, wie bemerkt, seine Heerscharen sind die Engel. Diese Beobachtung ist wichtiger als alle anderen, die auf diesem Gebiete gemacht werden können, und wenn man nun noch hinzunimmt, dass die Johannes-Apokalypse doch nicht einfach Jesus Christus als Kriegshelden und Sieger vorführt, sondern dazwischen immer wieder das Bild des geschlachteten Lammes, des Lammes mit der Todeswunde, einführt und inmitten ihrer Kriegsbilder friedliche Ausblicke gewährt – so kann man nicht zweifeln, dass jene kriegerische Phantastik überhaupt nicht das letzte Wort des christlichen Apokalyptikers, geschweige der christlichen Predigt ist. „Und der Geist und die Braut sprechen: Komm, und wer es hört, der spreche: Komm, und wen da dürstet, der komme; wer da will, der schöpfe das Wasser des Lebens umsonst" – das ist der letzte Gedanke, die Gewissheit und die Sehnsucht des Propheten.

Eine überaus wichtige Folge aber hat die Apokalyptik mit ihren kriegerischen Bildern doch gehabt: wir werden sehen, dass die christliche Ethik den Christen den Krieg überhaupt verboten hat, dass aber andrerseits eine volle Sicherheit hierüber doch nicht erzielt und das Verbot nicht wirklich gehalten wurde. Wie ist das zu erklären? M. E. genügt die nächstliegende Antwort nicht, dass die „Welt" stärker gewesen ist als Christus; mindestens am Anfang waren die Christen weltfrei und weltflüchtig genug, um sich auch einem harten Gebot zu unterwerfen. Aber eine generelle Verwerfung des Kriegs konnte deshalb nicht erfolgen, weil *Gott selbst* nach der Anschauung der ältesten Christen *Kriege bewirkt und leitet*. Er hat es früher getan durch Josua und David; er hat es in der Gegenwart getan durch die Niederwerfung des jüdischen Volks und die Zerstörung Jerusalems, und er wird es in Zukunft tun durch den wiederkehrenden Christus. Wie kann man also Kriege in jedem Sinn und generell verwerfen, wenn Gott selbst sie hervorruft und leitet? Augenscheinlich gibt es notwendige und gerechte Kriege! und ein solcher Krieg wird der Krieg am Ende der Tage sein. Ist dies aber sicher, so konnte – auch wenn dem Christen untersagt wird zu Felde zu ziehen – die Stimmung gegenüber dem Krieg keine ungebrochene mehr sein. Dann aber wird sich auch jenes Verbot nicht sicher zu behaupten vermögen, denn solche Verbote sind nur durchführbar, wenn sie bedingungslos gelten und das Verbotene in jedem Sinn als etwas Abscheuliches dargestellt wird. Somit hat die Apokalyptik an ihrem Teile dazu beigetragen, dass die Christen sich nicht völlig gegen den Krieg abgesperrt haben; aber, wie bemerkt, nicht sie hat das Bewusstsein, „milites Christi" zu sein, in ihnen erzeugt.

Zu den sittlichen Ermahnungen muss man sich wenden, wenn man die Geschichte des kriegerischen Elements in der ältesten Kirche aufklären will; denn nur in ihnen hat es sich entwickelt. Hier begegnet uns sofort bei Paulus[4] eine Anzahl von kriegerisch lautenden Ermahnungen und Bildern (I. Thess. 5, 8; II Kor. 6. 7; Röm. 6, 13f. 23; 13, 12; Ephes. 6, 10-18)[5], und wir gewahren, dass sie ihren Ursprung an den Bildern der alttestamentlichen Propheten haben. Bei der ausgeführtesten Allegorie dieser Art (Ephes. 6, 10-18)[6] ist dies besonders deutlich. Zugleich aber zeigt eben die Ausführung, dass wirklich Alles, die Waffenrüstung und der Kampf, rein geistlich gemeint ist. Ausdrücklich wird gesagt, dass es sich um das „Evangelium *des Friedens*" handelt. Dadurch wird der ganzen Schilderung der Charakter einer erhabenen Paradoxie gegeben und das militärische Element im Grunde wieder aufgehoben.

Indessen: Eines darf in dieser Stelle durchaus nicht aufgehoben oder allegorisch verstanden werden: *dass es sich nämlich um einen wirklichen Kampf handelt.* Der Apostel ist tief davon durchdrungen, dass jeder Christ ein Krieger sein muss und furchtbare, wenn auch

---

[4] Aber auch in der Johannes-Offenbarung. Die in ein militärisches Bild gekleidete Ermahnung (2, 10): „Sei getreu bis zum Tode, so werde ich dir den Kranz des Lebens geben", hat mit der kriegerischen Apokalyptik nichts zu tun, sondern steht für sich. Der „Kranz des Lebens" (oder ähnlich) kommt im N.T. mehrmals vor und ist nicht überall als militärisches Bild zu verstehen.

[5] Die Texte sind im Anhang [→Seite 93 ff] zusammengestellt und werden hier nur zum Teil in Uebersetzung wiederholt.

[6] „Seid stark in dem Herrn und in der Kraft seiner Stärke. Ziehet die Waffenrüstung Gottes an, auf dass ihr Stand halten könnt wider die listigen Anläufe des Teufels; denn nicht ist unser Kampf wider Fleisch und Blut, sondern wider die Gewalten, wider die Mächte, wider die Herrscher in diesem Weltdunkel, wider die Geistwesen der Bosheit über uns am Himmel. Deshalb ergreifet die Rüstung Gottes, damit ihr Widerstand zu leisten vermögt am bösen Tage und alles wohl ausrichtet und das Feld behaltet. So stehet nun, eure Lenden umgürtet mit Wahrheit und angetan mit dem Panzer der Gerechtigkeit und an den Füssen geschirrt mit der Bereitschaft für das Evangelium des Friedens, über alles aber versehen mit dem Schild des Glaubens, mit dem ihr alle feurigen Geschosse des Bösen auslöschen könnt. Und nehmet auf den Helm des Heils und das Schwert des Geistes, welches ist das Wort Gottes".

sicher siegreiche Kämpfe zu bestehen hat. Kämpfe gegen Fleisch und Blut, aber das sind die geringeren oder vielmehr sie verschwinden gegenüber den Kämpfen mit den Mächten der Dämonen. Als „die Herrscher in diesem Weltdunkel" und – noch schlimmer – als „Geistwesen der Bosheit über uns" belagern und befehden sie die Christen stetig, und nur ein unablässiger, mit allen Kräften des Heiligen und Guten geführter Kampf vermag wider sie zu schützen[7].

Diese Auffassung und Ermahnung des Apostels hat eine ungeheure Wirkung gehabt: das Christenleben ein Kampf mit den Dämonen! Es ist schwer zu sagen, ob die hier entfesselte Vorstellung den alten Christen der Folgezeit mehr Furcht und Grauen oder mehr Kraft eingeflösst hat; gewiss aber ist, dass sie nicht mehr verschwunden ist. Sie wurde eine feste Form ihrer Weltanschauung und ihrer geistlichen Disziplinierung. In der Geschichte der Ethik und des sittlichen Lebens ist es jedenfalls von höchster Bedeutung geworden, dass man den inneren Kampf gleichsam nach aussen verlegte und Dämonen an Stelle von Fleisch und Blut und an die Stelle der Selbstsucht setzte. Doch dürfen wir diese Seite der Sache hier nicht weiter verfolgen; sie wird uns aber im Folgenden noch öfters entgegentreten.

Trotz dem Hinweise, dass jeder Christ in diesem Kampfe stehen müsse, hat doch Paulus die Christen noch nicht generell als „Soldaten" bezeichnet; wohl aber hat er sich und seine Mitarbeiter so aufgefasst; ja diese Auffassung ist nicht nur eine vorübergehende, sondern augenscheinlich eine stetige gewesen: *Der Apostel und Missionar ist ein Soldat.* „Meine Mitsoldaten" redet er seine Mitarbeiter an (Philem. 2; Philipp. 2, 25). Wer mit ihm in Gefangenschaft gesessen hat, ist ein „Kriegsgefangener" gewesen (Röm. 16, 7; Koloss. 4, 10; Philem. 23). Unterhalt darf der Apostel von den Gemeinden beanspruchen; denn „wer zieht jemals auf eigenen Sold ins Feld"? (1. Kor. 9, 8) und – „Andere Gemeinden habe ich geplündert, indem ich Sold nahm (von ihnen) zur Dienstleistung an euch", schreibt er voll Unmut den Korinthern (II, 11, 8), die beleidigende Vorwürfe wider ihn erhoben hatten. In einer Reihe prachtvoller Bilder hat er ihnen vor-

---

[7] In den alttestamentlichen sittlichen Ermahnungen, sofern sie von einem Kampfe sprechen, findet sich das nicht. Die Dämonologie hat sich erst in der Zwischenzeit zwischen dem Alten Testament und der neutestamentlichen Periode durch äussere Einflüsse im Judentum entwickelt.

her seine Kriegstaten geschildert (II Kor. 10, 3-6): „Obgleich wir im Fleische wandeln, so liegen wir doch nicht nach dem Fleisch zu Felde; denn die Waffen unsres Feldzugs sind nicht fleischlich, sondern mächtig vor Gott – zur Niederreissung von Festungen, indem wir (feindliche) Pläne und jegliches Bollwerk, das sich erhebt gegen die Erkenntnis Gottes zu nichte machen, und jeden Anschlag gefangen nehmen und unter den Gehorsam Christi beugen und bereit und kräftig sind, jeden Ungehorsam zu rächen, sobald euer Gehorsam vollständig geworden sein wird". So spricht nur Einer, der gewohnt ist, sich als Krieger zu empfinden und sein Werk als einen Feldzug zu betrachten.

Sachlich am wichtigsten in allen diesen Bildern ist, dass die militärische Analogie als beweiskräftig dafür angesehen wird, dass der Missionar die Kosten seines Lebensunterhalts den von ihm gegründeten Gemeinden auflegen darf. Damit ist das Bild zum *Beweise* gemacht und die Annäherung an den Krieger keine bloss ideelle mehr. In der Folgezeit ist dieser paulinisch-militärische Grundsatz stets eingehalten und als ein *Recht* innerhalb des Kirchenrechts entwickelt worden.

Der Verfasser der Pastoralbriefe hat den Apostel nachgeahmt – oder spricht an diesen Stellen Paulus selbst? –, wenn er den Timotheus (I, 1, 18) ermahnt, einen guten Feldzug zu führen, und ihm (II, 2, 3) zuruft, er solle *wie ein guter Soldat Christi Jesu* (beide Male steht καλός) das Ueble erleiden. Hier haben wir zum ersten Mal die runde Formel „miles Christi", aber auch hier gilt sie noch nicht jedem Christen, sondern dem Missionar und Gemeindeleiter. Die Stelle ist aber noch in einer anderen Hinsicht sehr wichtig geworden. Der Verfasser fährt fort: „Niemand, der zu Felde zieht, verflicht sich mit den Geschäften des (bürgerlichen) Lebens, damit er dem Feldherrn gefalle; wer aber kämpft, wird nur gekrönt, wenn er der Anordnung gemäss (νομίμως) kämpft". Hier haben wir ein zweites militärisches Bild, welches als Analogie und auch als Beweis verwertet wird: der christliche Missionar soll sich, ebenso wie der Soldat, von allen bürgerlichen Geschäften freihalten; er soll somit seine eigene, nur durch seinen Beruf bestimmte Lebensführung haben, getrennt von der Lebensweise, den Pflichten und Sorgen der Bürgerlichen. Dieser Grundsatz, der hier zum ersten Mal ausgesprochen und militärisch begründet ist, hat bekanntlich in der Folgezeit eine ausserordentlich reiche Ausbildung erfahren: *er hat den Stand des Klerus im Unterschied von dem der Laien zwar nicht geschaffen, aber ihm den festesten Halt gegeben.* Er hat auch auf die Formierung des Mönchtums entscheidend eingewirkt. Es ist eine von den gewaltigen Maximen, deren Befolgung den Charakter der ganzen Gesellschaft durchdrungen und ihre Signatur geändert hat. Ueber dem katholischen Priestertum und über dem katholischen Mönchtum stehen in allen Jahrhunderten die Worte: „Kein Soldat verflicht sich mit den Geschäften des bürgerlichen Lebens". Sie sind auch oft genug zu einer Kriegserklärung geworden; vor allem aber haben sie das bürgerliche Leben und den bürgerlichen Beruf in der Folgezeit als minderwertig erscheinen lassen, zumal da es an unsrer Stelle heisst, dass der Feldherr, d. h. Gott, auf die Befreiung von den weltlichen Geschäften mit Wohlgefallen blickt. So ist das Thema für eine gewaltige Fuge in der Weltgeschichte entstanden, aber ihre Töne waren oft weder wohlklingend noch friedlich. Damals am Anfang jedoch war das Prinzip schlechthin notwendig und heilsam.

Die beiden militärischen Grundsätze, die im frühesten Christentum rezipiert worden sind – der christliche Missionar und Lehrer empfängt seinen Unterhalt von anderen, verflicht sich aber nicht in die bürgerlichen Geschäfte – sind polar und schliessen eben deshalb bereits eine ganze Standesordnung in sich.

Aber noch ein nicht unwichtiger Zug findet sich in der zuletzt besprochenen Stelle. Nur der Kämpfer wird gekrönt, der der Anordnung gemäss (νομίμως) kämpft. Ist hier auch vielleicht an den Athleten gedacht, so zeigt doch die enge Verbindung mit dem Vorhergehenden, dass dem Verfasser der Gedanke des Kampfes die Hauptsache ist. Auch der Kampf des christlichen Lehrers aber, wie der des Kämpfers überhaupt, hat nur Wert, wenn er ein *disziplinierter* ist, d. h. sich nach den Anordnungen des Feldherrn richtet. Die militärische Disziplin taucht hier zuerst als Analogie für die Art des Kampfs des Christen auf. Auch diese Vorstellung hat in der Folgezeit eine reiche Geschichte gehabt.

Soldat, Waffen verschiedener Art, Löhnung (vgl. das tiefsinnige Wort Röm. 6, 23: „Der Tod ist die Löhnung der Sünde"), Disziplin, Kranz, Geschenke (donativa), Gefangenschaft, Plünderung, Festung, Bollwerk, Kriegsanschläge, die Häretiker, die sich wie verschlagene Feinde in die Häuser schleichen und die Weiber gefangen fortführen (II Tim. 3, 6) –; das alles findet sich schon in den ältesten christlichen Schriften; aber wichtiger ist die feste Vorstellung: der christliche Lehrer ist miles Christi, darf auf Unterhalt Anspruch machen und flicht sich nicht in bürgerliche Geschäfte.

*

Es ist gewiss nicht zufällig, dass in dem ältesten Schreiben, welches wir aus der *römischen* Kirche besitzen, dem I. Clemensbrief (um d. J. 96), nicht nur gesagt ist (c. 21): „Wir dürfen nicht *fahnenflüchtig* werden in Bezug auf den Willen Gottes"[8] und (c. 28): „Welche Welt wird einen *Ueberläufer*, der Gott zu entfliehen sucht, aufnehmen?", sondern dass sich in diesem Briefe auch folgende Ausführung findet (c. 37):

„Brüder! seien wir mit der Anspannung aller Kräfte Soldaten unter Gottes untadeligem Oberbefehl! Betrachten wir die Soldaten unserer Heerführer, in welcher Ordnung, wie fügsam, wie gehorsam sie die Befehle vollziehen. Nicht alle sind Generale, Oberste, Hauptleute, Zugführer u.s.w., sondern jeder vollzieht an der ihm angewiesenen Rangstelle die Befehle des Königs und der Heerführer". Der Römer Clemens betrachtet also nicht nur alle Christen als Krieger Gottes, sondern er blickt auch mit Wohlgefallen und Stolz auf das römische Militär *und betrachtet den Gehorsam und die abgestuften Rangordnungen des Heeres als Vorbilder für die christliche Gemeinde.*

Ist es nicht wie eine Weissagung auf die Zukunft, dass dieser alte *römische* Presbyter den *militärischen* Gehorsam den Christen als das richtige Verhalten nicht nur Gott gegenüber anpreist, sondern auch gegenüber den kirchlichen Oberen, und dass er die Unterscheidung von Befehlenden und Gehorchenden in der Kirche als ebenso wesentlich voraussetzt wie im Heere! Paulus hat einst das alte Bild von den verschiedenen Gliedern des Leibes gebraucht, um den Ehrgeiz der Korinther in Bezug auf die geistlichen Gaben zu berichtigen; unser Verfasser will die Selbständigkeit und Freiheit der Einzelnen den kirchlichen Amtsträgern gegenüber einschränken. Eben deshalb stellt er die militärische Organisation als vorbildlich für die Christen

---

[8] Diese Mahnung findet sich auch im pseudoclementinischen Brief an den Jakobus c. 17 und c. 11, vergleiche auch Pseudoclemens, Homil. XI, 16 (das betreffende Wort ist λειποτάκτειν, λειποτάκτης).

hin, in der zwischen den Offizieren und den Soldaten eine feste Grenze gezogen ist: jene befehlen und diese gehorchen. Die militärische Analogie kommt also hier dem Klerus zugut: alle Christen sind Soldaten; aber eben deshalb haben sie ihren Anführern, den Presbytern, zu gehorchen!

So hätte Paulus sicher nicht geschrieben. Der Schritt, den dieser Brief des römischen Clemens bezeichnet, ist ein grosser; Offiziere muss es auch in der Kirche geben und strikter Gehorsam ihnen gegenüber wird verlangt, weil die Christen Krieger Gottes sind.

In der Literatur des nun folgenden Jahrhunderts finden sich militärische Bilder nicht eben häufig; aber sie fehlen nicht. Aehnlich wie Paulus (Ephes. 6) hat Ignatius (ad Polyc. 6) ein ausgeführtes militärisches Bild gegeben: „Gewinnt die Zufriedenheit eines Kriegsherrn von dem ihr auch den Sold (τὰ ὀψώνια) empfangt. Keiner von euch werde als Deserteur (δεσέρτωρ) erfunden. Eure Taufe sei euch bleibende Rüstung (ὅπλα), der Glaube diene euch als Helm, die Liebe als Speer, die Geduld als Gesamtrüstung (πανοπλία). Eure Depositen (δεπόσιτα) seien eure Werke, damit ihr euren Lohn (τὰ ἄκκεπτα) zukömmlich empfangt". Also auch Ignatius betrachtet alle Christen, wie Clemens, als Krieger Gottes. Die lateinischen militärischen termini technici, die er seiner griechisch gefassten Admonition eingestreut hat, erklären sich daraus, dass er auf dem Transporte schreibt und diese Worte von den ihn begleitenden Soldaten häufig gehört hat. So sind δεσέρτωρ = desertor, δεπόσιτα = deposita, ἄκκεπτα = accepta in einen erbaulichen griechischen Brief gekommen[9]! Wahrscheinlich hat Ignatius noch an einer anderen Stelle (ad Smyrn. 1) ein militärisches Bild gebraucht: er spricht von dem „Zeichen" (σύσσημον), das Jesus durch seine Auferstehung aufgerichtet habe. Er meint wohl das Kreuz als Feldzeichen „für die Gläubigen aus den Juden und aus den Völkern". Das Kreuz als „vexillum Christi", als Fahne und Feldzeichen ist in der Folgezeit sehr beliebt geworden. Berühmt ist der lateinische Hymnus: „Vexilla regis prodeunt".

---

[9] Zweihundert Jahre später ist ein lateinisches militärisches Wort sogar in die Kanones von Nicäa gekommen. Can. 12 heisst es: βενεφικίοις [benificiis] κατορθῶσαι τὸ ἀναστρατεύσασθαι. Ueber das Eindringen militärischer Worte auch in die jüdische Sprache (Sprache der Rabbinen) in der Kaiserzeit s. *Schürer*, Gesch. des jüd. Volkes Bd. 2³ S. 44.

Unbedeutenderes übergehend, wende ich mich zu JUSTIN (um d. J. 150), dem massgebenden Apologeten des 2. Jahrhunderts. In seiner Verteidigungsschrift (I, 11) weist er den Kaisern nach, dass die Christen kein irdisches Reich erwarten und dass das himmlische Reich, das demnächst kommen wird, ein Friedensreich sein wird (I, 39). Die Weissagung des Jesajas (c. 2) ist dem Justin hier von besonderem Werte: „Von Zion wird Gesetz ausgehen und Wort des Herrn von Jerusalem, und er wird richten inmitten der Nationen und viel Volks überführen; und sie werden ihre Schwerter zu Pflugscharen und ihre Lanzen in Sicheln umschmieden, und nicht mehr werden sie, Volk gegen Volk, zum Schwerte greifen und nicht mehr lernen, die Kriege fortzusetzen". Dass diese Weissagung sich in der christlichen Mission zu erfüllen begonnen habe, sucht Justin den Kaisern zu zeigen[10]. Denn „wir bekämpfen unsre Feinde nicht", sondern wir gehen für das Gute freudig in den Tod. Die Christen sind Krieger besondrer Art, friedliche Krieger; aber an Treue für ihre Sache und Todesmut übertreffen sie alle; denn „lächerlich wäre es, dass die eurerseits angeworbenen und in Pflicht genommenen Soldaten sich das euch geleistete Versprechen mehr als ihr eigenes Leben und ihre Eltern und ihre Heimat und alle ihre Angehörigen sollten angelegen sein lassen, während ihr ihnen doch nichts Unvergängliches bieten könnt; wir hingegen, deren Liebe das unvergängliche Leben ist, nicht alles uns sollten gefallen lassen, um das Ersehnte von dem, der es zu geben die Macht hat, zu empfangen". Ganz deutlich spielt hier Justin auf den Fahneneid der römischen Soldaten an und setzt die Treue der Christen mit ihm in Parallele.

Obgleich bis gegen das Jahr 180 die Vorstellung, dass die Christen Krieger sind, bereits mannigfach bezeugt ist, so wundert man

---

[10] Einige Jahrzehnte später führt ein anderer Apologet, Melito, diesen Gedanken so aus, dass er den Frieden, welchen das Kaiserreich nach dem Urteil der Schmeichler bedeutet, mit dem von Christus gebrachten Frieden in Verbindung setzt: Augustus und Jesus seien nach göttlicher Geschichtsleitung gleichzeitig aufgetreten und seitdem sei das Friedensreich angebrochen (s. Melito bei Euseb., h. e. IV, 22). Von solcher höfischer Geschichtsfälschung weiss Justin noch nichts. Den vollen Gegensatz zur Geschichtsbetrachtung Melitos bildet die Hippolyts. Er führt in seinem Kommentar zum Daniel (IV, 9, 2. 3) aus, dass das Reich des Augustus mit seinem Universalismus *eine dämonische Nachäffung* des Reiches Christi sei. Die Schätzung unter Augustus sei kein Zufall gewesen, sondern eine absichtliche göttliche Fügung: wer Römer und wer Christ sei, sollte sich nun zeigen.

sich doch, dass in einem um diese Zeit geschriebenen, romanhaften Werk „Taten des Paulus" der Name „Soldaten Christi" für die Christen wie eine technische Bezeichnung auftritt. Der von Paulus bekehrte Mundschenk Neros erklärt diesem, Christus sei der König der Aeonen und werde alle Reiche zerstören. Darauf Nero: „‚Bist auch du, Patroklus, Soldat jenes Königs geworden?' Er bejaht es und auch andre Christen, die vor dem Kaiser stehen, sprechen: ‚Auch wir dienen als Soldaten jenem Könige der Aeonen'. Darauf befahl Nero, die Soldaten des grossen Königs aufzusuchen, und fügte den Befehl hinzu, alle Christen und Soldaten Christi, die man fände, zu töten". Nun wird auch Paulus vor Nero gebracht. Dieser redet ihn an: „Du Subjekt des grossen Königs, was kam dir in den Sinn, heimlich in das römische Reich einzufallen und Leute, die meiner Herrschaft Untertan sind, anzuwerben?" Darauf Paulus: ‚Nicht nur in (genauer ‚aus') deinem Reiche werben wir, sondern auch in (aus) der ganzen Welt; denn das ist uns geboten, keinen auszuschliessen, der meinem Könige Kriegsdienste tun will, und wenn du selbst sein Krieger werden willst, u.s.w.; denn wir sind nicht, wie ihr glaubt, Soldaten eines Königs, der von der Erde kommt, sondern vom Himmel' … Ich bin kein fortgelaufener Sklave Christi , sondern ein disziplinierter Soldat des lebendigen Gottes".

Die Sprache kann man fast als aufrührerische bezeichnen trotz der Erklärung, dass Christus kein irdischer König sei. Es ist freilich ein Roman, eine ganz unglaubwürdige Erzählung, in der sie sich findet; aber das tut hier nichts zur Sache. Der Verfasser dieser „Geschichte", ein kleinasiatischer Presbyter, empfindet so, dass, wer ein Christ wird, damit aufhört ein Römer zu sein. Dem irdischen Könige steht der himmlische König Christus gegenüber, und die Christen sind ausschliesslich Soldaten dieses himmlischen Königs[11].

Man darf doch nicht annehmen , dass dies damals die herrschende Stimmung unter den Christen gewesen ist. Der Romanschreiber trägt die Farben dick auf, weil er vom apostolischen Zeitalter erzählt. Dieses war aber schon damals in den Augen der Christen ein heroisches Zeitalter, und deshalb liess man die Helden dort kühner und rücksichtsloser sprechen als man selbst sprach. Aber

---

[11] Vgl. auch *Acta Petri cum Simone* 7, wo Petrus spricht: „Ihr Männer, die ihr Soldaten seid in Bezug auf Christus, die ihr auf Christus hofft!"

dass sich die Christen als Soldaten Christi empfanden, darf man den Worten der Legende wohl entnehmen.

Dass bei CLEMENS ALEXANDRINUS, dem christlichen Philosophen (um das J. 200), militärische Bilder – abgesehen von rein rhetorischen – so gut wie ganz fehlen, erwartet man von vornherein. Es seien daher nur ein paar Proben jener rhetorischen mitgeteilt. Exc. ex Theodoto 85 braucht er, von Paulus (Ephes. 6) angeregt, ein militärisches Bild und spricht von der Rüstung mit den Waffen des Herrn (τὰ κυριακὰ ὅπλα). Ebenfalls auf Ephes. 6 geht es zurück, wenn er Protrept. XI, 116 schreibt: „Sieh', die mächtig schmetternde Trompete ruft widerhallend die Soldaten zum Streit zusammen und kündigt Krieg an; Christus aber, der seine *friedliche* Weise hinausbläst bis an die Grenzen der Erde, soll nicht *seine friedlichen Soldaten* sammeln? Nun, er hat mit Blut und mit dem Wort das Heer gesammelt, das kein Blut vergiesst, und er hat ihm das Himmelreich eingehändigt. Die Trompete Christi ist sein Evangelium: er hat sie erschallen lassen, wir haben gehorcht. Lasset uns uns bewaffnen mit den Waffen des *Friedens,* anziehen den Panzer der Gerechtigkeit, den Schild des Glaubens ergreifen u s w. So stellt uns der Apostel friedlich in Reih und Glied; das sind unsre gefeiten Waffen. Mit ihnen bewehrt, lasst uns dem Bösen entgegenrücken und auslöschen die feurigen Pfeile des Bösen mit benetzten Speeren, mit Speeren, die der Logos eingetaucht hat [das bezieht sich auf die Taufe] u.s.w.". Strom. VII, 16, 100 sagt er: „Wie im Kriege der Soldat den Posten nicht verlassen darf, den ihm der Kommandierende angewiesen hat, so dürfen wir auch den Posten nicht verlassen, den der Logos uns gegeben hat; ihn haben wir als Führer für Erkenntnis und Leben empfangen". Und (Paedag. I, 7, 54): „Wie der Feldherr das Kriegsheer in Ordnung hält, für das Wohl der Soldaten bedacht, so führt auch der Pädagog (der Logos) die Zöglinge zu der heilsamen Lebensweise". In der Abhandlung „Welcher Reiche selig werden könne" (c. 25) spricht er in tiefempfundenen Worten von dem Kampf im Innern, der schwerer sei als jeder äussere Krieg und Verfolgung und erst mit dem Tode aufhöre: „den Feind trägt Jeder allezeit mit sich herum und kann ihm nicht entfliehen". Aber abgesehen von diesem Bilde für die innere Spannung liegen ihm kriegerische Bilder fern, ja er lehnt sie ab. „Im Gegensatz zu den anderen Menschen", schreibt er in jener Schrift über den Reichen (c. 34), „sammle dir durch deinen Reichtum ein waffenloses, unkriegerisches Heer, das fern ist von Blutvergiessen, Zorn und jeglicher Befleckung". Er meint die Witwen, Waisen und Hilfsbedürftigen, und er sagt, dass diese durch ihre Gebete und Fürbitten *wie Soldaten*, die Gott kommandiert, den mildtätigen Reichen schützen werden. „Nicht im Kriege", sagt er an einer anderen Stelle (Paedag. I, 12, 98 f.), „sondern im Frieden erfahren wir unsre Erziehung durch den Logos; der Krieg hat vielen Aufwand nötig, der Friede aber und die Liebe, zwei schlichte und sanftmütige Schwestern, bedürfen keine Waffen und haben an den einfachsten Mitteln genug".

Als Clemens schrieb, war schon seit einigen Jahrzehnten eine Bewegung innerhalb der Christenheit rege und verbreitet, die sich wider das Alte Testament erklärte und den Gott Israels verwarf, *weil er kriegerisch sei* und somit dem Evangelium widerspräche. In der Kirche des merkwürdigsten Reformers des 2. Jahrhunderts, Marcion, erklärte man, der Gott des Alten Testaments könne unmöglich der Vater Jesu Christi sein; denn dieser sei gnädig, barmherzig, bringe den Frieden und verbiete Streit und Krieg, jener aber sei kriegerisch, unerbittlich und grausam. Marcion hat in einer Reihe von Antithesen auf Grund des Alten Testaments und des Evangeliums gezeigt, wie verschieden der Judengott und Jesus Christus seien, und in diesen Antithesen bildete die Gegenüberstellung der Kriegstaten des Judengottes und der Sanftmut Jesu ein Hauptstück. Die Kirchenväter, welche Marcion bekämpft haben, sahen sich dadurch in die unbequeme Lage versetzt, den alttestamentlichen Kriegsgott als solchen zu verteidigen oder die Kriegsgeschichten allegorisch zu fassen, und sie mussten dazu noch – wider ihre eigentliche Neigung und Ueberzeugung – nach Sprüchen und Geschichten im Neuen Testamente suchen, in denen Christus und der Vater, den er verkündigte, auch als kriegerisch erschienen, um so einen Ausgleich herzustellen. Marcion hat unzweifelhaft den christlichen Gottesbegriff wesentlich richtig erfasst. Der Gedanke einer Entwicklung des jüdischen Gottesbegriffs zum christlichen lag ihm aber ebenso fern wie seinen Gegnern; so musste er mit der Vorgeschichte des Christentums brechen, und seine katholischen Gegner mussten den christlichen Gottesbegriff mit Ueberlebtem verfälschen. Beide gerieten in die Irre; denn andere Auswege gab es nicht. Es wird aber stets ein Ruhm der marcionitischen Kirche, die sich lange erhalten hat, bleiben, dass sie lieber das Alte Testament verwerfen, als das Bild des Vaters Jesu Christi durch Einmengung von Zügen eines kriegerischen Gottes trüben wollte.

Der bedeutendste Gegner der Gnostiker und des Marcion in der Griechischen Kirche, zugleich der grösste Theologe des Zeitalters, war ORIGINES (1. Hälfte des 3. Jahrhunderts). Auch er ist, wie Clemens, als Christ und als Philosoph eine durch und durch friedliche Natur, und am liebsten hätte er gewiss das Kriegerische in jedem Sinn über Bord geworfen; aber der Buchstabe der heiligen Schriften – und Origenes ist überzeugter Schrifttheologe – duldete das nicht. Es ist lehrreich zu sehen, wie er sich mit dem Kriege abfindet. Zunächst allegorisiert er die in den Büchern des Alten Testaments erzählten heiligen Kriege (s. besonders seine Kommentare zum 4. Buch Moses und zu Josua) aufs gründlichste. Die Häretiker, die sich an diesen Kriegen stossen, missverstehen sie: gemeint sind die Kämpfe gegen die Sünde und die Mächte der Finsternis , und Josua hat in grauer Vorzeit den grossen Kampf abgebildet, den Jesus und die Christen gegen diese führen werden. Einen kriegerischen Gott gibt es also auch im Alten Testament nicht (s. Hom. in Jesu Nave 11 fin. 12 init. ed. Lommatzsch). „Wären die im Alten Testament erzählten schrecklichen Kriege nicht geistlich zu deuten, so hätten die Apostel niemals die jüdischen Geschichtsbücher den Jüngern Christi, der da gekommen ist Frieden zu lehren, zur Lesung in den Kirchen übergeben" (Hom. in Jesu Nave 15 t. 11 p. 130). Also – das Alte Testament ist nur, wenn man es geistig deutet, heilige Urkunde für die Christen; der Buchstabe ist an vielen Stellen nicht normativ, sondern verwerflich. Unzweideutig klar fährt Origenes dann fort und sagt, der Apostel Paulus habe gelehrt, dass die Christen überhaupt nicht mehr „fleischliche" Kriege führen dürfen, sondern nur noch geistliche: „Velut magister militiae praeceptum dat militibus Christi" (es folgt Ephes. 6), und: „Wenn wir in rechter Weise unter Josuas (Jesu) Führung Soldatendienste tun, müssen wir in uns selbst die Laster ausrotten".

Auf Grund von Ephes. 6 und anderen Stellen ist Origenes also genötigt, die geistliche Kriegerschaft der Christen bestehen zu lassen. So findet sich auch bei ihm die Bezeichnung „milites Christi" (z. B. De princip. III, 2, 5 u. a. vielen anderen Stellen). „Jesus ermuntert seine Soldaten mit den Worten: Seid getrost, ich habe die Welt überwunden" (Hom. in Jesu Nave 7 t. 11 p. 65). Auch der Ausdruck: „Lager des Herrn" (castra domini) für die Kirche war auf Grund des Alten Testaments unvermeidlich und wird von Origenes gebraucht (z. B. Hom. in Jesu Nave 7 t. 11 p. 67); ebenso spricht er vom christlichen Fahneneid, dem „sacramentum militiae" (Hom. in Jesu Nave 4 t. 11 p. 46 f.)[12]. Aber indem Origenes nun Ephes. 6 und die Stelle im Timotheusbrief vom Soldaten Christi, der sich nicht in bürgerliche Geschäfte verflicht, genauer erwägt, kommt er zu merkwürdigen Ergebnissen. Die Gemeinden zu seiner Zeit waren schon stark verweltlicht, und die grössere Anzahl der Christen war lau und schwach. Dass sie alle „Krieger Christi" seien und mit den weltherrschenden Dämonen einen Kampf auf Leben und Tod führen, dies zu behaupten war Origenes zu ehrlich. Aber auch den Ausweg konnte er nicht treffen, dass die Kleriker die Soldaten Christi seien; denn auch in diesem Stande waren zu viele halbschlächtige Christen. Wer sind nun die wirklichen Krieger Christi? Origenes kehrt den Spruch im Timotheusbrief um und sagt, *die sind es, die sich nicht in bürgerliche Geschäfte verflechten, also die Asketen.* Origenes ist der Vater des Gedankens in den katholischen Kirchen geworden, dass der Asket (ihm sollte bald der Mönch folgen) der eigentliche Streiter Christi ist. Er führt einen unablässigen Kampf wider die Sünde, ja er sieht Dämonen und zwingt sie in heissem Ringen nieder; er, und nur er, ist also der Soldat, den Paulus im Epheserbrief schildert. Diese Soldaten kämpfen auch „für das übrige Volk", für die grosse Zahl der Schwachen aller Art; sie selbst sind stets wenig zahlreich. „Wie wenige sind in der Kirche, die für die Wahrheit zu streiten vermögen!" Aber auch die Schar Gideons war klein und erstritt doch den Sieg. Die Waffen dieser Krieger sind Gebete und Fasten, Meditationen und gute Werke, Gerechtigkeit und Frömmigkeit, Sanftmut, Keuschheit und Enthaltung. Bei ihrem Kampfe gegen die Dämonen werden sie von den entschlafenen Gerechten durch Gebete unterstützt. „Aber auch der übrige Teil des christlichen Volkes erhält von

---

[12] Vgl. auch Hom. in Judic. 6 (t. 11 p. 258): „Bevor wir die (geistliche) Kriegführung erlernen, bevor wir die Kämpfe des Herrn zu planen vermögen, werden wir von den Engeln, den Fürsten, geschützt; nachdem wir aber die *Sakramente des himmlischen Kriegsdiensts* („sacramenta militiae caelestis") gekostet und uns mit dem Brod des Lebens gestärkt haben, werden wir durch die apostolische Posaune zu den Kämpfen erweckt" (folgt Ephes. 6).

der Siegesbeute etwas, wenn er in Frieden im Lager weilt, wenn er sich still verhält und von Moses nicht abfällt, sondern im Gesetze Gottes bleibt". Die Kämpfe jener Streiter Gottes beziehen sich auch auf die Häretiker[13]. „Für die Kirche" kämpfen sie gegen die Feinde der Wahrheit. Die Feinde der Wahrheit aber sind die, welche die Menschen verführen, die Lehren der Kirche zu bestreiten oder sich dem sinnlichen Wohlleben hinzugeben. „Helden" sind die Kämpfer, der Chor der Engel blickt auf sie nieder, und ein herrlicher Lohn wartet ihrer. Die anderen aber, die nicht Askese üben, sind wohl „Männer", aber nicht Helden. Den Helden stehen Paulus und Petrus als die grössten Heroen Christi voran, sie, „die soviel gekämpft, die so viele barbarische Völker überwunden, so viele Feinde niedergestreckt, so viele Beute gemacht, so viele Triumphe gefeiert haben, die da mit blutigen Händen von der Niedermetzelung der Feinde zurückkehren, deren Füsse in Blut gebadet und deren Hände gewaschen sind im Blute der Sünder; denn sie haben ganze Bataillone der verschiedensten Dämonen besiegt und getötet; denn wenn sie sie nicht besiegt hätten, hätten sie nicht Gefangene erbeuten können, nämlich die ganze Schar derer, die da jetzt an Christus glauben. Wer Menschen der Herrschaft der Dämonen entreisst, von dem sagt man, dass er die Dämonen blutig besiegt habe" (Hom. in Num. 25 t. 10 p. 310 ff.). „Die Schwächeren und noch nicht Vollkommenen kämpfen nur gegen Fleisch und Blut, die Vollkommenen aber gegen die bösen Geister unter dem Himmel." (Hom. in Jesu Nave 11 t. 11 p. 110).

Das sind die Töne des Mittelalters, die schon Origenes angeschlagen hat. Welch eine reiche Geschichte hat diese Konzeption gehabt – von den Asketen und Mönchen, welche die eigentlichen Soldaten Christi sind und die Kämpfe des Herrn führen! An einer anderen Stelle (Hom. 26 in Num. t. 10 p. 316 ff.) unterscheidet Origenes noch genauer, indem er die „Soldaten" in Offiziere und Gemeine, die Unkriegerischen in dauernd und in zeitweilig Unkriegerische

---

[13] Vgl. Hom. in Jesu Nave 18 (t. 11 p. 160): „Die Städte und Mauern, die wir niederwerfen müssen, sind die Dogmen der Gottlosen und die Syllogismen der Philosophen, die lauter gottlose und dem Gesetze Gottes widerstreitende Lehren aufstellen, wie sie die Heiden und Barbaren hegen. Aber man muss auch unter den hochragenden Burgen die falschen Schrifterklärungen der Häretiker verstehen, die sie wie auf hohen Bergen aufrichten". Hom. in Iudic. 8 (t. 11 p. 269): die Häretiker sind die Midianiter.

einteilt. Jene Offiziere sind die strengen Asketen, die über das Gesetz Gottes meditieren Tag und Nacht. Unter ihnen gibt es keinen Zwist und keinen Streit; von ihnen allein, nicht von allen Gläubigen, gilt, dass sie *eines* Sinns und *eine* Seele sind, dass sie alles gemein haben, und dass sie das, was sie haben, ihre Gedanken und Werke, Gott darbringen.

Ist Jesus = Josua, so folgt weiter, dass Jesus „princeps militiae virtutum domini" ist; denn die ganze himmlische Miliz, die Engel, Erzengel u.s.w., tut ihren Dienst unter seiner Führung" (Hom. in Jesu Nave 6 t. 11 p. 59). Aber auch die Verfolgungen, welche die Christen hier auf Erden erleiden, und ihre Siege, stehen unter der Kriegsleitung Jesu: „Es haben sich die Könige der Erde, der römische Senat und das Volk und die Vornehmen zusammengeschart, um den Namen Jesu und Israels zugleich zu bezwingen; denn sie haben in ihren Gesetzen festgestellt, dass es keine Christen geben dürfe. Aber unter der Führung Jesu werden seine Soldaten immer siegen, so dass auch wir sprechen, wie bei Esra geschrieben ist: Von dir, Herr, ist der Sieg, und ich bin dein Knecht" (Hom. in Jesu Nave 9 t. 11 p. 100). „Auch heute", schreibt er (Orig. Hom. in Iudic. 9 t. II p. 278 ff.), „ruft der princeps militiae nostrae, unser Herr und Heiland Jesus Christus seinen Soldaten zu und spricht: Wenn einer furchtsam und ängstlich ist, möge er nicht in meinen Krieg ziehen. In den Worten: Wer nicht seinen Vater hasst u.s.w. [man erinnere sich an den Fahneneid] schliesst Christus ganz deutlich die Furchtsamen aus seinem Lager aus". Merkwürdig subjektiv gefärbt ist der Stossseufzer des Origenes zu Ephes. 4, 8 (Hom. in Num. 18 t. 10 p. 227): „O dass Christus Jesus auch mich stets zu seinem Kriegsgefangenen habe und mich als seine Beute fortführe und ich in seinen Banden gebunden bliebe, auf dass auch ich den Namen: ‚Ein Gefangener Jesu Christi' verdiene, wie Paulus das von sich rühmt". Endlich schreibt er: „Wir statuieren zwei Arten bewaffneter Soldaten, den Soldaten Gottes und den Soldaten des Teufels, und wenn der Soldat Gottes den Panzer der Gerechtigkeit trägt, so trägt unzweifelhaft der Soldat des Teufels den Panzer der Ungerechtigkeit" (Select. in Psalm t. 12 p. 178 f.).

Aber vom weltlichen Kriegsdienst will Origenes nichts wissen: er hält ihn für unerlaubt. „Wir Christen", schreibt er (c. Cels. VIII, 73) „streiten für den König (den Kaiser) mehr als irgend ein Anderer: wir ziehen zwar nicht mit ihm zu Felde, *auch nicht, wenn er das von uns verlangt,* aber wir streiten für ihn; wir bilden ein eigenes Heer, ein Heer der Frömmigkeit durch unsre an Gott gerichteten Fürbitten". Näheres hierüber s. im zweiten Kapitel.

*

Rhetorisch schwächer, sachlich stärker ist in der lateinischen Kirche des Abendlands der Begriff der *militia Christi* ausgeprägt. Dies zeigt sich schon bei TERTULLIAN (er war übrigens der Sohn eines Hauptmanns). So feindlich er dem weltlichen Soldatenstand gesinnt ist (s. darüber später), so geläufig und notwendig ist ihm die Vorstellung der geistlichen Kriegerschaft. An vielen Stellen bezeichnet er alle Christen als milites Christi[14], an nicht wenigen speziell die Märtyrer; die Gerichtsstube und der Kerker sind die Kampfplätze, auf denen der grosse Streit mit dem Teufel ausgefochten wird[15]. Zuerst bei ihm findet sich auch der Name „imperator" für Christus[16]; ferner die Bischöfe, Presbyter und Diakonen sind ihm die „duces", die Laien der „gregarius numerus"[17]. Die militärische Disziplin und wiederum die Entbehrungen und Strapazen der Soldaten sind auch den Chris-

---

[14] S. z. B. ad. mart. 3: „Wir sind zum Soldatenstande des lebendigen Gottes (schon bei der Taufe) berufen worden."

[15] Ad. mart. 1: „Ihr seid grade deswegen in den Kerker gekommen, um den Teufel auch in seinem eigenen Hause zu überwinden".

[16] De exhort. 12: „Sind wir denn nicht auch Soldaten, und ist nicht unsre Disziplin um so höher, je grösser unser Imperator ist"? De fuga 10: „Der ist mir ein schöner Soldat seines Imperator Christus, der, vom Apostel vollständig mit Waffen ausgerüstet, doch sobald er die Trompete der Verfolgung vernimmt, am Tage der Verfolgung davon läuft!"

[17] De fuga 11: „Wenn die Feldherrn (die Kleriker) also fliehen, wer von den gemeinen Soldaten wird es dann auf sich nehmen, zum Feststehen in der Schlachtreihe zu ermahnen?"

ten auferlegt[18]; die Häretiker aber sind die Rebellen und Ueberläufer der Kirche[19].

Das was den militärischen Bildern in den Kirchen des Abendlands einen besonderen Halt gab, war der Begriff „sacramentum". Es ist durch eindringende Untersuchungen dieses sich schon bei Tertullian so häufig findenden Wortes nachgewiesen, dass „sacramentum" von Anfang an in der lateinischen Kirchensprache einen doppelten Sinn gehabt hat. Erstens bedeutet es ein sinnliches Zeichen für eine heilige Sache, das aber in geheimnisvoller Verbindung mit der Sache selbst steht, zweitens bedeutet es *den militärischen Fahneneid*. Dass es auch in dieser Bedeutung in der abendländischen Kirche rezipiert worden ist, ist sehr merkwürdig und scheint im Verein mit anderen militärischen *terminis technicis* („statio", „vexillum", „donativa"), welche die lateinische Bibel- und Kirchensprache aufgenommen hat, darauf hinzuweisen, dass das militärische Element in einigen der ältesten lateinischen Gemeinden zeitweilig stark gewesen ist. Tertullian führt den Begriff „sacramentum" = Fahneneid nicht als einen unbekannten, sondern als einen bekannten ein. Ad mart. 3 schreibt er: „Wir sind zum Soldatenstand des lebendigen Gottes schon damals berufen worden, als wir die Worte des Fahnen-

---

[18] Ad mart. 3: „Der Ausmarsch eines Soldaten in den Krieg ist niemals mit Annehmlichkeiten verbunden; keiner eilt aus einem Schlafgemach in die Schlacht, sondern aus aufgeschlagenen engen Zelten, wo Strapazen, Ungemach und Unannehmlichkeiten jeder Art vorkommen. Sogar schon während der Friedenszeit müssen sie durch Anstrengung und Abhärtung den Krieg ertragen lernen, indem sie mit Sack und Pack marschieren, Feldübungen machen, einen Graben auswerfen, sich zu einer testudo [eine Formation in engen Gliedern mit hochgehaltenen Schildern] zusammenscharen und sich wieder aufrollen. Bei allem wird Schweiss vergossen, damit nicht der Körper oder der Geist aus der Fassung komme bei den Uebergängen vom Schatten in die Sonnenglut, aus der Sonnenglut in die Kälte, von der Tunica zum Anlegen des Panzers, von lautloser Stille zum Feldgeschrei, von der Ruhe zum Getümmel. Alles, was daran Hartes ist, haltet, o selige Märtyrer, für eine Uebung in den Tugenden des Geistes und Körpers". Vgl. Apolog. 50: „Wir wünschen das Leiden, aber in der Weise, wie etwa der Soldat den Krieg; keiner erträgt ihn gern, da er notwendig auch Unruhe und Gefahr im Gefolge hat. Dennoch kämpft auch er mit allen Kräften und, wenn er in der Schlacht siegt, so freut er sich, weil ihm Ruhm und Beute zu Teil wird, während er sich vorher über den Krieg beklagte. Eine Schlacht ist es für uns, wenn wir vor die Schranken des Gerichts gerufen werden, um dort unter Lebensgefahr für die Wahrheit zu streiten. Sieg aber ist es, zu erlangen, um was man gestritten hat. Diesen Sieg begleitet der Ruhm, Gott wohlgefallen zu haben, und als Beute das ewige Leben".

[19] De praescr. 41: „Nirgendwo ist das Avancement leichter als im Lager der Rebellen (d. h. der Häretiker); denn dort zu sein gilt ja schon als Verdienst".

eids (‚sacramentum') nachsprachen [nämlich bei der Taufe]". De praescr. 20 heisst es: „Die Rechte, die uns Christen unter einander zukommen [unter ihnen die ‚contesseratio hospitalitatis'], sind durch die einhellige Ueberlieferung eines und desselben Sakraments [nämlich des bei der Taufe abgelegten Glaubensbekenntnisses] bestimmt". De coron. 11: „Halten wir es für erlaubt, einen Fahneneid (‚sacramentum'), der Menschen gilt, abzulegen, nachdem wir den göttlichen geleistet haben [bei der Taufe], und uns nach Christus noch für einen anderen Herrn den Eid abnehmen zu lassen und uns von Vater und Mutter und dem Nächsten loszuschwören [Anspielung auf den Wortlaut des militärischen Fahneneids]?" De idolat. 19: „Unvereinbar ist der göttliche und der menschliche Fahneneid (‚sacramentum'), das Zeichen Christi und das Zeichen des Teufels, das Lager des Lichts und das Lager der Finsternis". Scorp. 4: „Angewiesen bin ich, Gott nach allem meinem Vermögen zu lieben. Auf Grund dieses Fahneneids (‚sacramentum') bin ich Soldat und werde von den Feinden herausgefordert ...; in Verteidigung meines Eides kämpfe ich, werde verwundet, niedergeworfen, getötet. Eben der hat seinem Soldaten dieses Ende bestimmt, der ihn auf einen solchen Fahneneid in Pflicht genommen hat"[20].

Man kann hier nicht mehr von einem blossen Bilde sprechen: Tertullian und die lateinischen Christen mit ihm empfinden sich wirklich und förmlich als Soldaten Christi. Bei der Taufe haben sie ihm den Eid geschworen, haben sich Christo zugesagt, und nun sind sie ihm, und nur ihm, als seine Krieger verpflichtet[21]. Daher bedie-

---

[20] S. auch De spect. 24: „Niemand läuft in das Lager des Feindes hinüber, wenn er nicht vorher die Waffen weggeworfen und die Feldzeichen und Eide (‚sacramenta') seines Fürsten verlassen hat".

[21] Das „nomen dare" (ἀπογράφεσθαι) vor der Taufe und bei der Aufnahme ins Heer bildete auch einen Berührungspunkt. Ob die christliche Sitte, bei der Taufe einen neuen Namen anzunehmen, mit dem ähnlichen soldatischen Gebrauch irgendwie zusammenhängt, ist mir fraglich. Nachdem aber die Sitte in der Kirche häufiger geworden war (4. Jahrhundert), entstand jedenfalls auch hier für das Bewusstsein eine weitere Parallele zwischen dem Soldatenstand und dem Christenstand. Die Sitte einen neuen Namen (Zunamen) anzunehmen, gewann, wie es scheint im ganzen Reich, im 3. und 4. Jahrhundert eine immer größere Verbreitung. Die Ursachen sind noch nicht vollständig aufgehellt. Für den Soldatenstand kam speziell in Betracht, dass man sich auch durch den gewählten Namen vom Zivilisten abheben wollte und daß die zunehmende Vielsprachigkeit im Heere und die Menge der barbarischen Namen die Annahme eines neuen lateinischen Namens empfahl. Für die Christen war jenes Motiv

nen sie sich auch gerne der militärischen Sprache und Ausdrücke. Schon der alte römische Christ Hermas sagt: „Ich stehe auf Posten"[22] und meint damit das solenne Fasten, und bei Tertullian sehen wir, dass „statio" = „Fasten"[23] ein ganz geläufiger Ausdruck gewesen ist – kaum mehr ein Bild, sondern eine christlich militärische Funktion[24]. In der Schrift de oratione (c. 19) hebt er den militärischen Ursprung des Wortes selbst hervor: „Wenn das Wort ‚statio' aus dem militärischen Sprachgebrauch stammt – denn wir sind ja auch die Kriegerschaft Gottes –, fürwahr, so darf kein freudiges oder trauriges Ereignis, welches im Lager vorgeht, den Wachtdienst des Soldaten stören". Aehnlich steht es mit anderen Ausdrücken, wie „vexilla"[25], „signa" etc. Vor allem interessant aber ist es[26], dass der Militarismus auch in die altlateinische Bibelübersetzung gedrungen ist. „Levem sarcinam domini" heisst der Ausdruck Matth. 11, 30 bei Tertullian (de monog. 2) und in lateinischen Bibeln. Christus ist hier als Hauptmann gedacht, der die Schwere des Gepäcks seiner Soldaten bestimmt[27]. Die Worte Röm. 6, 23: „Der Tod ist der Sünde Sold, das Charisma Gottes aber ist das Leben", lauteten in der lateinischen Bibel, wie sie schon Tertullian las: „stipendia delinquentiae mors, *donativum* autem dei vita". „Das ist eine vortreffliche, das Original steigernde Uebersetzung, die aus einer phantasievollen Auffassung des Zusammenhangs hervorgegangen ist. Die Vorstellung des regelmässigen Soldes weckt den Gedanken an das aussergewöhnliche Gnadengeschenk; mit dem irdischen Kriegsherrn wird der Herr der Heerscharen in Parallele gesetzt, der mit ewigem Leben lohnt. Die Uebersetzung hat Tertullian ganz sicher vorgefunden. Ohne sie als bekannt vorauszusetzen, durfte er von dem christlichen Soldaten,

---

ebenfalls massgebend; schon der Name sollte den Christen vom Nicht-Christen unterscheiden. Die Untersuchungen über diese Fragen, für die auch *Mommsen* in seinen letzten Jahren interessiert hat, sind noch in den Anfängen und verstreut, s. z. B. *Höfling* Das Sakrament der Taufe I (1846) S. 396 ff. und *meine* Missionsgeschichte S. 304 ff.

[22] Simil. V, 1: στατίωνα ἔχω.

[23] Im Sinne von „iciunia stata ac solemnia".

[24] S. *De coron.* 11; *de ieiun.* 1. 10. 13; *de fuga* 1; *ad uxor.* II, 4.

[25] *De patient.* 14; *de coron.* 11: hier heisst die militärische Fahne ausdrücklich die Nebenbuhlerin der Fahne Christi.

[26] Hierauf hat *Corssen*, Zwei neue Fragmente der Weingartner Prophetenhandschrift (1899) S. 49 f. aufmerksam gemacht.

[27] Vgl. damit *de ieiun*, 12: der Märtyrer im Gefängnis soll sich seines Gepäcks („impedimenta") entledigen.

der den zum Lohn seiner Tapferkeit ihm verliehenen Kranz nicht aufsetzen wollte, nicht sagen: „totus de apostolo armatus et de martyrii Candida melius coronatus *donanativum Christi* in carcere expectat". Auf Grund des Griechischen konnte die Anspielung Niemand verstehen, aber der Leser, der mit der vorausgesetzten Uebersetzung des Römerbriefs vertraut war, wusste sofort, im Glauben an welches Wort des Apostels der Soldat ins Gefängnis gewandert war"[28]. Der Ausdruck „donativum" kommt auch sonst noch im christlichen Sprachgebrauch vor. „Der heilige Geist verwaltet alle donativa und teilt sie aus", heisst es in den Akten des Martyriums der Perpetua (c. 1), und Tertullian gibt Ephes. 4 ,8 also wieder: „dedit data filiis hominum, id est *donativa*". *Corssen* verweist noch auf Sap. Sal. 2, 10, wo πρεσβύτης, Sirach 25, z. 27, wo πρεσβύτερος durch „veteranus" wiedergegeben ist, und auf Sap. Sal. 8, 9, wo πρὸς συμβίωσιν durch „contubernium" übersetzt ist.

Auch der Ausdruck „Priester Gottes" ist ursprünglich in der christlichen Kirche nur ein Bild gewesen, aber allmählich aus dem Bilde in die Wirklichkeit übertragen worden: es entstand ein förmlicher katholischer Priesterstand. So weit ist es mit dem Ausdruck „Soldat Gottes" in der lateinischen Kirche nicht gekommen, die Religion des Friedens verbot das; aber man näherte sich doch der realistischen Auffassung. Von hier aus erklärt sich eine doppelte Beobachtung bei Tertullian, erstlich dass er an *einer* Stelle mit dem Gedanken spielt, die Christen könnten sich als offene Feinde gegen das römische Reich kehren, zweitens dass er auf die „Soldaten" in der Mithras-Religion aufmerksam wird.

Apolog. 37 schreibt er; „Wenn wir offen als eure Feinde auftreten wollten, würde uns wohl die nötige Zahl der Truppen fehlen? Sind etwa die Mauren und Markomannen und Parther und selbst die grösste einzelne Nation zahlreicher als wir, die wir das Volk des Erdkreises sind? welchem Kriege wären wir nicht gewachsen? für welchen nicht vorbereitet? und, mag auch unsre Zahl geringer sein, wir ersetzen sie durch Todesfreudigkeit! Aber beruhigt euch: unsre Feldordnung gebietet uns zu sterben, nicht zu töten!" Eine Drohung liegt in diesen Worten nicht – er durfte ja nicht drohen! –, aber doch wohl ein Appell an die Sorge und Furcht seiner Gegner.

---

[28] *Corssen*, a. a. O.

Interessanter noch ist das Verhältnis zur Religion des Mithras[29]. In dieser aus Persien eingewanderten Religion gab es wirklich einen förmlichen Grad der „Soldaten", und sie war seit dem Ausgang des 2. Jahrhunderts die im Heere besonders verbreitete und beliebte Religion. Der dritte Grad von unten unter den sieben Graden hiess, wie uns Hieronymus mitteilt[30], „miles": Auf dieser Stufe, der obersten Katechumenatsstufe[31], wurde man in das heilige Heer des unbesiegbaren Gottes aufgenommen und bekämpfte unter seinem Befehl die Mächte des Bösen. Da die christliche Religion mit dieser Religion besonders zu kämpfen hatte – doch ist Kampf und Gefahr für das Christentum überschätzt worden[32] –, so musste die Tatsache, dass es auch hier eine geistliche Ritterschaft und „sacramenta" gab, die Christen besonders irritieren. Es war nicht die einzige Uebereinstimmung zwischen den beiden Religionen. Mit Grauen sahen die Christen, dass auch andere Stücke und Züge, die ihnen heilig waren, sich in der Mithrasreligion wiederholten[33]. Sie vermochten diesen Tatbestand sich nur so zu erklären, dass der Teufel die christlichen Heiligtümer und Ordnungen hier nachgeäfft habe. „Die Rolle des Teufels ist es", schreibt Tertullian de praescr. 40, „die Wahrheit zu verdrehen; er äfft sogar die Handlungen der göttlichen Sakramente in seinen Götzenmysterien nach. Er tauft nämlich auch – natürlich seine Gläubigen und Getreuen; er verheisst Sühnung der Sünden durch die Kraft eines Taufbades. Wenn ich mich noch recht erinnere [als Soldatenkind scheint Tertullian im Lager die Zeremonie gesehen zu haben], so bezeichnet Mithras dort seine Soldaten auf der Stirn; er zelebriert auch Darbringung von Brod, führt eine bildliche Vorstellung der Auferstehung vor und nimmt unter dem Schwert einen Kranz hinweg". Der letztere dunkle Ausdruck wird durch eine andre Stelle (De coron. 15) beleuchtet. Viele Christen, die im Heere dienten, scheuten sich nicht, den militärischen Kranz als Auszeich-

[29] S. *Cumont*, Les mystères de Mithra, Bruxelles, 1900, deutsch von *Gehrich*, Die Mysterien des Mithra, Leipzig, 1903.

[30] Ep. 107 ad Laetam.

[31] Auf dieser Stufe blieben wohl die meisten Mithras-Verehrer stehen und waren also zeitlebens „milites".

[32] S. *mein* Buch über die Mission S. 534 ff.

[33] In Wahrheit sind die Uebereinstimmungen äusserliche und zufällige; sie deuten kaum irgendwo auf eine gemeinsame, weit zurückliegende Wurzel. Eine Beeinflussung der einen Religion durch die andere ist an keinem Punkte sicher.

nung anzunehmen, obgleich sie sich dadurch nach Tertullian's Meinung mit dem Götzendienst befleckten. „Lasst euch durch jeden beliebigen Soldaten des Mithras beschämen! Diese werden nämlich in der Höhle, dem wahrhaftigen Heerlager der Finsternis, bei der Aufnahme durch den Weiheakt ermahnt, den dargebotenen, gleichsam zur Nachäffung des Martyriums auf einem Schwerte steckenden und ihnen sodann auf den Kopf gesetzten Kranz mit abwehrender Hand vom Kopfe zu entfernen und ihn wo möglich auf die Schulter hinüberzuschieben mit den Worten: Mithras ist mein Kranz. Von diesem Augenblicke an setzt der so Eingeweihte niemals wieder einen Kranz auf, sondern derselbe dient ihm dazu, sich auszuweisen, wenn man ihn irgendwo in betreff seines Sakramentums auf die Probe stellt. Er wird dann sofort als ein Soldat des Mithras anerkannt, wenn er den Kranz herunterwirft und sagt, der Kranz sei bei seinem Gotte. Erkennen wir daran die listigen Ränke des Teufels, der sich von den göttlichen Dingen manches anmasst, um uns durch den Glauben seiner Verehrer zu verwirren und zu richten". Es scheint hiernach – was freilich schwer glaublich ist –, dass man im Heere die religiösen Verpflichtungen der Mithrasdiener respektiert und ihnen ein eigentümliches Verhalten jener militärischen Auszeichnung gegenüber gestattet hat. Wie empfindlich musste es für die Christen sein, dass man jenen eine Rücksicht zubilligte, die man ihnen, den Christen, nicht zuwandte, und sie so in die Lage brachte, entweder gegen die militärische Disziplin oder gegen ihren Glauben zu verstossen!

In dem nächsten Jahrhundert nach Tertullian sind die Predigten und die Ermahnungen in der abendländisch-lateinischen Kirche angefüllt von den militärischen Bildern des Soldatendienstes, der militärischen Disziplin und des Kampfs. Man darf geradezu sagen, dass dieses Schema und diese Bilder die häufigsten unter allen waren, und dass besonders Cyprian, dessen Traktate und Briefe mehr gelesen wurden als die heiligen Schriften, sie vollends eingebürgert hat. Alle hier einschlagenden Stellen zu sammeln, wäre ein zweckloses Unternehmen. Es genügt die Hauptgesichtspunkte kennen zu lernen, unter denen die „militia Christi" (auch „caelestis militia") dargelegt und angewendet wurde:

(1) Die Taufe bleibt das „sacramentum", der Fahneneid[34].

(2) Christus ist der „imperator"[35].

(3) Sind alle Christen „milites"[36], so sind doch die Konfessoren und Märtyrer die eigentlichen Krieger bezw. die Offiziere Gottes; denn sie streiten mit den Dämonen und kämpfen sie durch ihre Bekenntnis, ihre Wunden und ihren Tod nieder[37].

(4) Ihr Kampf ist ein herrliches kriegerisches Schauspiel für Gott und wird von ihm und den Engeln bewundert[38]. Die Christen fürchten die Feinde nicht, sondern provozieren sie[39]. Der Feige ist ein Deserteur[40].

(5) Die Kirche (aber auch das Gefängnis) ist die „castra dei"[41].

(6) Die Häretiker, vor allem aber die Schismatiker, sind die Rebellen, und ihnen gebührt die Strafe der aufrührerischen Rotte Korah[42].

(7) Man muss die Stationen und Vigilien beobachten[43].

(8) Die Mithras-militia gilt es zu fliehen[44].

---

[34] S. z. B. ep. 10, 2: „sacramentum et devotio militis dei"; ep. 54, 1; Arnobius II, 5: „fidem rumpere Christianam et salutaris militiae sacramentua deponere". Pseudoorig., tract. de libris ss. script. 14 (p. 157): „sacramentum militiae". Tract. 18 (p. 198): „in haec quasi milites Christi sacramentorum verba iuravimus, ad hoc nostrum certamen conscripsimus".

[35] S. z. B. Cypr. ep. 15, 1; Confessores Romani bei Cypr., ep. 31,4 f. Pseudocyprian, De mont. Sina et Sion 8: „imperator et rex". Commodian, Instruct. II, 12: „imperium regis". Lactant., Instit. VI, 8: „magister et imperator omnium deus". Lactant. 1. c. VII, 27: „dominus et imperator". Der Papst Damasus (4. Jahrh.) ist m.W. der erste, der das Bischofsamt „imperium" genannt hat; der jugendliche Kleriker ist ihm „tiro-miles".

[36] Commodian hat (Instruct. II, 12) ein besonderes Gedicht mit der Aufschrift: „Militibus Christi". Im 4. Jahrhundert schreibt der unbekannte Verfasser der pseudoaugustinischen Quästionen: „Milites Christi sumus et stipendium ab ipso donativumque percepimus".

[37] S. z. B. Cypr., ep. 10 1. 2; ep. 15,1; ep. 28, 1 f. (hier eine spezielle Ausführung des mililtärischen Bildes); ep. 46, 2; ep. 54, 1; ep. 76, 6, 6; ep. 77,2.

[38] S. z. B, Cypr., ep, 10, 2; ep. 58, 4 („spectat militem suum Christus"); ep. 60, 2; ep. 76, 4; Novatian, de laude mart. 26; Commodian, Instruct. II, 12.

[39] Confess. Romani bei Cyprian, ep. 31, 4 f, und sonst.

[40] S. a. a. O. Novatian bei Cyprian ep. 30,5. Lactant., Instit. VII, 27. Commodian, Instruct. II, 11 (ein besonderes Gedicht mit der Aufschrift „desertores").

[41] Z. B. Cypr. ep, 10, 1; ep. 46, 2; ep, 54, 1; ep, 58, 8; ep. 60, 2; ep. 61, 3; Confess. Romani bei Cypr., ep. 31, 4 f.; Novatian bei Cyprian, ep. 30, 5 . Commodian, Instiuct. II, 11.

[42] S. z. B. Cypr. ep, 3, 3; 28, 2; 43, 5; 58, 10; 69, 8. In ep. 59, 13 heisst es, dass die Schismatiker gegen die Kirche „parricidalia arma" führen.

[43] S. z. B. Lactant., Instit. VII, 27.

[44] S. Commodian in dem Gedicht „Desertores" (Instruct. II, 11): „Errare noli diu miles per spelaea ferarum".

Eine kriegerische Stimmung, die sittlich nicht unbedenklich war, hat sich der lateinischen Christenheit im 3. Jahrhundert bemächtigt. Ein fanatischer Ton einerseits, ein bramarbasierender andrerseits, kam in die Erbauungsliteratur des Abendlands. Der Christ drohte zum „miles gloriosus" zu werden. Handelte es sich auch durchaus um eine *geistliche* Kriegerschaft – irdische Lust am Kampf und Streit, Beute- und Siegeslust im gemeinen Sinn konnten sich auch auf diese Weise entwickeln. Die kriegerische Sprache war keineswegs durch die wirkliche Lage – von den stossweisen Verfolgungen abgesehen – gerechtfertigt; sie wurde zur Manier. Die Märtyrerakten, die in der grossen Verfolgung unter Diokletian und seinen Mitkaisern, und noch mehr die, die später geschrieben sind, lassen es oft genug an der Ruhe und Besonnenheit fehlen, die den Christen in ihren klassischen Urkunden – die Apokalyptik muss freilich bei Seite bleiben – vorgeschrieben war. Aber wer darf die Haltung von Leuten kritisieren, die dem Henker überantwortet waren und einem grausamen Tode entgegengingen? Ihre Biographen allein unterliegen der Kritik[45]. Sie und die asketischen Schriftsteller haben übrigens, wenn ich recht sehe, das Bild der Kämpfe gegen die Sünde und bösen Lüste (bezw. gegen die Dämonen, die solche verursachen) stark zurücktreten lassen gegenüber dem Bilde des Kampfes mit den Dämonen, wie sie in den Verfolgungen der Heiden und dem Treiben der Häretiker angeblich wirksam seien. Die ältere Zeit war in dieser Hinsicht innerlicher gesinnt. *Der „heilige" Krieg im wirklichen Sinn des Wortes ist dennoch niemals im vorkonstantinischen Zeitalter gepredigt worden.* Auch von Erneuten und Revolutionen finden sich, obschon einzelne Konfessoren es an aufrührerischen Reden nicht fehlen liessen[46], kaum Spuren[47]. Das ist ein Ruhm der Kirche, als sie noch unter dem Schwert der Kaiser stand! In manchen Provinzen wären die

---

[45] Dass die Märtyrerakten, auch die echten, voll sind von militärischen Bildern, braucht nach dem bisher Ausgeführten nicht mehr erwähnt zu werden. Auf die dort sich findenden Ausdrücke „legiones dominicae" (Mart. Saturn., Dativi, etc.) und „exercitus Christianus", „exercitus domini" (o. a. O. u. Mart. Quirini) sei jedoch hingewiesen, da sie in der Literatur seltener sind.

[46] Zertrümmerungen von Götzenbildern durch Christen sind hier und dort auch schon vor Konstantins Zeit vorgekommen, s. Canon 60 von Elvira (um das J. 300). Die Kirche hat dieses Gebahren missbilligt.

[47] An den Aufständen in Melitene und Syrien (Euseb., h. e. VIII, 6, 8) z. Z. Diocletians scheinen die Christen allerdings beteiligt gewesen zu sein; aber sicher ist es nicht.

Christen zahlreich und stark genug gewesen, sich zusammenzu-
scharen und einen Aufstand zu organisieren. Sie haben es nicht getan. Es scheint, dass nur in der allerersten Zeit, als sie noch tief in
der Apokalyptik steckten und vom jüdisch-politischen Geiste noch
nicht völlig losgelöst waren, Gefahren in dieser Richtung zu bekämpfen waren. Jene am Anfang angeführten Stellen aus dem Mat-
thäus- und Johannes-Evangelium sind sonst nicht wohl verständlich. Damals musste ausdrücklich gesagt werden, dass das Reich
Gottes nicht von dieser Welt sei, dass es nicht mit irdischen Waffen
zu verteidigen sei, dass der Christ sein Schwert in der Scheide halten
müsse, dass er sterben solle, aber nicht töten dürfe.

Im vierten Jahrhundert wurde es anders: die heidnischen Mas-
sen zogen in die Kirche ein, liessen sich schnell für den neuen Glauben fanatisieren, und bald wurde der heilige Krieg – nicht einmal
immer unter dem Schein gesetzlicher Formen – proklamiert. Man
kann nicht leugnen, dass die „militia Christi", wie man den Gedanken in Predigten und Erbauungsschriften ausgebildet hatte, eine
Vorbereitung für diese Wendung gewesen ist. Doch ihr nachzuge-
hen und sie zu schildern, liegt ausserhalb unsrer Aufgabe.

Aber darauf muss hingewiesen werden, dass bereits der Krieg
Konstantins gegen Maxentius, ferner der Krieg des Licinius gegen
Maximinus Daza und der Konstantins gegen Licinius unverkennbar
als Religionskriege geführt worden sind. In der Schlacht sollte es
sich bewähren, wer stärker sei, der Christengott oder die alten Götter. Wenige Jahrzehnte später ruft der Christ Firmicus Maternus in
seinem Buch über den Irrtum der profanen Religionen nach Feuer
und Schwert (c. 16) und verlangt von den Kaisern Konstantius und
Konstans die Ausrottung des Heidentums (c. 20): „Modicum tantum
superest ut legibus vestris funditus prostratus diabolus iaceat ... erigite vexillum fidei; vobis hoc divinitas reservavit ... signum vene-
randae legis erigite, sancite, promulgate quod prosit! ... felices vos
quoque: gloriae ac voluntatis suae deus [vos] fecit esse participes,
idololatriae excidium et profanarum aedium ruinam propitius
Christus populo vestris manibus reservavit. *ille spiritalibus armis ma-
los Spiritus, vos mala terrena vicistis.* erigite tropaea victoriae et praefe-
ratur ingens titulus triumphorum: profanarum rerum strage gau-
dentes exultate fortius, exultate fidenter. felicitas vestra cum dei virtute coniungitur, pro salute hominum Christo pugnante vicistis!"

Die „milites Christi" stellten sich den Kaisern zur Verfügung. Die Kirche, die als mächtige bischöfliche Konföderation längst schon ein Staat im Staat geworden war, schob sich nach Absicht und Wille der christlichen Kaiser in den Militär- und Beamtenstaat hinein, ja sie hat Erhebliches dazu beigetragen, den Militarismus, durch welchen das Reich im 3. Jahrhundert zu zerfallen drohte, wieder zu zentralisieren. Es hat an Erhebungen kaiserlicher Prätendenten auch im 4. Jahrhundert nicht gefehlt; aber wenn die Erhebungen in dieser Epoche nicht mehr so chronisch waren und so zerstörend wirkten wie vorher, so hat man das auch den „Soldaten Christi" d. h. der Kirche zu verdanken, die für die Einheit des Reichs eintrat.

II.
Die christliche Religion und der Soldatenstand

Das prinzipielle Verhältnis des Evangeliums als Botschaft des Friedens zu Streit und Krieg haben wir in der Einleitung zum vorigen Kapitel kurz skizziert. Im folgenden handelt es sich um das konkrete Verhältnis zum Soldatenstand und um die Urteile über ihn. Die Anstösse, welche dieser Stand den alten Christen bot, lassen sich kurz also zusammenfassen: (1) er war ein *Kriegerstand*, und das Christentum verwarf prinzipiell Krieg und Blutvergiessen, (2) die Offiziere mussten unter Umständen Todesurteile fällen, und die Gemeinen mussten alles ausführen, was ihnen befohlen wurde, (3) der unbedingte Soldateneid stritt mit der unbedingten Verpflichtung Gott gegenüber, (4) der Kaiserkult trat nirgendwo so stark hervor als im Heere und war für jeden einzelnen Soldaten fast unvermeidlich, (5) die Offiziere mussten opfern, und die Gemeinen hatten sich dabei zu beteiligen, (6) die militärischen Feldzeichen erschienen als heidnische Sacra, ihre Verehrung also als Götzendienst; desgleichen erschienen die militärischen Auszeichnungen (Kränze etc.) als götzendienerische, (7) das Gebahren der Soldaten im Frieden (Erpressungen, Zügellosigkeit u.s.w.) stritt mit der christlichen Ethik, (8) auch die traditionellen rohen Spiele und Scherze im Heere (der Mimus im Heere u.s.w.) waren an sich anstössig und hingen zum Teil mit dem Götzendienst und den Götterfesten zusammen.

Welche Stellung das Christentum bis etwa zum J. 170 zum Soldatenstand faktisch eingenommen hat, ist so gut wie ausschliesslich aus Rückschlüssen zu bestimmen. Erst von der Zeit des Marc Aurel an besitzen wir direkte Quellen, die uns über die tatsächlichen Verhältnisse und ihre Beurteilung aufklären; die christlichen Urkunden der älteren Zeit schweigen fast vollständig.

Dieses Schweigen aber ist lehrreich und bedeutsam. Wenn in jenen Urkunden das Verhältnis zur Obrigkeit und zum Staat, Ehe- und Familienfragen aller Art, die Sklavenfrage, ferner eine Fülle von Problemen in Bezug auf die Lebensführung in Essen und Trinken, Geselligkeit, Verkehr mit den Heiden u.s.w. besprochen wird, eine „Soldatenfrage" aber vollständig fehlt, so entsteht die wohlbegründete Vermutung, *dass es damals eine solche in den christlichen Gemeinden überhaupt nicht gegeben hat.* Fehlte sie aber noch, so kann der

Grund hierfür ein diametral entgegengesetzter gewesen sein: sie fehlte entweder, weil Christen unter Umständen auch Soldatendienste ungetadelt geleistet haben, oder sie fehlte, weil sich der Militärdienst selbstverständlich für die Christen verbot. Was ist das Richtige?

Schon a priori wird man die erste Lösung für die wahrscheinlichere halten; denn, mochte das Verbot noch so selbstverständlich sein, das *Leben* hätte sich gegen dasselbe wehren müssen, und von diesem Ringen müssten sich Spuren in der uns erhaltenen ältesten Literatur finden lassen. Aber wie? hatte Jesus nicht jede Rache, ja jede Vergeltung des Unrechts verboten und vollkommene Sanftmut und Geduld gelehrt? Und war nicht der Soldatenstand überdies durch seine Erpressungen, Gewalttätigkeiten und Schergendienste verächtlich? Gewiss, und daraus folgte unzweifelhaft, dass ein Christ nicht freiwillig Soldat werden durfte. Diese Regel innezuhalten, war aber nicht schwer, und gewiss haben sie die ältesten Christen beobachtet. Eine allgemeine Wehrpflicht bestand nicht im Kaiserreich und die Zahl der Truppen war im Vergleich mit der Bevölkerungszahl überhaupt nicht gross. Die Legionen rekrutierten sich aus Freiwilligen; nur in ganz besonderen Fällen der Not wurden Einzelne zum Soldatendienst gepresst[48]. Klafften in den Reihen der

---

[48] Vgl. *Mommsen* , Röm. Staatsrecht II, 2³ S. 849 f., *Derselbe*, Die Konskriptionsordnung der röm. Kaiserzeit (Hermes Bd. 19 S. 1 ff.), *Neumann*, Der röm. Staat u. die allg. Kirche I (1890) S. 127 f. Der letztere schreibt in Anlehnung an *Mommsen*: „Die rechtliche Wehrpflicht eines Christen wird natürlich in einer Zeit, die ihren Bedarf an Soldaten grösstenteils aus Freiwilligen deckte (Arrius Menander z. Z. des Septimius: ‚plerumque voluntario milite numeri supplentur', Digest. 49, 16, 4, 10), nicht allzuhäufig in Anspruch genommen worden sein. Von der zwangsweisen Aushebung ist unter dem Prinzipat, obwohl gesetzlich die allgemeine Dienstpflicht fortbestand, ein verhältnismässig beschränkter Gebrauch gemacht worden, wie die weite Ausdehnung, die dem freiwilligen Eintritt schon durch die Heeresformation des Marius eingeräumt war, ferner die in dem Verhältnis zu dem Umfang des Reiches sehr geringe Stärke der Armee und die durchschnittlich auf 20 Jahre festgesetzte Dienstzeit dies zuliessen. Zumal dem in Italien heimatberechtigten römischen Bürger ist seit Septimius Severus der Kriegsdienst überhaupt verschlossen. Soldat konnte jemand in erster Linie auf seine freiwillige Meldung hin werden, sodann durch Aushebung und endlich als Ersatzmann eines Ausgehobenen. Wer nötigte den Christen, der nicht dienen wollte, dazu, sich selbst zu melden oder aber als Ersatzmann eines anderen einzutreten? Freilich konnte ja auch ein Christ von der Aushebung getroffen werden, aber dann stand doch wenigstens die Möglichkeit noch immer offen, durch die Stellung eines Ersatzmannes der lästigen Pflicht persönlichen Dienstes zu entgehen". – Ueber das Verhältnis des Judentums

Regimenter zu grosse Lücken, so wurden ausnahmsweise Gladiatoren, Sklaven, Barbaren, Räuber und Gesindel eingestellt[49]: auch die kleinen Leute vermochten sich also dem Soldatendienst in der Regel ohne Schwierigkeit zu entziehen. Von hier aus drohte mithin dem Christentum kein Konflikt und keine Krisis; es entstand auch keine „Soldatenfrage": der getaufte Christ wurde eben nicht Soldat.

Anders war es, wenn die christliche Religion in das Lager selbst eindrang und Soldaten für sich gewann – aber eine „Soldatenfrage" brauchte auch da nicht sofort zu entstehen. Die Maxime des Apostels Paulus: „Ein Jeder bleibe in dem Stande, in welchem ihn der Ruf Gottes getroffen hat" – also bei seinem heidnischen Ehegatten, in der Sklaverei u.s.w. – konnte auch auf den Soldatenstand angewendet werden. Er mochte um einen Grad oder um mehrere abstossender und gefährlicher sein als andere weltliche Stände, aber prinzipiell war hier keine Verschiedenheit. Welchen Gefahren war der Christenstand eines Gläubigen an der Seite eines heidnischen Ehegatten Tag für Tag ausgesetzt! In welchen Schwierigkeiten befand sich z. B. die christliche Ehefrau eines heidnischen Beamten und Richters! Wie furchtbar waren die Nöte, in welche der christliche Sklave oder gar die Sklavin eines heidnischen Herrn immer wieder geraten musste! Dennoch hat die Weisheit des grossen Apostels und anderer Missionare ohne Schwanken entschieden, dass die Christen diese Verhältnisse nicht sprengen sollen. Sie sollen in ihnen verbleiben und, so darf man annehmen, im äussersten Fall die Konsequenzen ihres Christenstandes ziehen, nämlich sich opfern. Das, was es den Missionaren ermöglichte, so zu urteilen, war – so paradox dies erscheint – neben anderem ihre sichere Erwartung des nahen Weltendes. Fanatiker zogen aus dieser Erwartung den Schluss: „Also wol-

---

zum römischen Militärwesen s. *Schürer*, Gesch. des jüdischen Volks Bd. I[3] S. 458-466. Die Juden waren vom römischen Kriegsdienst befreit; für die Zeit Cäsars steht das fest (Josephus, Antiq. XIV, 10, 6), für die Folgezeit lässt es sich mit Grund vermuten. Die in Judäa konskribierten Auxiliartruppen gehörten der nicht-jüdischen Bevölkerung an.

[49] So schon vorübergehend unter Marc Aurel; aber die Regel blieb doch noch eine Zeitlang bestehen, dass Sklaven nicht in das Heer aufgenommen werden dürfen (Digest. 49, 16, 11: „ab omni militia servi prohibentur: alioquin capite puniuntur"). Diese Regel hat an ihrem Teile dazu mitgewirkt, dass die „Soldatenfrage" verhältnismässig spät in der Kirche brennend geworden ist; denn ursprünglich umfasste sie wahrscheinlich einen grossen Prozentsatz von Sklaven.

len wir alles hinwerfen und allen weltlichen Verhältnissen den Rücken kehren". Besonnene aber folgerten umgekehrt: „Also wollen wir die uns auferlegte Last, so schwer und so widerlich sie ist, die kurze Spanne noch tragen." *Die Eschatologie wurde zu einem quietistischen und konservierenden Prinzip;* sie hat es bewirkt, dass das Christentum nicht die Durchführung seiner Prinzipien im Staat und in der Gesellschaft gefordert hat, um daran sofort zu verbluten oder zu scheitern; sie hat eine grundlegende, stille Mission ermöglicht. Hätte man den ersten Missionaren gesagt, die Welt werde noch lange, lange stehen und Christus werde auch in Jahrhunderten nicht wiederkommen, so hätte ihnen das gute Gewissen gefehlt, mit dem sie jetzt „in dieser letzten betrübten Zeit" die Öffentlichen Dinge gehen liessen, wie sie gingen, und sich innerhalb derselben im kleinsten Kreise einrichteten. *Der ganze Gegensatz gegen Staat, Gesellschaftsordnung, öffentliches Leben u.s.w. fiel den Christen erst aufs Gewissen, als sie zu ahnen und zu erkennen anfingen, dass sie es mit diesen Zuständen noch recht lange zu tun haben und an ihrem Teile für sie verantwortlich werden würden.* In der Zeit vorher war der ideelle Widerspruch grösser, er war so gross, dass jede Vergleichung aufhörte; aber die Last der praktischen Aufgaben wurde viel weniger empfunden. Jetzt, in der Zeit der Antonine, milderte sich jener Widerspruch um einige Grade; aber nun brach mit voller Gewalt das Gefühl der Verantwortung herein: Wie sollen wir uns als Christen zu der Welt um uns stellen, in die wir wider unsern Willen hineingewachsen sind, weil wir, auf ihren baldigen Untergang rechnend, nichts an ihr verändert haben?

Somit ist es also nicht auffallend, dass es etwa bis zur Zeit der Antonine bez. Marc Aurel's eine Soldatenfrage in den Gemeinden nicht gegeben hat: der getaufte Christ wurde nicht Soldat, und die, welche im Lager vom christlichen Glauben ergriffen wurden, mussten eben zusehen, wie sie sich mit ihrem Soldatenstand abzufinden vermochten. Man darf auch nicht vergessen, dass die Kontrolle über sie seitens der Gemeinden nur beschränkt sein konnte. Da der Soldat vom bürgerlichen Leben getrennt war – viel mehr als heute bei uns –, war es auch für die Gemeinden und ihre Leiter nicht leicht, ihn zu beaufsichtigen. Umgekehrt aber war gewiss die Freude überall unter den Brüdern gross, wenn man hörte, dass selbst im rauhen und gewalttätigen Kriegerstand Gläubige erweckt worden seien. Man wird auch nachsichtiger gegen sie gewesen sein als gegen andere: genug, dass die Fahne Christi auch im Lager des Teufels aufgepflanzt war!

Diese Erwägungen erklären es, dass uns älteres Quellenmaterial in Bezug auf christliche Soldaten und ihre Beurteilung seitens der Kirche fast ganz fehlt. Die Geschichten im Neuen Testament vom Hauptmann zu Kapernaum, vom Hauptmann unter dem Kreuze, vom Hauptmann zu Cäsarea sind nicht erzählt, um den Soldatenstand zu loben oder auch nur seine Duldung nahe zu legen. Dass es Soldaten gewesen sind, ist in allen diesen Fällen von untergeordneter Bedeutung für den Erzähler. Nachmals sind freilich diese Geschichten von diesem oder jenem zu Gunsten des Soldatenstandes ausgebeutet worden. Auch aus dem Vergleich des christlichen Missionars mit dem Soldaten, der sich nicht in bürgerliche Geschäfte mischt (II. Tim. 2., s. o. [HARNACK 1905, S. 15 f.]), lässt sich in Bezug auf die Anerkennung des Soldatenstandes nichts schliessen. Dagegen scheint der rühmende Hinweis auf die Disziplin „unsrer" Soldaten im ersten Brief des römischen Clemens (s. o. [HARNACK 1905, S. 18 f.]) doch etwas mehr zu bedeuten. Mit Wohlgefallen und Stolz blickt hier der Sprecher der römischen Gemeinde auf das römische Heer. Kann ihm ein Heer in jeder Hinsicht die *castra diaboli* gewesen sein, dessen Disziplin und Gehorsam er so rühmt? Ich glaube nicht. Wie der Kaiser den Christen einerseits als das verantwortliche Haupt der letzten Weltmonarchie galt und deshalb in des Teufels Staat gehört, andrerseits aber von Gott das Schwert erhalten hat, das Böse rächt und die Endkatastrophe aufhält, so fällt auch der Soldatenstand unter eine doppelte Beleuchtung. Sofern er im Namen des Kaisers und der Obrigkeit die Ordnung aufrechterhält, ist er nötig und daher zu dulden; sofern er dem Teufelsstaat dient und unschuldiges Blut vergiesst, ist er vom Teufel. Empfehlen konnte ihn gewiss kein Christ; aber wie dem Kaiser hin und her ein freundliches Wort gespendet wurde, so hat Clemens hier auch einmal für den Soldatenstand ein solches übrig gehabt.

Mehr darf wohl aus Luc. 3, 14 gefolgert werden. Er erzählt, dass zur Busspredigt Johannis des Täufers auch Soldaten gekommen seien, „und sie fragten ihn: was sollen wir tun? Und er sprach zu ihnen: übt gegen niemand Raub und Erpressung". Der Bescheid ist den Antworten, die Johannes in diesem Abschnitt sonst noch – vor allem den Zöllnern – erteilt, ganz konform: nicht die Flucht aus dem Beruf und der Welt wird verlangt, sondern die einfache Moral. Die besondere Erwähnung von Soldaten ist aber auffallend, wenn auch wohl an jüdische Soldaten im Heere des Herodes Antipas zu denken ist. Lukas hat doch nicht für Juden, also auch nicht für jüdische Soldaten geschrieben. Die Annahme liegt daher nahe, dass er seinen heiden-christlichen Lesern sagen wollte, dass ein christlicher Soldat seinen Christenstand dadurch beweist, dass er sich von Raub und Erpressung fernhält. Damit wäre unter dieser Bedingung die Duldung des Kriegerstandes ausgesprochen. Man darf vermuten, dass Lukas so verstanden sein wollte. Die Einwendung aber, dass nicht Jesus selbst, sondern sein Vorläufer hier spricht, ist schwerlich erheblich[50].

Das ist alles, was wir von christlichen Soldaten bis Marc Aurel wissen. Dann reisst der Schleier, und für die Zeit von 170 bis 315 besitzen wir ein beträchtliches Material. Eröffnet wird dasselbe durch zwei Zeugnisse, die sich zu widersprechen scheinen. Celsus, der älteste literarische Gegner der Christen, beklagt sich, dass diese, wie sie überhaupt unrömisch und unpatriotisch seien, so auch dem Kaiser keine Soldatendienste leisten wollen. Gleichzeitig aber bezeugen mehrere Schriftsteller, dass im Heere Marc Aurels, speziell in der 12. Legion, sich eine Anzahl von Christen befunden hat.

Bevor wir aber auf diese und die folgenden Zeugnisse eingehen, legt sich die Frage nahe: besass denn das Christentum, in seinem Kern erfasst, irgend welche oder gar eine besondere Anziehung für die Soldaten? Auf den ersten Blick scheint diese Frage verneint werden zu müssen, und der erste Blick wird in diesem Fall wohl auch der richtige sein. Es ist völlig deutlich, dass die christliche Religion, mag man sie wie immer fassen – nach den Sprüchen Jesu, im Sinne des Paulus oder des Jakobus, der Apologeten oder der Gnostiker – eine besondere Anziehungskraft auf den Soldaten, wie er durchschnittlich war, nicht auszuüben vermochte; war sie doch seinem Metier ganz entgegengesetzt. Allein nicht jeder Soldat war ein Durchschnittssoldat, und die christliche Religion wirkte nicht nur durch zentrale, sondern auch durch peripherische Kräfte. Ihre

---

[50] Der Herr verkündet durch den Mund des Johannes, bemerkt Clemens Alex. zu dieser Stelle (Paedag. III, 12, 91).

Freiheit von jedem Volkstum, ihr Universalismus, ihr Absolutismus, ferner dass sie an keinen bestimmten Raum gebunden war, dass ihr Vollzug sich überall ermöglichte, kamen hier in Betracht. Vor allem aber musste der strenge Monotheismus, die Lehre von dem *einen* Herrn Himmels und der Erde, dem soldatischen Geist entgegenkommen. Diese Religion, die dem Denker höchst kompliziert erschien, liess sich doch auf einen sehr einfachen Ausdruck bringen, und sie war für ihre soldatischen Bekenner, wenn sie von Ort zu Ort marschierten[51], so allgegenwärtig wie der Gott, dem sie diente. So mögen sich Abstossungs- und Anziehungskraft hier doch die Wage gehalten haben, und in solchen Fällen folgt ein Teil der Hörer den anziehenden Kräften[52]. Lagerreligion , wie der Mithraskult und andere Kulte, konnte das Christentum nicht werden; dazu stellte es zu hohe sittliche Anforderungen und war auch zu sehr an seine städtisch-bischöfliche Organisation gebunden. Ob es in einigen Provinzen stärker in das Heer eingedrungen ist und dieses zur Verbreitung desselben beigetragen hat, ob der christliche Teil des Heeres am Anfang des 4. Jahrhunderts nicht doch ein wichtiger Faktor im Verhältnis von Staat und Kirche geworden ist, werden wir noch sehen.

Kehren wir zu den Schriftstellern in Marc Aurels Zeit zurück. Celsus schreibt[53], wenn alle es machen würden wie die Christen, so wäre der Kaiser bald allein und vereinsamt und die Dinge auf Erden würden in kurzem in die Hände der wildesten und abscheulichsten Barbaren geraten; daher sollten die Christen dem Kaiser den möglichsten Beistand gewähren, in der Erfüllung der Obliegenheiten seines Amtes ihn unterstützen, für ihn die Waffen tragen und, wenn die Not es erfordert, für ihn zu Felde zu ziehen und seine Truppen anführen. Er setzt also voraus, dass die Christen das nicht tun, und stützt diese Voraussetzung unzweifelhaft auf die Haltung der Christen, wie sie ihm bekannt war. Celsus war ein trefflicher Patriot und ein ausgezeichneter Vertreter des alten römischen Beamtenstandes, der leider in jener Zeit mehr und mehr ausstarb. Mit Sorge erfüllte ihn der Zustand des Reiches, der Ansturm der Barbaren und die

---

[51] An die Dislocierungen der Legionen sei hier nur erinnert.
[52] Auch an die Anziehung kann gedacht werden, welche die christliche Religion eben dadurch auf Soldaten ausüben musste, dass sie militärische Sprache und Formen annahm (s. das I. Kapitel).
[53] Bei Origenes, c. Celsum VIII, 68. 73.

wachsende Schwierigkeit, ihnen die nötige Anzahl vollständiger und geschulter Legionen entgegenzusetzen. Damals galt das stolze Wort, das Valerius Maximus (II, 7, 1) zur Zeit des Tiberius in Bezug auf das Heer gesprochen hat, nicht mehr: „Venio nunc ad praecipuum decus et ad stabilimentum Romani imperii salutari perseverantia ad hoc tempus sincerum et incolume servatum militaris disciplinae tenacissimum vinculum, in cuius sinu ac tutela serenus tranquillusque beatae pacis status adquiescit". Celsus wollte diesen Zustand zurückgeführt sehen, und die Christen sollten dazu helfen; statt dessen ziehen sie sich, wie vom Civildienst, so auch von dem Heere zurück! Er bestätigt also, was wir angenommen haben, dass die Kirche ihre Gläubigen davon abhielt, im Heere zu dienen.

Gleichzeitig aber erfahren wir, dass eben damals in der 12. Legion („fulminata Melitensis") Christen dienten und dass diese ihren Gebeten im Quadenkrieg das Eintreten eines Gewitters zuschrieben, dessen Regengüsse die halb verdursteten römischen Krieger erquickten. Sogar der Kaiser hat von diesen Gebeten der Christen Notiz genommen[54]. Daraus folgt, dass die Zahl der Christen in der Legion keine unbeträchtliche gewesen sein kann. Bei jeder anderen Legion im Orient – mit Ausnahme vielleicht der legio X Fretensis, die in Syrien stand – wäre das in jener Zeit auffallend; aber die 12. hatte ihren Standort in Melitene, rekrutierte sich also hauptsächlich aus den Gebieten am oberen Lauf des Euphrat, in denen Edessa lag und die am Ende des 2. Jahrhunderts ein Zentrum der Christenheit bildeten[55]. Aus diesen Landstrichen stammten jene christlichen Soldaten, und sie betrachteten wahrscheinlich ihren Gott nicht anders wie ihre Kameraden den ihrigen, nämlich als den grossen Alliierten, der in den Nöten des Kriegs zu ihrer Hilfe eilen müsse. Die prinzipielle Ablehnung des Soldatenstandes seitens der Kirche darf also, wie die

---

[54] Näheres s. in *meiner* Abhandlung über diesen Vorfall in den Sitzungsber. d. K. Preuss, Akad. d. Wissensch. 1894, 19. Juli. Dass Marc Aurel in einem Schreiben an den Senat das Gebet der christlichen Soldaten erwähnt hat, ist mir trotz der Gegenschriften, welche meine Ausführungen hervorgerufen haben, wahrscheinlich; auch halte ich daran fest, dass Soldaten aus der 12. Legion beteiligt gewesen sind.

[55] S. *meine* Missionsgeschichte S 440 ff. 468 ff. Das Königshaus von Edessa wurde um das J. 200 christlich und schon im Laufe des 3. Jahrhunderts drang das Christentum nach Armenien. Auch das benachbarte Cäsarea in Kappadocien war ein Hauptsitz der Kirche. Dass die melitische Legion auch später noch Christen in ihren Reihen hatte, darüber s. unten.

Tatsache lehrt, nicht zu dem Schlusse verleiten, dass es keine Christen im Heere gegeben hat: das Panier Christi war auch im Lager aufgepflanzt, und die Kirche musste sich mit dieser Tatsache, die ja auch eine erfreuliche Seite für sie hatte, abzufinden suchen. Dass jene Soldaten in Kriegsgefahr Gott angerufen haben, missbilligten die christlichen Schriftsteller nicht nur nicht, sondern freuten sich darüber, und dass Gott ihnen und *dem römischen Heere* zu Hilfe geeilt sei, glaubten sie und rühmten sich dessen. Das ist doch bedeutsam; christliche Rigoristen hätten vielmehr wünschen müssen, dass Gott das ganze Heer vernichtet und dadurch gezeigt hätte, dass er den Krieg nicht dulde.

Etwa zwei Jahrzehnte später schreiben Clemens in Alexandrien und Tertullian in Karthago. Sie bezeugen uns, dass auch in die ägyptischen und afrikanischen Legionen das Christentum seinen Einzug gehalten hat. Clemens spricht über diesen Zustand keine Missbilligung aus; er behandelt sogar – der Betrachtung folgend, die wir für den Apostel Paulus vermutet haben – den Soldatenstand, wie jeden anderen weltlichen Stand, in welchem die Gnade einen Menschen ergriffen hat. „Baue das Land", schreibt er Protrept. X, 100, „wenn du ein Landmann bist, aber erkenne Gott, während du das Land bebaust. Segle, der du Lust hast zur Schiffahrt, aber rufe den himmlischen Steuermann an. *Hat dich als Kriegsmann die (christliche) Erkenntnis erfasst, höre den Heerführer, dessen Losung die Gerechtigkeit ist*". Also: ein Jeder mag in dem bleiben, darinnen er berufen ist, der Soldat im Kriegerstand, der ein Stand ist wie die anderen. Auch andere Stellen bei Clemens (doch nicht alle) zeigen, dass er dem Soldatenstand so unbefangen gegenübersteht wie den übrigen Ständen[56]. Das Wort Johannis des Täufers an die Soldaten hat er wiederholt und ihm den Wert eines Herrnworts beigelegt; es darf also christliche Soldaten geben, wenn sie sich vor Raub und Erpressung hüten und auf die Stimme des himmlischen Heerführers hören.

Tertullian bestätigt zunächst rund die Tatsache, dass Christen im Heere dienen. „Euer ganzes Gebiet haben wir Christen angefüllt, sogar das Lager", schreibt er im Jahr 197 in seiner grossen Verteidigungsschrift (c. 37). Gegenüber dem heidnischen Vorwurf, die

---

[56] S. Paedag. II, 11, 117; II. 12, 121; III, 12, 91.

Christen seien staatsfeindliche, unfruchtbare Träumer und den indischen Asketen gleichzustellen, ruft er aus: „Wir dienen doch mit euch im Heere!" (a. a. O. c. 42), und einige Jahre später spricht er in der Schrift an den Statthalter Scapula (c. 4) von Verfolgungen, welche der „praeses legionis" über Christen verhängt habe. Unter ihm kann nur der Kommandierende der legio III Augusta, die in Lambese stand, verstanden sein, und da dieser nur über seine Soldaten Jurisdiktion hatte, so folgt, dass in der dritten Legion damals Christen waren.

Aber Tertullian ist in der Art, wie er das Vorhandensein von Christen im Heere konstatiert hat, seinen heidnischen Lesern gegenüber nicht aufrichtig gewesen. Er tut so, als sei er mit dieser Tatsache ganz einverstanden; in Wahrheit aber missbilligt er sie aufs stärkste. Bei ihm tritt uns zum ersten Male die Konsequenz entgegen: weil ein Christ nicht in das Heer eintreten darf, so darf er auch nicht in demselben bleiben, wenn er als Soldat das Evangelium angenommen hat – oder, wenn er bleibt, muss er die Folgen tragen, alles ablehnen, was seinem Christenstand zuwider ist, und so den sicheren Tod auf sich nehmen. Bereits in der Schrift *De idololatria* schreibt er (c. 19): „Gegenwärtig erhebt sich die Frage, ob sich ein Christ dem Soldatenstand zuwenden dürfe und *ob ein Soldat zum Christentum zugelassen werden könne*. Auch um den gemeinen Soldaten und die niederen Chargen handelt es sich, die nicht zu opfern brauchen und mit Urteilen über Leben und Tod nichts zu tun haben[57]. Nun, der göttliche und der menschliche Fahneneid, das Feldzeichen Christi und das Feldzeichen des Teufels, das Lager des Lichts und das Lager der Finsternis sind unverträglich; *eine und dieselbe Seele kann nicht Zweien verpflichtet sein, Gott und dem Kaiser.* Zwar hat auch Moses einen Stab getragen, Aaron eine Spange, Johannes gürtete sich mit einem Lederriemen, Josua führte einen Heerhaufen an und das Volk hat Kriege geführt. Wer scherzen will, mag sich darauf berufen! Wie aber wird Krieg führen, ja auch nur im Frieden ohne Schwert Soldat sein dürfen, dem der Herr das Schwert weggenommen hat? Denn wenn auch Soldaten zu Johannes gekommen sind und von ihm die

---

[57] Im Vorhergehenden hatte Tertullian gezeigt, dass die Beamtenlaufbahn dem Christen verschlossen sei, da er nicht über Leben und Tod aburteilen dürfe. Damit ist auch entschieden, dass er nicht Offizier sein darf, da dieser Urteile über Kapitalverbrechen fällen muss.

Regel für ihr Verhalten empfingen, wenn auch der Hauptmann [von Kapernaum] gläubig wurde, so hat doch der Herr nachmals in der Entwaffnung des Petrus jeden Soldaten seiner Montur entkleidet. *Jede Uniform ist bei uns verboten, die das Abzeichen eines unerlaubten Berufs ist"*.

Diese Sprache lässt keinen Zweifel übrig: *man kann nicht Gott dienen und dem Teufel, man kann nicht Gott dienen und dem Kaiser!* Eben deshalb darf kein Christ Soldat, darf kein Soldat Christ werden. Nicht nur um den Krieg handelt es sich; nein, auch im Frieden darf kein Christ im Heere stehen. Tertullian hat sich gehütet, in seinen auf heidnische Leser berechneten Schriften so zu schreiben; der Traktat, in welchem er dies gesagt hat, war ausschliesslich für christliche Leser bestimmt. Man kann den heissblütigen Mann von dem Vorwurf einer doppelten Buchführung nicht entlasten.

Aber noch etwas ist in dieser Ausführung bemerkenswert. Augenscheinlich gibt Tertullian hier nicht die allgemeine Meinung seiner christlichen Brüder wieder. Deutet er doch hinreichend klar sogar Schriftbeweise an, welche die Vertreter der entgegenstehenden Ansicht anführen. Sie berufen sich auf Moses, Aaron, Josua und die Kriege des Volkes Gottes, ferner auf das Verhalten Johannis des Täufers gegenüber den Soldaten und auf den Hauptmann zu Kapernaum. Spielend meint Tertullian die alttestamentlichen Instanzen durch die Bemerkung widerlegen zu können, dass sie nur im Scherze von den Gegnern angeführt seien. Aber warum? Hat Tertullian sich nicht selbst in unzähligen anderen Fällen einfach auf das Alte Testament berufen? Und wenn er auch sonst Fälle kennt, wo man das nicht darf – wo ist die Grenze zu ziehen? Ernsthafter nimmt er die neutestamentlichen Zeugnisse. In der Tat – sie waren, namentlich bei der damaligen Art des Schriftgebrauchs, sehr stark und eigentlich gar nicht zu widerlegen. Aber Tertullian setzt diesem Schriftbeweis einen anderen entgegen: der Herr hat den Petrus entwaffnet, hat in Petrus jeden Soldaten entwaffnet, und da dieser Vorgang später fällt als das Johanneswort an die Soldaten und die Bekehrung des Hauptmanns, so ist die Berufung auf diese Geschichten nicht mehr statthaft.

Ein recht künstlicher Beweis – auch ist der Hauptmann von Cäsarea, wohl absichtlich, vergessen – aber er war für Tertullian nicht das durchschlagende Argument: dem unbequemen Schriftbeweise musste, so gut es ging, ein anderer entgegengesetzt werden. Das durchschlagende Argument war das sachliche: der Kriegsdienst gehört in das Gebiet des Teufels und des Kaisers, also kann kein Christ Soldat sein[58].

Einige Jahre später hat sich Tertullian noch einmal – und viel ausführlicher – über das Thema „Christentum und Soldatenstand" ausgesprochen. Er hat ihm aus Anlass eines gewiss nicht fingierten Vorgangs eine eigene Schrift gewidmet. Hören wir ihn selber (De Corona 1 ff.):

„Kürzlich trug es sich zu, dass die von unsern erhabensten Kaisern bewilligte Geldspende im Lager zur Auszahlung kam. Die Soldaten traten mit Lorbeer bekränzt hinzu. Einer, ein standhafter Soldat Gottes als seine christlichen Kriegskameraden, die zweien Herrn zu dienen sich vermassen, hob sich leuchtend ab. Er allein stand da unbedeckten Hauptes, den Kranz in müssiger Hand haltend und sich durch diese ‚Disziplin' ohne weiteres als Christ bekundend. Einige deuten auf ihn hin; die entfernter Stehenden lachen, die Nächststehenden fahren grimmig auf ihn los. Die Unruhe dringt zum Tribunen ..." „Was soll diese abweichende Haltung? herrschte der Tribun ihn an. Der erklärte, er dürfe es nicht machen, wie die andern. Nach den Gründen befragt, antwortete er: Ich bin Christ. O du in Gott ruhmreicher Soldat! Sofort wird beraten, der Fall an die obere Instanz gebracht, der Beklagte den Präfekten vorgeführt. Dort legte er den so lästigen Kriegsmantel ab – damit begann bereits die Befreiung! –, das so beschwerliche Schuhzeug des Spekulator streifte er von den Füssen – damit begann er bereits ‚das heilige Land' zu betreten! – das Schwert, das ja auch zur Verteidigung des Herrn nicht gezogen werden darf, gab er zurück, auch die Hand liess nun den Lorbeerkranz fahren, und nun im roten Waffenrock des zu vergiessenden Bluts, beschuht mit der Bereitschaft des Evangeliums, umgürtet mit dem schärferen Schwerte Gottes, ganz gewaffnet nach der Anweisung des Apostels und durch die Anwartschaft auf das Martyrium schöner bekränzt, erwartet er im Kerker die Spende Christi. Da werden nun Urteile über ihn laut – sollten es wirklich christliche sein? die heidnischen klingen nicht anders! –, er sei unbesonnen eigensinnig, voreilig oder lebensmüde, da er, bloss

---

[58] Vgl. auch das „non milito" in *De pallio* 5.

über seine äussere Haltung befragt, der ganzen Religionsgemeinde schwere Ungelegenheit bereitet habe; das heisst: er allein ist heldenhaft unter so vielen christlichen Mitsoldaten, er allein ist ein Christ!

Wahrhaftig, es fehlt nur noch, dass sie auch darüber sinnen, wie man die Martyrien los werden kann! ... Sie murren, dass ihnen diese schöne und lange Friedenszeit nun in Gefahr komme. ... Sie werfen die Frage auf: Wo (in der heiligen Schrift) wird uns denn das Tragen von Kränzen verboten? ... Sie meinen, ein Vergehen, welches noch fraglich sei, dürfe nicht für ein Vergehen oder höchstens für ein zweifelhaftes gehalten werden".

Tertullian sucht nun in ausführlicher Darstellung zu zeigen, dass Kränze-Tragen in jeder Form und zu jedem Zweck etwas Unerlaubtes sei. Der gegnerischen Behauptung gegenüber, er müsse den Beweis aus der heiligen Schrift führen, beruft er sich auf die kirchliche Sitte (Tradition) und auf die „Natur" (Kränze-Tragen sei widernatürlich); doch glaubt er auch der heiligen Schrift negative Zeugnisse in Bezug auf die Kränze entlocken zu können. Im 11. Kapitel kehrt er zum besonderen Kranz, dem Soldatenkranz, wieder zurück.

„Allem zuvor muss man untersuchen, ob Christen überhaupt Soldaten werden dürfen; denn welchen Wert hat es, über Nebendinge zu verhandeln, wenn schon in den Voraussetzungen das Unrecht liegt? Halten wir es für erlaubt, einen Fahneneid, der Menschen gilt, abzulegen, nachdem wir den göttlichen geleistet haben, und uns nach Christus noch für einen anderen Herrn verbindlich zu machen[59] und uns von Vater und Mutter und dem Nächsten loszuschwören, die doch auch das (alttestamentliche) Gesetz zu ehren und gleich nach Gott zu lieben gebietet, und welche auch das Evangelium so sehr geehrt hat, dass es sie nur Christus nachstellt? Wird es wohl erlaubt sein, mit dem Schwerte umzugehen, während doch der Herr erklärt hat, dass durchs Schwert umkommen soll, wer das Schwert ergreift? Wird der Sohn des Friedens (= der Christ) Krieg führen dürfen[60], während ihm doch sogar das Prozessieren verboten ist? Wird er Banden, Kerker, Folter und Exekutionen vollziehen dürfen, während er nicht einmal erlittenes Unrecht vergelten darf? Wird er für andere als für Christus ‚Stationen' (Wachedienst) halten dür-

---

[59] „Respondere in alium dominum post Christum": der Ausdruck ist ein militärischer, s. Arrius Menander (Digest. 49, 16, 4, 10: „respondere ad dilectum").

[60] „Priester des Friedens" nennt Tertullian *De spect.* 16 die Christen.

fen oder wird er es am Herrentage dürfen – also nicht für Christus? Wird er an den Tempeln auf Posten stehen, denen er abgesagt hat? Wird er dort speisen, wo der Apostel es verboten hat (scil. in oder vor den Tempeln)? Wird er die, welche er am Tage durch Exorcismen vertreibt (nämlich die Dämonen, die mit den Götzen in den Tempeln identisch sind), bei Nacht beschützen, gestützt und ruhend auf der Lanze, mit der die Seite Christi durchbohrt wurde? Wird er die Fahne tragen, diese Nebenbuhlerin Christi? Wird er sich vom Feldherrn das Feldzeichen geben lassen, das er schon von Gott empfangen hat? Wird er, wenn er gestorben, sich von der Trompete des Spielmanns aufstören lassen, er, der die Erweckung von der Posaune des Engels erwartet? Wird er sich nach dem Brauch des Lagers verbrennen lassen, während er als Christ das nicht geschehen lassen darf und Christus ihm die Strafe des Feuers erlassen hat? Und wie viele andere Uebertretungen kann man noch in den Funktionen des Kriegslebens ausfindig machen, durch die man zum Ueberläufer wird! Schon dass man, zum Lager des Lichts gehörig, sich im Lager der Finsternis einschreiben lässt, ist Fahnenflucht!"

„Allerdings bei solchen, die dem Soldatenstande schon angehörten, als sie der Glaube ergriff, ist die Sache eine andere, wie z. B. bei den Soldaten, die Johannes zur Taufe zuliess, und bei den beiden so gläubigen Hauptleuten, von denen den einen Christus gelobt, den anderen Petrus für die Taufe vorbereitet hat. Doch muss man nach Annahme des Glaubens und der Taufe den Soldatenstand entweder sofort verlassen – wie viele auch wirklich getan haben – oder alle möglichen Ausflüchte suchen, um nichts wider Gott zu tun d. h. auch als Soldat nichts zu tun, was dem Christen im Zivilstande untersagt ist, oder – zuletzt für Gott das dulden, was der Glaube in gleicher Weise auch dem christlichen Zivilisten diktiert; denn der Soldatenstand verheisst dem Christen weder Straflosigkeit bei Verbrechen noch Exemption vom Martyrium. Der Christ ist überall derselbe. Es gibt nur *ein* Evangelium, und Jesus ist einer und derselbe; er verleugnet einen Jeden, der Gott verleugnet, und bekennt einen Jeden, der Gott bekennt; er wird die Seele retten, die um seines Namens willen verloren wurde, und umgekehrt diejenige verderben, die wider seinen Namen erhalten wurde. Bei ihm gilt sowohl der Gläubige aus dem Zivilstande als Soldat, wie der Kriegsdienste tuende Gläubige in seinen Augen Zivilist ist. ... Würde man dem

Christen als Soldaten eine Ausnahmestellung einräumen – aber selbst Foltern gegenüber gilt für jeden Christen das Gebot, den Glauben offen zu bekennen –, so würde man den ganzen wesentlichen Inhalt des Taufbunds beseitigen in einer Weise, dass nun auch die Fesseln bei freiwilligen Sünden sich lösen müssten ... Ueber den ersten Punkt, dass nämlich der Soldatenstand an sich unerlaubt ist, will ich mich nicht weiter verbreiten, um auf den zweiten, die Bekränzung zurückzukommen. Sie fällt freilich von selbst dahin, wenn der Soldatenstand als unstatthaft erwiesen ist. Daher mag er hypothetisch für erlaubt gelten, ist deswegen auch die Bekränzung erlaubt?"

Tertullian sucht nun die Verwerflichkeit, einen militärischen Kranz anzunehmen und zu tragen, im besonderen zu erweisen. Der Kranz hängt immer mit irgend einem Götzen zusammen. „Diese Beziehungen bedingen den durchweg befleckten und alles befleckenden superstitiösen Charakter der Soldatenkränze". Ferner erweisen die Motive, aus denen die Kränze erteilt werden, der Ort und die Umstände ihren heidnischen Charakter. Der Christ darf also nicht Soldat sein, und wenn er es auch dürfte, wäre es ihm nicht gestattet, einen Kranz anzunehmen. Das ist Tertullians Schlusswort, welches durch den Hinweis auf das beschämende Verhalten der Mithras-Verehrer (s. o. [HARNACK 1905, S. 38f.]) noch besonders eindrucksvoll wird.

Diesen Ausführungen lässt sich mancherlei Wichtiges entnehmen: (1) es dienen viele Christen im afrikanischen Heere[61], (2) einige (vielleicht viele) haben den Soldatenstand quittiert, nachdem sie Christen geworden sind, *aber die Regel kann das nicht gewesen sein*; die meisten sind im Heere geblieben, (3) stillschweigend hat ihnen die Gemeinde in Bezug auf die christliche Disziplin eine gewisse Ausnahmestellung gewährt: sie durften tun, was die militärische Disziplin verlangte, den Befehlen ihrer Oberen nachkommen und, zumal im Frieden, den ganzen Dienst ausführen; es galt das als etwas

---

[61] Ob von hier aus die militärische Färbung einiger Stellen in der altlateinischen (afrikanischen) Bibelübersetzung zu erklären ist (s. o. [HARNACK 1905, S. 36 f.]), bleibt doch dunkel. Man sieht nicht recht den Weg, auf den das geschehen konnte. Aber das wird man sagen dürfen, dass in die afrikanische Sprache selbst militärische Ausdrücke – wie in die unsrige heute – gedrungen waren, die dann auch in die Bibelübersetzung gekommen sind, weil sich die lateinischen Christen als „milites Christi" wie wir gezeigt haben, wussten.

„Aeusserliches", als blosse Formen, (4) für diese Art der Beurteilung berief man sich auf neutestamentliche Stellen (auf die Soldaten, die zu Johannes kamen u.s.w.), (5) die christlichen Soldaten im Heere hatten bisher niemals auf Grund ihres Christenstandes frondiert[62], (6) Tertullians Angriff auf den Dienst der Christen im Heere war etwas Neues, bisher Unerhörtes; so leicht es ihm war, die Unvereinbarkeit von Christusdienst und Heeresdienst (auch im Frieden) prinzipiell nachzuweisen, so wenig vermochte er sich auf eine bisher schon bestehende rigoristische Sitte und Praxis zu berufen; sein Hauptargument, dass alle Christen bereits Soldaten seien, nämlich Soldaten Christi, hat etwas Sophistisches, (7) in Bezug auf solche, die bereits Soldaten waren, als sie Christen wurden, zeigt er selbst eine gewisse Unsicherheit, die deutlich beweist, dass er an diesem Punkt von vornherein das Spiel verloren gibt; denn er stellt solche christliche Soldaten nicht vor das Dilemma: Auszutreten oder als Märtyrer zu sterben, sondern eröffnet ihnen noch eine dritte Möglichkeit, nämlich nach Kräften Befleckung mit Heidnischem zu vermeiden, (8) der besondre Fall, der den Anlass zu Tertullians Schrift gebildet hat, ist höchst merkwürdig; warum hat der Soldat nur den Kranz abgelehnt und nicht schon früher bei hundert anderen Anlässen im Lager frondiert? Es mag sein, dass er ein Neubekehrter war oder dass ihm plötzlich das Gewissen geschlagen hat, aber näher liegt es an sich und unter Berücksichtigung des letzten Abschnitts der tertullianischen Schrift, *dass er als christlicher Soldat für seinen Glauben dieselben Rechte beansprucht hat, die dem Soldaten, wenn er Mithrasverehrer war, von den kommandierenden Offizieren eingeräumt wurden!* Wir müssen es Tertullian einfach glauben, dass diesen ein besonderes Verfahren in Bezug auf den militärischen Kranz gestattet war; die Christen im Heere, bezw. dieser Christ wollte eine ähnliche Erlaubnis; er fühlte sich in seiner Religion gekränkt, weil ihm nicht gestattet war, was der Mithras-Gläubige ungestraft tun durfte. So betrachtet, ist die kleine Geschichte nicht unbedeutend: sie ist *ein Symptom des erstarkten Selbstbewusstseins der Christen*, speziell der Christen im Heere, gegenüber den anderen Religionen. Dieser christliche Soldat wollte wahrscheinlich gar nicht zeigen, dass Christusdienst und Heeresdienst unvereinbar seien, sondern er wollte dieselbe Vergün-

---

[62] Tertullian kennt augenscheinlich keine Präzedenzfälle.

stigung für die Christen im Heere erzwingen, welche die Mithras-Verehrer genossen. Bei diesem Versuche ist er gescheitert.

Noch etwas anderes ist endlich in Tertullians Worten wichtig: er sagt, jeder Christ, auch der Zivilist („paganus"), sei ein Soldat (nämlich Christi) und jeder Soldat des Kaisers sei in Gottes Augen ein Zivilist[63]. Tertullian hat also bereits den Grund zu dem Sprachgebrauch gelegt, nach welchem, weil nur die Christen „milites" (nämlich Christi) sind, alle übrigen Menschen „pagani" d. h. Zivilisten vor Gott sind. Dieser Sprachgebrauch ist erst im 4. Jahrhundert durchgedrungen – „pagani" im christlichen Sprachgebrauch hat also *ursprünglich* nichts mit „Landbewohnern" zu tun – und ist ein besonders deutlicher Beweis dafür, wie stark und wie fortschreitend im Abendland das Bewusstsein war, man sei als Christ durch die Taufe („sacramentum") ein Soldat Christi. Im Morgenland verstand man das nicht überall und hat daher „paganus" unter dem Eindruck, dass das Land länger heidnisch blieb als die Städte, in der zweiten Hälfte des 4. Jahrhunderts irrtümlich als „dörflich" gedeutet.

Tertullians Schrift hat am Tatbestande im grossen und ganzen schwerlich etwas geändert: Christen fanden sich nach wie vor im Heere, ja ihre Zahl musste mit der wachsenden Anzahl der Christen im dritten Jahrhundert naturgemäss selbst wachsen. Aber Eines ist doch deutlich: das Gefühl für die Unverträglichkeit des Christen- und des Soldatenstandes trat in den Kundgebungen Einzelner jetzt stärker hervor. Wir kennen den Grund bereits: nun erst richtete man sich wirklich in der Welt ein, und da erhob sich die Frage, ob man so zu sagen formell den Soldatenstand anerkennen und christlich beglaubigen dürfe. Das war niemals früher geschehen – man stand viel zu hoch über dieser Frage. Aber noch ein Anderes darf wohl auch erwogen werden: das Ansehen und der Kredit des Soldatenstandes ist im 3. Jahrhundert immer geringer geworden, um nicht mehr zu sagen. Sie waren schon früher nicht hoch, und namentlich der Philosoph, mit dem jeder Christ doch eine gewisse Wahlverwandtschaft besass, verachtete den Soldatenstand. Nun aber wurde das Heer mehr und mehr zu einer Bande, an der kein Patriot mehr

---

[63] Der Ausdruck „paganus" = *Zivilist* gegenüber *miles* ist technisch, s. z. B. Digest. 49, 19, 14.

Freude haben konnte; die Unverschämtheit, Gewalttätigkeit und Erpressungen der Soldaten waren grenzenlos[64]. Kein Wunder, dass auch in christlichen Kreisen die Abneigung noch deutlicher hervortrat.

Origenes[65], wenn er auch (c. Cels. IV, 82) einmal einen Ansatz gemacht hat, notwendige und gerecht geführte Kriege von frivolen und schlimmen zu unterscheiden, verbietet doch, wie Tertullian, den Christen den Soldatenstand überhaupt. „Wir sind gekommen", schreibt er (a.a.O. V, 33), „den Ermahnungen Jesu gehorsam, zu zerbrechen die Schwerter, mit denen wir unsre Meinungen verfochten und unsre Gegner angriffen, und wir verwandeln in Pflugscharen die Speere, deren wir uns früher im Kampfe bedient haben. Denn wir ziehen nicht mehr das Schwert gegen ein Volk, und wir lernen nicht mehr zu kriegen, nachdem wir Kinder des Friedens geworden sind durch Jesus, der unser Führer *an Stelle der heimischen* geworden ist". Sehr lehrreich ist in dieser Hinsicht auch die Ausführung VII, 26. Origenes führt hier den Gedanken aus, dass die Verfassung und die Gesetze des Volks Israel nicht unverändert hätten bleiben können, wenn sie das Evangelium angenommen hätten. „Denn die Christen hätten nicht, wie das Gesetz Moses es befiehlt, ihre Feinde töten und die Uebertreter des Gesetzes zum Feuertode oder zur Steinigung verurteilen und diese Strafe dann vollziehen können"[66]. In der alten Zeit freilich, fährt er in einer bemerkenswerten Weise fort, war es notwendig, den Juden das Recht zu diesen Handlungen zu geben; denn wenn sie sich nicht hätten verteidigen dürfen, wären sie von ihren Feinden schnell unterdrückt worden; eben deshalb aber habe *dieselbe Vorsehung*, die damals die Kriegserlaubnis gegeben habe, beschliessen müssen, das jüdische Staatswesen untergehen zu lassen und dem Göttlichen auf Erden eine neue Form zu geben; nun ist die Kirche da, die das Schwert nicht führt, aber stärker wird, je mehr man sie verfolgt. Die entscheidende Ausführung aber steht VIII, 70. 73. Celsus hatte (s. o. [HARNACK 1905, S. 55 f.]) die Christen eingeladen, sich dem römischen Staat anzuschliessen und

---

[64] Die Christen hatten darüber hinaus auch nach über die Denuntiationen durch Soldaten zu klagen, s. Tertull., *ad. Scapul.* 5.

[65] Bemerkenswert ist, dass Origenes dem Befehlshaber der Legio III, Cyren. in Bostra auf Ersuchen theologische Vorträge gehalten hat (Euseb., h. e. VI, 19).

[66] Später aber ist es doch seitens der Kirche geschehen!

auch Kriegsdienste zu tun; Origenes antwortet, dass das Gegenteil am Platze sei. „Würden alle Römer den Glauben annehmen, so würden sie durch Beten und Flehen den Sieg über ihre Feinde gewinnen, oder vielmehr, sie würden überhaupt keine Feinde mehr zu bekämpfen haben, da die göttliche Macht sie bewachen würde". „Wir leisten dem Kaiser in unsrer geistlichen Waffenrüstung durch unsre Gebete Hilfe; aber die, die uns nötigen wollen, für das allgemeine Beste in den Krieg zu ziehen und zu morden, erinnern wir daran, dass ja auch ihre eigenen Priester nicht unter die Soldaten gesteckt werden, weil die Gottheit mit reinen Händen verehrt werden muss. Ist das vernünftig, wie viel vernünftiger ist es noch, dass wir, während die anderen in den Krieg ziehen, als Priester und Diener Gottes an dem Feldzug teilnehmen, indem wir unsere Hände rein bewahren und für die gerechte Sache, den rechtmässigen König und ihren Sieg beten. Auch leisten wir den Königen einen noch grösseren Dienst als die Krieger im Felde, sofern wir durch unser Gebet die Dämonen, die Erreger des Kriegs, die Zerstörer der Verträge und des Friedens, überwinden." „Es gibt keinen, der für den König besser streitet als wir. *Wir ziehen zwar nicht mit ihm ins Feld, auch nicht wenn er's verlangt, aber wir kämpfen für ihn, indem wir ein eigenes Heer bilden, ein Heer der Frömmigkeit durch unsre Gebete an die Gottheit."*

Viele Worte und im Sinne des Origenes gewiss nicht nur Worte, aber ganz deutlich tritt die revolutionäre Absage hervor: „Wir ziehen *nicht* ins Feld, auch wenn es der Kaiser verlangt". So durfte man unter Phillippus Arabs sprechen; selbst ein Tertullian hat eine solche Sprache noch nicht gewagt. Einige Jahrzehnte später sagt Lactantius (Inst. VI, 20, 16) dasselbe, dehnt es sogar auf jeden „Gerechten" aus: „Der gerechte Mann darf nicht Soldat sein; denn die Gerechtigkeit selbst ist sein Kriegerstand, auch darf er niemanden als Kapitalverbrecher denunzieren; denn es ist dasselbe, ob du Einen mit dem Schwert oder dem Wort tötest, da eben das Töten verboten ist". Auch in alten kirchlichen Kanones, die uns heute nur in Ueberarbeitungen noch vorliegen, steht derselbe Grundsatz: „Personen, die Vollmacht zum Töten besitzen, oder Soldaten sollen überhaupt nicht töten, selbst wenn es ihnen befohlen wird. … Sie sollen keine Kronen auf ihren Köpfen tragen, die sie als Abzeichen erhalten. Jeder, der eine ausgezeichnete leitende Stellung oder eine Herrschergewalt erhält und sich nicht mit der Waffenlosigkeit bekleidet, welche dem Evangelium ziemt, soll von der Herde abgetrennt werden. … Kein Christ soll hingehen und Soldat werden [wenn es nicht notwendig für ihn ist][67]. Ein Vorgesetzter, der ein Schwert hat, lade keine Blutschuld auf sich. Wenn er Blut vergossen hat, so soll er an den Mysterien nicht teilnehmen, bis er durch Züchtigung und Weinen und Seufzen gereinigt ist"[68].

Aber diese Anweisungen der Moralisten sind im 3. Jahrhundert keineswegs befolgt worden. Nicht nur eine Fülle von einzelnen Tatsachen spricht dagegen, sondern auch Stimmen, wie die des Eusebius, der in seiner Kirchengeschichte (VIII, 14, 11) dem Maximinus Daza nicht etwa nur den Vorwurf macht, die Offiziere zu Räuberei und Habsucht angeleitet, sondern auch *das Heer durch Schwelgerei verweichlicht zu haben*. Das setzt doch eine gewisse Wertschätzung eben des Heeres bei Eusebius voraus. Dass eine solche in christlichen Kreisen von Clemens Romanus (s.o. [HARNACK 1905, S. 18 f.]) bis Eusebius nicht gefehlt hat, zeigt auch die Beobachtung, dass der angesehene christliche Lehrer Julius Afrikanus in einem seiner Werke ganz unbefangen über die Taktik gehandelt hat. Das Christentum hat also bereits am Anfang des 3. Jahrhunderts einen Militärschriftsteller besessen[69]. Was aber die Tatsachen betrifft, so sollen sie im folgenden zusammengestellt werden. Sie werfen auf die Beziehungen von Christentum und Soldatenstand ein helles Licht und lehren uns manches kennen, was in der prinzipiellen Aussprache nicht hervortritt.

Viel Aufsehen machte im J. 202/3 in Alexandrien das Martyrium einer Jungfrau Potamiäna. Eusebius erzählt es ausführlich in seiner Kirchengeschichte (VI, 5) nach einer ziemlich guten Quelle. Dabei erfahren wir, dass der Soldat, Basilides, der sie zum Tode führte, die Insulte des Pöbels von ihr abwehrte und ihr sein Mitgefühl lebhaft

---

[67] Jedenfalls ein späterer Zusatz.

[68] Canones Hippolyti 13. 14. Aelteres und Jüngeres liegt hier ineinander.

[69] Das weitschichtige Werk, um das es sich hier handelt, trug den Namen „Κεστοί"; ein grösserer Abschnitt war der Taktik gewidmet. Charakteristisch für die christliche Schriftstellerei ist diese encyklopädische Arbeit über allerlei Wissenswertes freilich nicht, vielmehr erregen manche der uns erhaltenen Fragmente gerechtes Erstaunen darüber, dass ein bedeutender christlicher Lehrer so etwas schreiben konnte. Ich würde im Anhang die auf die Militärwissenschaft bezüglichen Stücke abgedruckt haben, wenn sie bereits in einer guten Ausgabe vorlägen, allein sie harren noch des Herausgebers.

erwies. Potamiäna verhiess ihm darauf, dass sie ihn sich vom Herrn erbitten und ihm bald vergelten werde, was er an ihr getan habe. Dies Wort und der standhaft erduldete Märtyrertod der Jungfrau machten einen solchen Eindruck auf den Soldaten, dass, als er bald darauf in einer Streitsache einen Eid ablegen sollte, er seinen Mitsoldaten erklärte, er dürfe das nicht, denn er sei Christ und ein Christ dürfe schlechterdings nicht schwören. Erst hielten sie das für Scherz; als er aber fest blieb, führten sie ihn vor den Richter. Vor diesem legte er ein standhaftes Bekenntnis ab und wurde ins Gefängnis gesetzt. Christen, die ihn dort besuchten, erklärte er, dass ihm Potamiäna drei Tage nach ihrem Martyrium Nachts erschienen sei, ihm eine Krone aufs Haupt gesetzt und gesagt habe, sie habe seinetwegen den Herrn gebeten und Erhörung ihrer Bitte erlangt; in Bälde werde der Herr ihn zu sich aufnehmen. Nun wurde er getauft im Gefängnis und am nächsten Tage enthauptet. Die Geschichte ist ein kleiner Roman: lehrreich ist, dass der Soldat, nachdem er den Entschluss gefasst hat Christ zu werden, sofort jede Eidesleistung ablehnt, aber damit auch dem sicheren Tode entgegengeht. Wo Christen zahlreich in einem Regiment waren, sei es als Soldaten, sei es (später) auch als Offiziere, ist manchmal auf ihr religiöses Bekenntnis Rücksicht genommen worden – doch wissen wir wenig darüber –, aber von einem Schwur in Zivilstreitigkeiten konnte auch der Offizier nicht entbinden. Ernst gesinnte Christen waren jedenfalls im Heere stärker gefährdet als in irgend einem anderen Stande, wie die verhältnismässig grosse Zahl beglaubigter Martyrien beweist; sie kämpften und fielen als „milites Christi". Dass übrigens der Soldat, der einen Christen zum Tode begleitet, bezw. der Angeber, selbst Christ wird, ist allmählich ein stereotyper Zug in den Märtyrergeschichten geworden[70], ist aber nicht immer legendarisch. Die Fälle – s. vor Allem den Unteroffizier Pudens in den Act. Perpetuae c. 9 – müssen sich wiederholt haben. Beglaubigt ist es z. B. auch (s. Dionysius Alex. bei Euseb., h. e. VI, 41, 16), dass in der alexandrinischen Verfolgung unter Decius ein Soldat, Namens Besas, die Insulte des

---

[70] Aus früherer Zeit s. die Legende über den Tod des Jakobus Zebedäi bei Clemens Alexandrinus (nacherzählt von Eusebius, hist. eccl. II, 9). Aus einer „Ueberlieferung" will Clemens wissen, dass der Angeber des Jakobus mit diesem zusammen enthauptet worden sei, nachdem er durch die Standhaftigkeit des Apostels erschüttert und bekehrt worden war.

Pöbels von den verurteilten Christen ebenso abgewehrt hat wie jener Basilides und dann auch enthauptet worden ist.

Ein Licht auf die Verbreitung des Christentums im Militär in Afrika vor Cyprians Zeit wirft folgende Stelle des 39. Briefs des grossen Bischofs. Um einen gewissen Confessor Celerinus der karthaginiensischen Gemeinde zur Aufnahme in den Klerus zu empfehlen, schreibt er: „Seine Grossmutter Celerina ist schon früher mit dem Märtyrertum gekrönt worden; ebenso seine Oheime von väterlicher und von mütterlicher Seite Laurentius und Ignatius, welche ehemals im weltlichen Lager („castra saecularia") kämpften; aber als wahre und geistliche Streiter Gottes haben sie die Palmen und Kronen durch ihr hervorragendes Märtyrertum verdient, indem sie durch das Bekenntnis Christi den Widersacher zu Boden warfen. Wir bringen immer für sie Opfer dar, wie ihr euch erinnert, so oft wir die jährlichen Gedächtnistage der Leiden der Märtyrer feiern". Wir haben hier eine förmliche Märtyrer-Dynastie: Grossmutter, Oheime und Enkel. Die beiden Oheime dienten im Heere und haben als Soldaten den Tod für Christus erlitten; denn das „ehemals" ist nicht so zu deuten, dass sie in früheren Zeiten einmal Soldaten gewesen sind. Durch ihr mutiges christliches Bekenntnis, das will Cyprian sagen, sind sie aus dem weltlichen Kriegsdienst ausgetreten. Celerinus stammte augenscheinlich von väterlicher und mütterlicher Seite aus dem Lager, Tertullian war der Sohn eines Subaltern-Offiziers – man sieht, dass das Christentum ins afrikanische Heer eingedrungen war und dass der Soldatenstand der Kirche treffliche Krieger schaffte[71].

Eine noch stärkere Verbreitung[72] zeigt eine Episode aus der decianischen Verfolgung in Alexandrien, die uns der Zeitgenosse, Dionysius Alex. berichtet (bei Euseb., h. e. VI, 41, 22 f.). Als die Christen vor dem Richter standen und verhört wurden, stand eine kleine Schar von Soldaten[73] dabei. „Einer, der verhört wurde, neigte bereits zur Verleugnung; da knirschten diese Soldaten mit den Zähnen, winkten ihm durch Mienenspiel zu, streckten die Hände aus und machten mit ihrem ganzen Körper Geberden [Gebärden]. Dadurch zogen sie die allgemeine Aufmerksamkeit auf sich; aber ehe noch

---

[71] Als christlicher Rhetor verwirft Cyprian den Krieg natürlich vollständig, s. das beissende Wort *Ad Donat.* 6. Das Gleiche tut Lactantius. s. Inst. I, 18, 8; V, 17; VI, 20.
[72] Man wird sich aber vor Generalisieren hüten müssen.
[73] Σύνταγμα στρατιωτικόν aus der Legio II. Traian. fortis.

etwas geschehen konnte, eilten sie selbst zur Anklagebank und erklärten, dass sie Christen seien. Da erfasste den Statthalter und seine
Schöffen Schrecken, und während diejenigen, welche gerichtet werden sollten, voll getrosten Mutes in Bezug auf die kommenden Leiden erschienen, wurden die Richter verzagt. Jene zogen nun im Triumph vom Gerichte hinweg und jubelten über ihr Bekenntnis[74] (ihr
bevorstehendes Martyrium?), da Gott ihnen in so herrlicher Weise
den Triumph verliehen".

Der Schluss ist nicht ganz deutlich: ich vermute, dass das Martyrium gemeint ist; denn es ist schwer denkbar, dass die Richter, mögen sie auch momentan erschreckt und eingeschüchtert gewesen
sein, die frondierenden Soldaten laufen liessen. Aber dem sei wie
ihm wolle – gewiss ist, dass die ganze kleine Soldatenschar aus
Christen oder aus christlich Gesinnten bestand, die im kritischen
Fall auf die Seite der Christen traten. Da man zum Schutz einer gegen Christen gerichteten Gerichtsverhandlung doch nicht absichtlich christliche Soldaten ausgewählt haben kann, so zeigt die Geschichte, wie verbreitet die christliche Religion in dieser alexandrinischen Truppe damals gewesen sein muss und wie entschlossen
diese christlichen Soldaten waren, ihre Religion der militärischen
Disziplin überzuordnen. Die kleine Episode ersetzt ganze Bände:
wenn es so in ägyptischen Regimentern bereits im Jahre 250 aussah,
wie kann man sich über das wundern, was Konstantin sechzig Jahre
später getan hat, als er vor der Schlacht an der milvischen Brücke
das Kreuz an die römischen Feldzeichen anheften liess!

Derselbe Dionysius erzählt (Euseb. VII, 11, 20), dass die Verfolgung Männer und Weiber, Jünglinge und Greise, Mädchen und be-
jahrte Frauen, Soldaten und Zivilisten betroffen habe; er hebt also
die Soldaten-Verfolgungen besonders hervor. Dasselbe ist auch
sonst geschehen, wahrscheinlich weil die Christenprozesse gegen
Soldaten verhältnismässig besonders zahlreich waren, so zahlreich
wie gegen Kleriker. So schreibt Epiphanius (haer. 68,2) in Bezug auf
die diocletianische Verfolgung: „Unter den reuigen Gefallenen waren die Einen Soldaten, die Anderen Kleriker, nämlich Presbyter, Diakonen u.s.w.".

---

[74] Μαρτυρία.

Aus der Friedenszeit nach der valerianischen Verfolgung (also um d. J. 260) hat uns Eusebius (h. e. VII, 15) eine Geschichte erzählt, die der Beachtung wert ist. In Cäsarea sollte ein angesehener Offizier, Marinus, eine höhere Stelle kraft seiner Anciennität erhalten. Da trat der nächstberechtigte Offizier auf und erhob die Klage, jener könne nach den alten Gesetzen[75] keine römische Würde bekleiden, da er Christ sei und den Kaisern nicht opfere; die Stelle gebühre daher ihm selbst. Der Richter (Statthalter) fragte den Marinus darauf nach seiner Gesinnung. Dieser bekannte sich beharrlich als Christ und erhielt darauf drei Stunden Bedenkzeit. Als er die Gerichtshalle verliess, trat der Bischof Theoteknus auf ihn zu, knüpfte ein Gespräch mit ihm an und zog ihn so mit sich fort, fasste ihn dann bei der Hand und führte ihn in die Kirche. Dort, am Altar, schlug er den Kriegsmantel des Marinus zurück und, indem er einerseits auf das Schwert, andrerseits auf das Evangelienbuch zeigte, hiess er ihn zu wählen. Ohne zu zögern streckte Marinus seine Hand nach der heiligen Schrift aus; der Bischof sprach zu ihm: „Halte fest an Gott, und du wirst erlangen, was du gewählt hast, von Gott gestärkt; gehe hin in Frieden". Gleich darauf war die Bedenkzeit abgelaufen; Marinus wiederholte vor dem Richter sein Bekenntnis und wurde hingerichtet. Die Erzählung ist deshalb interessant, weil sie zeigt, dass auch ein christlicher Offizier, also erst recht ein gemeiner Soldat, zunächst unangefochten im Heere bleiben konnte. Unzweifelhaft haben die Vorgesetzten den Christenstand des Marinus so gut gekannt wie sein Ankläger. Auch sie werden gewusst haben, dass er nicht opferte[76]. Sie drückten eben ein Auge zu, ja sie wollten den Offizier sogar befördern. Aber als eine förmliche Anklage erhoben wurde – und wie einfach war eine solche, wenn sich der Rivale über das Odium des Angebers hinwegsetzte –, da war es um ihn geschehen. Niemand vermochte ihn mehr zu schützen; denn das Gesetz sprach gegen ihn. So ging es selbst in Friedenszeiten[77]; wie viel schlimmer

---

[75] Welche spezielle Gesetze hier gemeint sind, wissen wir nicht, wahrscheinlich besondere kaiserliche Verordnungen, dass im Heere kein christlicher Offizier zu dulden sei.
[76] Hier ist eine Stelle,. aus der man mit einigem Recht schliessen kann, dass manchmal auf Christen im Heere Rücksicht genommen und Anstössiges ihnen, soweit es anging, nicht zugemutet worden ist. Den Kaisern zu opfern, darum handelte es sich. Die Worte „Χριστιανῷ ὄντι καὶ τοῖς βασιλεῦσι μὴ θύοντι" enthalten nicht zwei Anklagen, sondern eine einzige.
[77] Dennoch ist seitens der Kirche eine generelle oder spezialisierte Anweisung für die

stand es in Zeiten förmlicher Christenverfolgungen!

Das zeigte sich am deutlichsten in der letzten grossen Christenverfolgung unter Diocletian und seinen Mitkaisern. *Die Verfolgung begann als eine militärische*: der Soldatenstand, vor allem der Offiziersstand, sollte von den Christen gesäubert werden. Eusebius sagt das (hist. eccl. VIII, 1,7) mit dürren Worten: „Zuerst richtete sich die Verfolgung gegen die Gläubigen im Kriegerstande", und einige Kapitel weiter (VIII, 4) gibt er Genaueres: „Der Teufel legte nicht sofort offen an die Gemeinden Hand an, sondern er richtete seine Versuche zunächst gegen die im Kriegsdienst Stehenden". Wenn er fortfährt: „Er glaubte nämlich, wenn er diese zuerst im Kampfe überwunden hätte, dann werde er auch die Uebrigen mit leichter Mühe überwältigen können" – so ist das ein schönes Zeugnis für die Stärke der Christlichkeit der Christen im Heere und zeigt zugleich, dass man ihnen ihren Soldatenstand seitens der Kirche faktisch *nicht* verdacht hat. „Man konnte sehr viele Kriegsmänner sehen", heisst es weiter, „welche sich mit der grössten Bereitwilligkeit zum Privatleben entschlossen, um bei der Religion des Weltschöpfers zu bleiben. Der Magister militum[78] liess ihnen die Wahl zwischen Opfern und Quittieren des Soldatenstandes[79], und die *Meisten* wählten das Letztere. Bereits erlitt aber auch hie und da der Eine und Andere von ihnen nicht nur den Verlust seiner Würden, sondern sogar den Tod[80], ... doch schreckte den Widersacher noch die Menge der Gläubigen und hielt ihn ab, auf einmal den Krieg gegen alle zu beginnen". Genauer noch orientiert uns Lactantius (De mort. persec. 10). Wir erfahren, dass es Galerius, der tatkräftige, aber superstitiöse Cäsar gewesen ist, von dem die Massregel ausging. Er fürchtete den Zorn der Götter und fürchtete Niederlagen, wenn er die christlichen Soldaten im

---

christlichen Soldaten in Bezug auf ihr Verhalten niemals erfolgt; die Materie zu regeln war unmöglich. Sehr bezeichnend sind in dieser Hinsicht die Kanones der Synode von Elvira in Spanien (um d. J. 300) Sie beschäftigen sich hauptsächlich mit der Regelung des christlichen Lebens innerhalb der heidnischen Umgebung; aber in Bezug auf den Soldatenstand beobachten sie ein beredtes Schweigen.

[78] In der Kirchengeschichte nennt Eusebius den Namen nicht, in der Chronik (ad an. 2317) schreibt er aber: „Verturius magister militiae Christianos milites persequitur, paulatim ex illo iam tempore persecutione adversum nos incipiente".

[79] Soviel Rücksicht nahm man also schon. Es handelte sich übrigens um Offiziere, nicht um Gemeine.

[80] Das ist natürlich nicht auffallend, da vielmehr „der schlichte Abschied" auffallend ist.

Heere ferner dulde. Dazu kam noch ein besonderer Anlass: die Haruspices im Heere – der Kaiser liess die Götter häufig befragen – schoben den ungünstigen Befund in den Opfertieren auf die Anwesenheit von Christen bei der Opferhandlung. Lactantius leugnet ihre Anwesenheit nicht und fügt triumphierend hinzu, sie hätten wirklich die Handlung gestört d. h. sie hätten das Kreuzeszeichen gemacht, so die Dämonen verscheucht und den unglücklichen Ausgang der Befragungen herbeigeführt. Das ist lehrreich! Die christlichen Offiziere haben natürlich das Kreuzeszeichen deshalb gemacht, um sich selbst vor den Dämonen zu schützen *und als Christen an der Handlung überhaupt teilnehmen zu können.* Augenscheinlich haben sie es so seit Jahr und Tag gemacht, und wir sehen hier unter welcher bequemen Bedingung ein christlicher Soldat damals an Opferhandlungen sich beteiligen durfte! Es muss sozusagen ein stillschweigendes Uebereinkommen zwischen der Kirche und der Militärverwaltung bestanden haben. Der christliche Offizier war bei den Opferhandlungen zugegen, schlug aber sein Kreuz. Damit waren beide Teile zufrieden. Galerius, der es mit seiner Religion Ernst nahm, durchbrach dieses Uebereinkommen. Er befahl, dass alle Offiziere, ja auch die Gemeinen, opfern und im Weigerungsfälle aus dem Militär entlassen werden sollen, und liess diesen Befehl allen Obersten schriftlich zugehen. „Mit dieser Massregel hat er sich zunächst begnügt"[81]. Aber so wie die Dinge lagen, wurde bereits eine so milde Massregel nicht mehr ertragen: Die Christen waren schon zu zahlreich! Man musste den Befehl entweder zurückziehen oder weiter gehen und den Kampf auf der ganzen Linie aufnehmen. Galerius entschied sich bald für Letzteres und vermochte den alternden Diocletian für diesen verhängnisvollen Plan zu gewinnen. Aber innerhalb des Kampfes gegen die ganze Kirche und alle Christen, der im folgenden Jahrzehnt im Orient (viel schwächer im Occident) geführt worden ist, tritt der Kampf um das Heer immer noch ganz deutlich hervor. *Der letzte grosse Kampf, der zu dem weltgeschichtlichen Umschwung geführt hat, spitzte sich zu der Frage zu, ob das Heer seinen religiösen Traditionen treu bleiben oder durch Duldung des Christentums auf sie verzichten solle.* Diese Frage trat neben die andere, ob man

---

[81] „Hactenus furor eius et ira processit nec amplius quicquam contra legem aut religionem dei fecit".

noch versuchen solle, die kraftvolle Organisation der Kirche sozusagen in der letzten Stunde zu zertrümmern oder ob man ruhig zusehen solle, wie diese Organisation im sicheren Vorrücken die Staatsgewalt lahm legte. Die diocletianische Verfolgung ist die missglückte Antwort auf diese Fragen.

Ueber die Stärke des christlichen Elements im Heere fehlen uns statistische Nachweise. Eusebius scheint die 12. melitenische Legion fast ganz als christlich in Anspruch zu nehmen (h. e. V, 5, 1); aber man kann ihn auch anders verstehen, und die Verhältnisse in dieser Legion sind für die anderen nicht als massgebend anzusehen (s. o. [HARNACK 1905, S. 56f.]), da ihr Rekrutierungsbezirk um d. J. 300 zum grossen Teil schon christlich gewesen ist. Legenden wie die von der thebaischen Legion gehören vollständig ins Reich der Fabel und sind abzuweisen[82]. Aber die Politik des Galerius und, wie wir sehen werden, des Konstantin und Licinius, macht es doch wahrscheinlich, dass das christliche Element in einigen Legionen – und auch im Offiziersstande – recht beträchtlich gewesen sein muss.

Die Zahl von Akten über Soldaten-Martyrien, namentlich aus der letzten Verfolgung, ist nicht gering, aber wenige sind zuverlässig. Die Akten des Nereus und Achilleus[83], Polyeuktes[84], Typasius[85] etc. sind bei Seite zu lassen[86]. Lehrreich sind die Akten des Julius

---

[82] S. *Hauck,* Kirchengesch. Deutschlands I² S. 9 n. 1. S. 25 n. 1. Ueber die *Verbreitung* des Christentums durch das Heer in Gallien, Germanien und anderswo denke ich nicht anders als der Verfasser (auch bei den Gothen werden nicht christliche gefangene Soldaten, sondern kriegsgefangene Bürger und Bauern, namentlich kappadozische, das Christentum gepflanzt haben – soweit davon überhaupt die Rede sein kann). Was Hauck jedoch über die Unvereinbarkeit des christlichen Bekenntnisses und des Kriegsdiensts sagt, bedarf der Kautelen.

[83] *Achelis*, Texte und Unters. XI, 2.

[84] Er gehörte der melitenischen Legion an, s. *Conybeare*, The Apology and Acts of Apollonius (1894) p. 123 ff.

[85] Anal. Bolland. 9 (1890) p. 116 ff. Ich habe (Chronologie II S. 481 f.) über dieses Schriftstück wohl noch zu günstig geurteilt.

[86] Aus den Akten des Dasius (Anal. Bolland. 16 [1897] p. 5 ff.), die nicht durchweg zuverlässig sind, lernt man die Feier des Saturnalienfestes im Heere kennen, s. *Parmentier* i. der Rev. de philol. 21 (1897) p. 143 ff. und *Wendland* im „Hermes" 33 (1898) S. 175 ff. *Wendland* und etwas anders jüngst *Reich* (Der König mit der Dornenkrone 1904) haben die Verspottung Christi durch die Soldaten hier herbeigezogen. – Die Acta Archelai beginnen mit einer militärischen Legende zum Lobe des Marcellus in Karrä. Dieser reiche Christ, heisst es, habe einst 7700 (!) Kriegsgefangene den Soldaten abgekauft; das habe auf diese einen tiefen Eindruck gemacht: „illi admirati et amplexi tam

Veteranus in Dorostorum Moes. (z. Z. der grossen Verfolgung)[87], des Maximilianus zu Thebeste Numid. (12. März 295)[88] und des Marcellus zu Tingi Mauret. (am 30. Oktober nach dem Regierungsantritt des Herculius Maximianus und vor der grossen Verfolgung)[89].

Die Akten über das Martyrium des Maximilianus scheinen auf den ersten Blick ein besonders sprechendes Zeugnis dafür zu sein, dass man seitens der Christen damals den Christenstand und den Soldatenstand für unvereinbar hielt. Maximilianus, der der Sohn eines Veteranen und als solcher militärpflichtig ist, erklärt wiederholt, er dürfe nicht Soldat werden, da er Christ sei. Allein sieht man näher zu, so ergibt sich Folgendes: (1) der Vater des M. ist selbst Christ; trotzdem erwartete er, dass sich sein Sohn nicht gegen den Eintritt in den Soldatenstand sträuben werde; er hatte ihm daher bereits eine Uniform (ein neues Gewand) gekauft, (2) der Richter hält dem jungen Manne vor, dass „in sacro comitatu" Diocletians und seiner Mitkaiser Christen als Soldaten dienen; Maximilian stellt das nicht in Abrede, sondern bemerkt: „Sie müssen selbst wissen, was ihnen frommt; ich bin Christ und diene nicht". Unzweifelhaft lässt er durchblicken, dass er jene Christen, die im Heere dienten, missbilligt, aber die Tatsache bleibt bestehen. Der christliche Vater freut sich seines standhaften Sohnes, aber er selbst ist doch im Heere verblieben.

Aus den Akten des Marcellus lernt man, dass das schwelgerische heidnische Treiben am Geburtstag des Kaisers einen christlichen Offizier bestimmt hat, die ihm lästig gewordene Uniform plötzlich auszuziehen und die Folgen dieses Schritts zu tragen. Marcellus ist als Hauptmann in der Legio Traiana bezeichnet. Sie muss identisch sein

---

immensam viri pietatem munificentiamque et facti stupore permoti exemplo misericordiae commonentur, ut plurimi ex ipsis adderentur ad fidem domini nostri Jesu Christi derelicto militiae cingulo, alii vero vix quarta pretiorum portione suscepta ad propria castra discederent, ceteri autem parum omnino aliquid, quantum viatico sufficeret, accipientes abirent". Die Geschichte ist aller Wahrscheinlichkeit nach erfunden, aber doch nicht wertlos.

[87] A.a.O. 10 (1891) p. 50 ff. Vielleicht nach dem Protokoll gearbeitet.

[88] Die Akten ruhen auf dem Gerichtsprotokoll; abgedruckt bei *Ruinart*, Acta Mart. (Ratisb. 1859) p, 340 f.

[89] *Ruinart*, l. c. p. 343 f. Diese drei Martyrien s. im Anhang (→S. 113-119). Erwähnt seien noch die Martyrien des Sebastian, des Sergius und Bakchus und des Apadius.

mit der Legio II Trai., die ihr gewöhnliches Standquartier in Alexandrien hatte. In Mauretania Ting. stand überhaupt keine Legion.

Auch aus den Akten des Veteranen Julius – er hatte 27 Jahre im Heere gedient und 7 Feldzüge mitgemacht – erkennt man, dass es Ausnahmen gewesen sind, wenn christliche Soldaten ihren Christenstand so empfanden, dass ihnen der Dienst im Heere unerträglich wurde.

Im Heere des Konstantin gegen Maxentius diente ein gewisser Pachomius. Die Liebe, welche christliche Soldaten bewiesen , soll ihn zum Christentum geführt haben. Er wurde dann Mönch und ist der Stifter der berühmten Mönchskolonie in Tabennisi geworden[90].

Endlich ist hier noch jenes Seleukus zu gedenken, von dem Eusebius in der Schrift über die palästinensischen Märtyrer erzählt und der mit Pamphilus zusammen den Bekennertod erlitten hat. „Er war aus Kappadocien gebürtig, hatte sich im Heeresdienst rühmlich hervorgetan und auf der militärischen Stufenleiter eine bedeutende Stellung erreicht. Dann hatte er sich – geraume Zeit vor dem Martyrium – durch freimütiges Bekenntnis und Erdulden von harten Schlägen Ruhm erworben und glücklich erreicht, dass er aus der militärischen Stellung entlassen wurde. Als echter Soldat Christi hatte er sich dann der Pflege von verwaisten Kindern, vereinsamten Witwen und solchen, die von Armut und Krankheit heimgesucht waren, gewidmet und waltete wie ein Bischof über ihnen. Ein Vater und Fürsorger, milderte er die Leiden und Kümmernisse der Ausgestossenen. Zuletzt durfte er den Märtyrertod erleiden[91]." Es ist ein anziehendes Bild, welches Eusebius hier von dem ehemaligen Offizier entwirft. Wichtig ist dabei, dass Seleukus seinen Abschied um seines Christenstandes willen erhalten hatte. Der Bruch mit dem Soldatenstande ist also nicht immer ein gewaltsamer gewesen (s. o. [HARNACK 1905, S. 80 f.]); christliche Offiziere haben auch mit schlichtem Abschied den Heeresdienst quittiert.

Auf dem Zuge gegen Maxentius entschloss sich Konstantin, das Kreuz mit den Initialen Christi zum Feldzeichen zu erheben, die christliche Religion also nicht nur zu dulden, sondern an die Spitze

---

[90] *Vita Pachomii.*
[91] Text u. Unters. XIV, 4 S. 77 ff. 96 ff.

der Religionen zu stellen[92]. *Der weltgeschichtliche Umschwung vom Heidentum zum Christentum hat sich also zuerst im Heere vollzogen. Von hier hat die öffentliche Anerkennung der christlichen Religion ihren Anfang genommen.* Konstantin hätte übrigens den Schritt schwerlich tun können, wenn nicht in seinem Heere eine beträchtliche Anzahl von Christen gewesen wäre und sich das Heer nicht bereits an die Tatsache des Christentums in seiner Mitte gewöhnt hätte. Dass auch Priester im Lager waren, darf man aus Vita Const. I, 52 nicht sicher schliessen. Der Sieg des Kaisers über Maxentius setzte das Siegel auf seine Tat. „Durch dieses heilbringende Zeichen, das wahrhafte Zeugnis der Tapferkeit, habe ich eure Stadt von dem Joch der Tyrannei errettet und befreit; durch diese Befreiung habe ich dem Senat und dem Volke der Römer seinen alten ehemaligen Ruhm und Glanz zurückgegeben" (Vita Constant. I, 40). Christus victor! Der Christengott hatte sich als Kriegs- und Siegesgott offenbart!

Wie die Kirche diese Tat beurteilt, was der Kaiser selbst weiter zu ihren Gunsten getan hat und in welcher Weise die Kirche ihm entgegengekommen ist, das zu erzählen, gehört nicht in den Rahmen unsrer Aufgabe. Aber was sich in Bezug auf den Soldatenstand nun ereignete, ist von höchster Bedeutung. Die Kirche fasste auf dem grossen Konzil zu Arles, schon im Jahr 314, folgenden Beschluss (Canon III): „Die, welche die Waffen im Frieden wegwerfen, sollen von der Kommunion ausgeschlossen werden[93]". Dieser Beschluss ist manchen Historikern so auffallend und anstössig erschienen, dass sie versucht haben dem Ausdruck „die Waffen wegwerfen" einen Sinn zu geben, den er nicht haben kann. Sie meinten, „arma proicere" müsse = „arma in alium conicere" verstanden werden und der Kanon besage, dass kein Christ im Frieden die Kriegswaffen führen dürfe! Allein diese Auslegung ist ganz unmöglich. Andere versuchten es mit einem Gewaltstreich und setzten statt „in pace" die Worte „in bello". Wieder andere meinten, vom Kriege sei hier überhaupt nicht die Rede, sondern von den Gladiatorenspielen. Allein an den Worten und ihrem nächstliegenden Verständnis lässt sich meines Erachtens nicht rütteln: *die Kirche hat zu Arles die bisher*

---

[92] Euseb., *Vita Constantini* I, 26 ff.
[93] „De his qui arma proiciunt in pace placuit abstineri eos a communione".

öfters geübte Praxis christlicher Soldaten, um ihres Christenstandes willen fahnenflüchtig zu werden, nicht nur missbilligt, sondern unter die furchtbare Strafe der Exkommunikation gestellt. Damit ist seitens der Kirche die volle Eintracht von Staat und Kaiser einerseits, von Christentum und Kirche andrerseits auf dem Gebiete des Heereswesens gewonnen und proklamiert. Schwierigkeiten machen allerdings die Worte „in pace": man kann verstehen „in Friedenszeiten", man kann aber auch an den Frieden denken, der nun (zwischen dem Reich und der Kirche) hergestellt ist. Gegen die zweite Deutung spricht, dass dieser Sinn nicht unmittelbar aus den Worten hervorgeht; dennoch möchte ich sie der ersten gegenüber bevorzugen (mit *Aubespine, Hefele* u. a.), weil im andern Fall das „in pace" fast überflüssig erscheint. Ein sicheres Urteil scheint mir nicht möglich.

Jedenfalls hat die Kirche durch diesen Beschluss ihre bisherige theoretische Stellung zum Heer und zum Krieg gründlich revidiert. Sie vermochte es , weil die Praxis längst vorausgeeilt war und weil das „arma proicere" christlicher Soldaten auch früher nicht die Regel war, sondern die Ausnahme gebildet hatte. Nun wurde es unter schwerer Strafe verboten: ausgeschlossen aus der Kirche wird nicht der christliche Soldat, wenn er im Heere bleibt (– doch ein Ausschluss ist auch früher niemals erfolgt –), sondern wenn er, sei es aus welchem Grunde, das Heer *verlässt*! Inniger konnte die Verbindung von Staat und Kirche auf diesem Boden nicht sein: die Kirche machte mit dem Kaiser gemeinsame Sache, um die Soldaten bei der Fahne zu halten.

Aber auch der Kaiser kam der Kirche entgegen. In Erlassen bestimmte er folgendes[94]: „Denen, welche ehemals in militärischen Aemtern gestanden haben und derselben unter einem grausamen und ungerechten Vorwand verlustig gegangen sind, weil sie das Bekenntnis ihrer Religion der Würde, welche sie bekleideten, vorzogen (s. o. [HARNACK 1905, S. 80 f.]) – soll es nach Wunsch freistehen, entweder zum Kriegsdienst zurückzukehren und in ihrer früheren Stellung zu verbleiben, oder nach ehrenvoller Entlassung ein freies und ruhiges Leben zu führen; denn es ist wohl billig und angemessen, dass derjenige, welcher einen so grossen Mut und eine solche Stand-

---

[94] Uns ist *Vita Constant.* II, 33 die Form des Erlasses bekannt, die der Kaiser nach der Eroberung des Orients nach Palästina gerichtet hat.

haftigkeit in den über ihn gebrachten Gefahren bewiesen hat, nach seiner Wahl sich der Ruhe und Musse oder einer Ehrenstelle erfreue". Ehrenvoller konnte man diese Angelegenheit für die Betreffenden nicht ordnen.

Licinus hat anfangs in der Christenfrage mit Konstantin gemeinsame Sache gemacht. Er hat den Krieg gegen Maximinus Daza nach der Mitteilung des Lactantius[95] bereits als einen Entscheidungskampf zwischen Christentum und Heidentum geführt. Dazu nötigte ihn die dezidierte Kirchenfeindschaft des Maximinus. Vor der Schlacht liess er unter die Soldaten Zettel mit einem Gebet verteilen, das ihm nachts angeblich ein Engel mitgeteilt habe. Wer der Kleriker gewesen ist, der hinter dem Engel steckte – unzweifelhaft der älteste Divisionsprediger –, wissen wir nicht. Das Gebet ist christlich, wenn auch nicht sehr ausgesprochen, und ist somit das erste militärischchristliche Stück, welches wir besitzen, die Wurzel aller christlichen Heeres- und Kriegslieder. Es lautet:

„Höchster Gott, dich flehen wir an,
Heiliger Gott, dich flehen wir an,
Alle Gerechtigkeit befehlen wir dir,
Unser Heil befehlen wir dir,
Unser Imperium befehlen wir dir,
Durch dich leben wir,
Durch dich sind wir siegreich und glücklich,
Höchster, heiliger Gott, unser Gebet erhöre.
Unsre Arme strecken wir zu dir aus,
Erhöre, heiliger, höchster Gott"[96]!

Das Heer war durch diesen Kriegsgesang, der an die Stelle der heidnischen Anrufungen und Opfer trat – an ihnen muss er auch gemessen werden, damit man seine Bedeutung richtig würdige –, in ein christliches umgewandelt. Wie verbreitet muss doch die christliche Religion, sei es auch in seltsamen Verdünnungen, im Heere gewesen sein, wenn Licinius dieses Experiment wagen konnte! Der Sieg

---

[95] De mort. persec. 46.
[96] Die Christlichkeit des Liedes könnte bezweifelt werden; allein die Anrufung „Heiliger Gott" neben „höchster Gott" am Anfang und Schluss scheint mir bestimmt auf Christentum zu deuten.

wurde ihm zu Teil, wie dem Konstantin an der milvischen Brücke.

Allein nun begannen die Streitigkeiten zwischen den beiden bisher befreundeten, siegreichen Kaisern. Der Westen war für Konstantin zu klein und eng. Seinem Ansehen als dem vom Christengott zuerst ausgezeichneten Kaiser vermochte Licinius ein gleiches nicht entgegenzusetzen. So sah er sich auf die Seite des Heidentums zurückgeworfen, und er nahm die Rolle auf sich, noch einmal die alten Götter der neuen Religion, die mit Konstantin im Bunde stand, entgegenzusetzen. Das Erste war natürlich wiederum, den Hof und das Offizierskorps von Christen zu säubern. „Er warf die Maske ab und liess die Soldaten in den einzelnen Städten (also zunächst die Polizei- und Sicherheitsbeamten) ihrer Offiziersstellen entheben, wenn sie nicht vorzögen, den Göttern zu opfern[97]". Der nun ausbrechende Krieg mit Konstantin wurde wieder als Entscheidungskampf darüber, wer stärker sei, Christus oder die alten Götter, geführt (s. o. [HARNACK 1905, S. 86 f.]). Konstantin siegte. Nach diesem Siege wurde auch im Orient die vollkommene Konkordanz von Heer und christlicher Religion hergestellt, welche im Occident bereits bestand. Gegen die irrtümliche Meinung, als sei der 12. Kanon von Nicäa so auszulegen, dass er die Unvereinbarkeit des Christen- und Soldatenstandes ausspräche, genügt die Verweisung auf die Ausführungen *Hefeles* (Konzil-Gesch. I² S. 414 ff.)[98]. Der Kanon handelt gar nicht vom Soldatenstand im allgemeinen und seinem Verhältnis zur christlichen Religion, sondern er handelt von solchen christlichen Soldaten, die, als die christenfeindlichen Befehle des Licinius erschienen waren, zwar zuerst ihrer Konfession durch Austritt aus dem Heere genügt hatten, dann aber (durch Hunger oder Beutelust bestimmt) doch in dasselbe wieder zurückgekehrt waren. Dass die Kirche diese nicht ohne weiteres als ihre Glieder gelten lassen konnte, ist wohl verständlich; hatten sie doch die Treue verletzt und sich an den christenfeindlichen Massnahmen des Licinius beteiligt.

---

[97] Vita Constant. I, 54; hist. eccl. X, 8. In diese Zeit fällt das beglaubigte Martyrium der 40 Soldaten aus der melitenischen (12.) Legion, deren merkwürdiges „Testament" wir noch besitzen, s. *Bonwetsch*, Neue kirchl. Zeitschr. III, 12 S. 705 ff. Dem Testament merkt man es nicht an, dass es von Soldaten herrührt. Uebrigens beachte man auch hier wieder, dass es die melitenische Legion ist, die so zahlreiche Bekenner aufweist.
[98] Vgl. auch meine *Missionsgeschichte* S. 395.

Keine Schranke trennte nach den Siegen Konstantins die „milites Christi" vom Heere mehr; im Gegenteil: die Kirche selbst nötigte diese „milites Christi", wenn sie im Heere dienten, auch im Heere zu bleiben. Sie schuf ihnen sogar kriegerische Heilige (neben den kriegerischen Erzengeln) und überliess fortan ihre alten Vorstellungen in Bezug auf den Kriegerstand und den Krieg den Mönchen. Dem Kaiser, der sie begehrte, warf sie sich in die Arme. Er kommandierte die christlichen Priester und die christlichen Soldaten; ja als „Soldaten" im höheren Sinn des Wortes galten bald nur die Christen; die übrigen waren „pagani", „Zivilisten". Aber jene Einheit, die Konstantin erstrebte und die einen Augenblick verwirklicht erschien, ist nicht von Dauer gewesen. Auf dem Boden des christlichen Staates suchte die Kirche ihre Selbständigkeit zurückzugewinnen; neue Spannungen entwickelten sich, und in ihnen sind auch die alten Fragen über den Kriegerstand in neuer Gestalt wieder aufgetaucht.

TEXTE
(hauptsächlich zum ersten Kapitel)

I Thess. 5, 8: Νήφωμεν ἐνδυσάμενοι θώρακα πίστεως καὶ ἀγάπης καὶ περικεφαλαίαν ἐλπίδα σωτηρίας.

I Cor. 9, 7 [in Bezug auf das Recht der Apostel auf Gewährung des Lebensunterhalts]: Τίς στρατεύεται ἰδίοις ὀψωνίοις ποτέ;

II Cor. 6,7: διὰ τῶν ὅπλων τῆς δικαιοσύνης τῶν δεξιῶν καὶ ἀριστερῶν.

II Cor. 10,3-6: Ἐν σαρκὶ περιπατοῦντες οὐ κατὰ σάρκα στρατευόμεθα, τὰ γὰρ ὅπλα τῆς στρατείας ἡμῶν οὐ σαρκικὰ ἀλλὰ δυνατὰ τῷ θεῷ πρὸς καθαίρεσιν ὀχυρωμάτων, λογισμοὺς καθαιροῦντες καὶ πᾶν ὕψωμα ἐπαιρόμενον κατὰ τῆς γνώσεως τοῦ θεοῦ, καὶ αἰχμαλωτίζοντες πᾶν νόημα εἰς τὴν ὑπακοὴν τοῦ Χριστοῦ, καὶ ἐν ἑτοίμῳ ἔχοντες ἐκδικῆσαι πᾶσαν παρακοήν, ὅταν πληρωθῇ ὑμῶν ἡ ὑπακοή.

II Cor 11, 8: ἄλλας ἐκκλησίας ἐσύλησα λαβὼν ὀψώνιον πρὸς τὴν ὑμῶν διακονίαν.

Röm. 6, 13f: μηδὲ παριστάνετε τὰ μέλη ὑμῶν ὅπλα ἀδικίας τῇ ἁμαρτίᾳ, ἀλλὰ παραστήσατε ἑαυτοὺς τῷ θεῷ ... καὶ τὰ μέλη ὑμῶν ὅπλα δικαιοσύνης τῷ θεῷ, ἁμαρτία γὰρ ὑμῶν οὐ κυριεύσει.

Röm. 6, 23: τὰ ὀψώνια τῆς ἁμαρτίας θάνατος.

Röm. 13, 12: ἐνδυσώμεθα τὰ ὅπλα τοῦ φωτός.

Philipp. 2, 25: Ἐπαφρόδιτον τὸν ... συστρατιώτην μου.
Philem. 2: Ἀρχίππῳ τῷ συστρατιώτῃ ἡμῶν.
Röm. 16, 7: Ἀνδρόνικον καὶ Ἰουνίαν τοὺς συγγενεῖς μου.
Coloss. 4, 10: Ἀρίσταρχος ὁ συναιχμάλωτός μου.
Philem. 23: Ἐπαφρᾶς ὁ συναιχμάλωτός μου.

Ephes. 6, 10-18: Τοῦ λοιποῦ, ἐνδυναμοῦσθε ἐν κυρίῳ καὶ ἐν τῷ κράτει τῆς ἰσχύος αὐτοῦ. ἐνδύσασθε τὴν πανοπλίαν τοῦ θεοῦ πρὸς τὸ δύνασθαι ὑμᾶς στῆναι πρὸς τὰς μεθοδείας τοῦ διαβόλου· ὅτι οὐκ ἔστιν ἡμῖν ἡ πάλη πρὸς αἷμα καὶ σάρκα, ἀλλὰ πρὸς τὰς ἀρχάς, πρὸς τὰς ἐξουσίας, πρὸς τοὺς κοσμοκράτορας τοῦ σκότους τούτου, πρὸς τὰ πνευματικὰ τῆς πονηρίας ἐν τοῖς ἐπουρανίοις. διὰ τοῦτο ἀναλάβετε τὴν πανοπλίαν τοῦ θεοῦ, ἵνα δυνηθῆτε ἀντιστῆναι ἐν τῇ ἡμέρᾳ τῇ πονηρᾷ καὶ ἅπαντα κατεργασάμενοι στῆναι. στῆτε οὖν περιζωσάμενοι τὴν ὀσφὺν ὑμῶν ἐν ἀληθείᾳ, καὶ ἐνδυσάμενοι τὸν θώρακα τῆς δικαιοσύνης, καὶ ὑποδησάμενοι τοὺς πόδας ἐν ἑτοιμασίᾳ τοῦ εὐαγγελίου τῆς εἰρήνης, ἐν πᾶσιν ἀναλαβόντες τὸν θυρεὸν τῆς πίστεως, ἐν ᾧ δυνήσεσθε πάντα τὰ βέλη τοῦ πονηροῦ τὰ πεπυρωμένα σβέσαι· καὶ τὴν περικεφαλαίαν τοῦ σωτηρίου δέξασθε καὶ τὴν μάχαιραν τοῦ πνεύματος, ὅ ἐστιν ῥῆμα θεοῦ, διὰ πάσης προσευχῆς καὶ δεήσεως κτλ.

[Ephes. 4, 8: ἀναβὰς εἰς ὕψος ᾐχμαλώτευσεν αἰχμαλωσίαν (καὶ) ἔδωκεν δόματα τοῖς ἀνθρώποις].

I Tim 1, 18: ἵνα στρατεύῃ … τὴν καλὴν στρατείαν.

II Tim. 2, 3f: Συγκακοπάθησον ὡς καλὸς στρατιώτης Χριστοῦ Ἰησοῦ. οὐδεὶς στρατευόμενος ἐμπλέκεται ταῖς τοῦ βίου πραγματείαις, ἵνα τῷ στρατολογήσαντι ἀρέσῃ. ἐὰν δὲ καὶ ἀθλῇ τις, οὐ στεφανοῦται ἐὰν μὴ νομίμως ἀθλήσῃ.

[II Tim 3, 6: ἐκ τούτων (den Häretikern) εἰσιν οἱ ἐνδύνοντες εἰς τὰς οἰκίας καὶ αἰχμαλωτίζοντες γυναικάρια σεσωρευμένα ἁμαρτίαις].

Christus in der Offenbarung Johannis und bei Paulus [II Thess. 2, 8) als der grosse Kriegsheld [vv.11). Apoc. 2, 10: Γίνου πιστὸς ἄχρι θανάτου, καὶ δώσω σοι τὸν στέφανον τῆς ζωῆς.

I Clem. ad Cor. 21:
Δίκαιόν ἐστιν μὴ λειποτακτεῖν ἡμᾶς ἀπὸ τοῦ θελήματος αὐτοῦ [scil. θεοῦ].

I Clem. ad Cor. 28: Ποῖος κόσμος δέξεταί τινα τῶν αὐτομολούντων ἀπ᾽ αὐτοῦ [scil. θεοῦ];

I Clem. ad Cor. 37:
Στρατευσώμεθα, ἄνδρες ἀδελφοί, μετὰ πάσης ἐκτενείας ἐν τοῖς ἀμώμοις προστάγμασιν αὐτοῦ [scil. θεοῦ]. κατανοήσωμεν τοὺς

στρατευομένους τοῖς ἡγουμένοις ἡμῶν, πῶς εὐτάκτως, πῶς εἰκτικῶς, πῶς ὑποτεταγμένως ἐπιτελοῦσιν τὰ διατασσόμενα. οὐ πάντες εἰσὶν ἔπαρχοι οὐδὲ χιλίαρχοι οὐδὲ ἑκατόνταρχοι οὐδὲ πεντηκόνταρχοι οὐδὲ τὸ καθεξῆς · ἀλλ᾿ ἕκαστος ἐν τῷ ἰδίῳ τάγματι τὰ ἐπιτασσόμενα ὑπὸ τοῦ βασιλέως καὶ τῶν ἡγουμένων ἐπιτελεῖ.

II Clem. ad Cor. 18: ἐτι ὤν ἐν μέσοις τοῖς ὀργάνοις τοῦ διαβόλου σπουδάζω τὴν δικαιοσύνην διώκειν.

Ignat. at Polyc. 6: Ἀρέσκετε ᾧ στρατεύεσθε, ἀφ' οὗ καὶ τὰ ὀψώνια κομίζεσθε· μήτις ὑμῶν δεσέρτωρ εὑρεθῇ. τὸ βάπισμα ὑμῶν μενέτω ὡς ὅπλα, ἡ πίστις ὡς περικεφαλαία, ἡ ἀγάπη ὡς δόρυ, ἡ ὑπομονὴ ὡς πανοπλία· τὰ δεπόσιτα ὑμῶν τὰ ἔργα ὑμῶν, ἵνα τὰ ἄκκεπτα ὑμῶν ἄξια κομίσησθε.

[Ignat. ad Smyrn. 1: ἵνα ἄρῃ σύσσημον εἰς τοὺς αἰῶνας διὰ τῆς ἀναστάσεως εἰς τοὺς ἁγίους καὶ πιστοὺς αὐτοῦ, εἴτε ἐν Ἰουδαίοις εἴτε ἐν ἔθνεσιν, ἐν ἑνὶ σώματι τῆς ἐκκλησίας αὐτοῦ].

Polyc. ep. 4,1: Ὁλισώμεθα τοῖς ὅπλοις τῆς δικαιοσύνης καὶ διδάξωμεν ἑαυτοὺς πρῶτον πορεύεσθαι ἐν τῇ ἐντολῇ τοῦ κυρίου.

Hermas, Sim. V, 1: Στατίωνα ἔχω · τί, φησίν, ἐστὶ στατίων; νηστεύω, φημί, κύριε.

Justin, Apol. I, 39: Γελοῖον ἦν δὴ πρᾶγμα, ὑμῖν μὲν τοῦσ συντιθεμένους καὶ καταλεγομένους στρατιώτας καὶ πρὸ τῆς ἑαυτῶν ζωῆς καὶ γονέων καὶ πατρίδος [? παιδῶν?] καὶ πάντων τῶν οἰκείων τὴν ὑμετέραν ἀσπάζεσθαι, ὁμολογίαν, μηδὲν ἄφθαρτον δυναμένων ὑμῶν αὐτοῖς παρασχεῖν, ἡμᾶς δέ, ἀφθαρσίας ἐρῶντας, μὴ πανθ᾿ ὑπομεῖναι ὑπὲρ τοῦ τὰ ποθούμενα παρὰ τοῦ δυναμένου δοῦναι λαβεῖν.

Acta Pauli (Lipsius P. 108 ff: Martyr. Pauli): Der zum Christentum bekehrte Mundschenk Neros hatte gesagt, Christus sei der βασιλεὺς τῶν αἰώνων und werde alle Reiche zerstören. Nero: Πάτροκλε, καὶ σὺ στρατεύῃ τῷ βασιλεῖ ἐκείνῳ; ὁ δὲ εἶπεν · ναί, κύριε καῖσαρ, καὶ γὰρ ἤγειρέν με τεθνηκότα. Auch andere Christen sprachen: καὶ ἡμεῖς ἐκείνῳ στρατευόμεθα τῷ βασιλεῖ τῶν αἰώνων. Nero befahl ζητεῖσθαι τοὺς τοῦ μεγάλου βασιλέως στρααιώτας καί προςέθηκεν διάταγμα τοιοῦτον, πάντας τοὺς εὑρισκομένους Χριστιανοὺς καὶ στρατιώτας Χριστοῦ ἀναιρεῖσθαι. Auch Paulus wird vor Nero gebracht: der Kaiser erkennt, ὅτι ἐκεῖνος ἐπὶ τῶν στρατοπέδων ἐστίν. Er redet ihn an: ἄνθρωπε τοῦ μεγάλου βασιλέως, τί σοι ἔδοξεν λάθρα εἰσελθεῖν εἰσ τὴν Ῥωμαίων ἡγεμονίαν καὶ στρατολογεῖν ἐκ τῆσ ἐμῆς ἐπαρχίας; Paulus bekennt, dass er das tue: οὐ μόνον ἐκ τῆς σῆς ἐπαρχίας στρατολογοῦμεν, ἀλλα καὶ ἐκ τῆς οἰκουμένης πάσης · τοῦτο γὰρ διατέτακται ἡμῖν, μηδένα ἀποκλεισθῆναι θέλοντα στρατευθῆναι τῷ ἐμῷ βασιλεῖ. ὅπερ εἰ καί σοι φίλον ἐστὶν στρατευθῆναι αὐτῷ κτλ. ... οὐ γὰρ ὡς ὑμεῖς ὑπονοεῖτε βασιλεῖ ἀπὸ γῆς ἐρχομένῳ στρατευόμεθα, ἀλλ᾽ ἀπ᾽ οὐρανοῦ κτλ. ... Paulus sagt: οὐκ εἰμι δραπέτης τοῦ Χριστοῦ ἀλλ᾽ ἔννομος στρατιώτης θεοῦ ζῶντος. ... Der hingerichtete Paulus erscheint dem Nero und spricht: Καῖσαρ, ἰδοὺ Παῦλος, ὁ τοῦ θεοῦ στρατιώτης, οὐκ ἀπέθανον, ἀλλὰ ζῶ ἐν τῷ θεῷ μου.

ψ Clemens, ep. ad Jacob. 17: ἵνα μὴ ὡσ λειποτάκται ὑπὸ τῆς τοῦ ταξιάρχου ἀθυμίας ἔγκλημα λαβῆτε, cf. c. 11: τοὺς λειποτάκτας ἐπιστρεφέτωσαν.

ψ Clemens, Hom. XI, 16: ὁ μὴ ποιῶν τὸν νόμον δῆλον ὅτι ἐκ τοῦ μὴ πιστεύειν θεῷ λειποτακτεῖ.

Actus Petri c. Simone 7 (Lipsius p. 90): Ἄνδρες, οἱ εἰς Χριστὸν στρατευόμενοι · ἄνδρες, οἱ ἐπὶ Χριστὸν ἐλπίζοντες!

Clemens Alex., Protrept. X, 93: καλὸς ὁ κίνδυνος αὐτομολεῖν πρὸς θεόν.

Clemens Alex., Protrept. X, 110: ὁ σπονδοφόρος ἡμῶν λόγος.

Clemens Alex., Protrept. XI, 116: Σάλπιγξ μὲν ἡ μεγαλόκλονος ἠχήσασα στρατιώτας συνήγαγεν καὶ πόλεμον κατήγγειλε, Χριστὸς δὲ εἰρηνικὸν ἐπὶ τὰ πέρατα τῆς γῆς ἐπιπνεύσας μέλος οὐ συνάξει ἄρα τοὺς εἰρηνικοὺς στρατιώτας τοὺς ἑαυτοῦ; συνήγαγε μὲν οὖν τὸ στρατιωτικὸν τὸ ἀναίμακτον αἵματι καὶ λόγῳ, καὶ τὴν βασιλείαν τῶν οὐρανῶν αὐτοῖς ἐνεχείρισεν. σάλπιγξ ἐστὶ Χριστοῦ τὸ εὐαγγέλιον αὐτοῦ · ὁ μὲν ἐσάλπισεν, ἡμεῖς δὲ ἠκούσαμεν. ἐξοπλισώμεθα εἰρηνικῶς, folgt in freier Anführung Ephes. 6, 14 ff. οὕτως ἡμᾶς ὁ ἀπόστολος εἰρηνικῶς ἐκάττει · ταῦτα ἡμῶν τὰ ὅπλα τὰ ἄτρωτα ... τὰ πεπυρακτωμένα τοῦ πονηροῦ ἀποσβέσωμεν βέλη ταῖς ὑδατίναις ἀκμαῖς ταῖς ὑπὸ τοῦ λόγου βεβαμμένοις, εὐχαρίστοις ἀμειβόμενοι τὰς εὐποιίας εὐλογίαις καὶ τὸν θεὸν τῷ θείῳ γεραίροντες λόγῳ.

Clemens Alex., Protrept. XII, 121: ὁ υἱὸς ἀίδιος νικηφόρος.

Clemens Alex., Paedag. I, 7, 54: Ὥσπερ πατευθύνει τὴν φάλαγγα ὁ στρατηγὸς τῆς σωτηρίας τῶν μισθοφόρων προμηθούμενος .... οὕτως καὶ ὁ παιδαγωγὸς ἄγει τοὺς παῖδας ἐπὶ τὴν σωτήριον δίαταν. Dazu I, 8, 65: καὶ ὁ στρατηγὸς χρημάτων ζημίας καὶ τὰς εἰς αὐτὰ τὰ σώματα διηκούσας αἰκίας μετὰ δεσμῶν καὶ τῆσ ἐσχάτης ἀτιμίας προσφέρων ταῖς ἠδικηκόσιν, ἔσθ᾽ ὅτε δὲ καὶ θανάτῳ κολάζων τινάς, τέλος ἔχει τὸ ἀγαθόν, ὑπὲρ νουθεσίας τῶν ὑπηκόων στρατηγῶν· ὡσαύτως καὶ ὁ μέγας ἡμῶν ἐκεῖνος στρατηγός, ὁ δὲ ὅλων ἡγεμὼν λόγος, τοὺς παρὰ τὸν νόμον ἀφηνιάζοντας τὸν αὑτοῦ, ὑπὲρ ἀπαλλαγῆς δουλείας καί πλάνης καὶ τῆς τοῦ ἀντικειμένου αἰχμαλωσίας εἰς καταστολὴν τῶν τῆσ ψυχῆς παθῶν νουθετῶν, ἐπὶ τὴν ἱερὰν τῆς πολιτείας ὁμόνοιαν εἰρηναγωγεῖ.

[Clemens Alex., Paedag. I, 12, 98 f: Οὐκ ἐν πολέμῳ, ἀλλ᾽ ἐν εἰρήνῃ παιδαγωγούμεθα. πολέμῳ μὲν οὖν πολλῆς δεῖ τῆς παρασκευῆς δαψιλείας τε χρῄζει ἡ τρυφή· εἰρήνῃ δὲ καὶ ἀγάπῃ, ἀφελεῖς καὶ ἀπράγμονες ἀδελφαί, οὐχ ὅπλων δέονται, οὐ παρασκευῆς ἀσώτου].

Clemens Alex., Paedag. II, 4, 42: Alle Völker brauchen kriegerische Waffen, ἔνι δὲ ἄρα ὀργάνῳ τῷ λόγῳ μόνῳ τῷ εἰρηνικῷ ἡμεῖς κεχρήμεθα, ᾧ γεραίρομεν τὸν θεόν.

Militärische Bilder in den Strom. finden sich I, 11, 51 (τὸ ἀγώνισμα ἡμῶν), I, 24, 159. 160 (der Kampf gegen die Leidenschaften; τὸ στρατήγημα), II, 20, 110 (Kampf gegen die Dämonen nach Ephes. 6), II, 20, 120 (Kampf gegen die Leidenschaften: οὐ γὰρ ἄλλως εἰρήνη καὶ ἐλευθερία περιγίνεται ἢ διὰ τῆς ἀπαύστου καὶ ἀναπαυδήτου πρὸσ τὰσ τῶν παθῶν ἡμῶν ἀντιμαχήσεως), cf. IV, 8, 60. IV, 13, 91 (σὺν Χριστῷ καταστρατεύεσθαι τοῦ θανάτου), IV, 22, 141 (ὅπλα φωτός), VII, 3, 21 (Wer die Soldaten misshandelt, kränkt den Feldherrn, οὕτως τοῦ κυρίου ἐστὶν ἀνεπιστρεψία), VII, 11, 66 (τὰ ὅπλα τοῦ κυρίου), VII, 13, 83 (die Christen gleich hochgebauten Festungen), VII, 16, 100 (καθάπερ ἐν πολέμῳ οὐ λειπτέον τὴν τάξιν ἥν ὁ στρατηγὸς ἔταξεν τῷ στρατιώτῃ, οὕτως οὐδὲ ἥν ἔδωκεν ὁ λόγος, ὅν ἄρχοντα εἰλήφαμεν γνώσεώς τε καὶ βίου, λειπτέον τάξιν). Excerpte ex Theod. 85 (δεῖ ὡπλίσθαι τοῖς κυριακοῖς ὅπλοις ἔχοντας τὸ σῶμα καὶ τὴν ψυχὴν ἄτρωτον).

Clemens Alex., Quis dives 25: Der schwerste Kampf und die schwerste Verfolgung für den Christen ist der Kampf im Inneren mit den Lüsten und Begierden: οὗτος ὁ διωγμὸς βαρύτερος καὶ χαλεπώτερος ἔνδοθεν ὁρμώμενος, ἀεὶ συνών, ὅν οὐδὲ ἐκφυγεῖν ὁ διωκόμενος δύναται, τὸν γὰρ ἐχθρὸν ἐν ἑαυτῷ περιάγει πανταχοῦ … καὶ πόλεμος ὁ μὲν ἐπακτὸς ῥᾳδίως καταλύεται, ὁ δὲ ἐν τῇ ψυχῇ μέχρι θανάτου παραμετρεῖται.

Clemens Alex., Quis dives 34 f. (In Bezug auf den rechten Gebrauch des Reichtums): … ἀλλὰ τὸ ἐναντίον τοῖς ἄλλοις ἀνθρώποις σεαυτῷ κατάλεξον στρατὸν ἄοπλον, ἀπόλεμον, ἀναίμακτον, ἀόργητον, ἀμίαντον, γέροντας θεοσεβεῖς, ὀρφανοὺς θεοφιλεῖς, χήρας πραότητι ὡπλισμένας, ἄνδρας ἀγάπῃ κεκοσμημένους. τοιούτους κτῆσαι τῷ σῷ πλούτῳ καὶ τῷ σώματι καὶ τῇ ψυχῇ δορυφόρους, ὧν στρατηγεῖ ὁ θεός κτλ. … οὗτοι πάντες οἱ στρατιῶται καὶ φύλακες βέβαιοι, οὐδεὶς ἀργός, οὐδεὶς ἀχρεῖος (sie wirken durch ihre Gebete, Fürbitte, Trost- und Ratspenden).

Origenes, De princ. III, 2, 5 (*Lomatzsch* 21 p.316f.); „milites Christi" (zu Ephes. 6).

Orig., De princ. IV, 24 (21 p. 454): „ut per hos militum suorum numeros, qui deo militantes non se implicant negotiis saecularibus, adversarii regna subvertat; a quibus scuta fidei circumferantur, et sapientiae tela vibrentur, etiam in quibus spei et salutis galea coruscet, ac lorica caritatis deo [?] plenum muniat pectus. tales mihi quidem videntur milites indicari et ad huiuscemodi bella praeparari hi, qui in divinis libris per dei praeceptum numerari iubentur."

Orig., in Num. hom. 18 (10 p. 227) (nach dem Citat Ephes. 4, 8: „Adscendens in altum captivam duxit captivitatem"): „Utinam ergo me et captivum habeat semper Christus Jesus, et me ducat in praedam siiam, et ego tenear eius vinculis alligatus, ut et ego dici merear, Vinctus Jesu Christi, sicut Paulus de semetipso gloriatur".

Orig., in Num. hom, 25 (10 p. 310 ff,): „In populo dei sunt quidem, sicut apostolus dicit (II Tim. 2, 3 f.), qui militant deo: illi sine dubio, qui se non obligant negoiis saecularibus: et isti sunt, qui procedunt ad bellum et pugnant adversus gentes inimicas et adversum spirituales nequitias pro reliquo populo et pro iis, qui infirmiores sunt sive per aetatem, sive per sexum, sive per propositum. pugnant autem isti orationibus et ieiuniis, iustitia et pietate, mansuetudine et castitate cunctisque continentiae virtutibus, tamquara armis bellicis communiti; et cum regressi fuerint ad castra victores, fruuntur laboribus eorum etiam imbelles et ii qui ad pugnam vel non vocantur vel exire non possunt ... pauci sunt tamen qui pugnare possint et proelia ista conficere, de sexcentis milibus et amplius armatorum, qui videbantur militare deo, sola XII milia eliguntur, ceteri relinquuntur in castris. intuere mihi nunc populum dei, qui est in ecclesia, quanti sunt ex iis, qui possint pro veritate pugnare ... tamen et reliqua pars populi, quae videtur imbellis, si cum quiete resideat in castris, si in silentio agat et non recedat a Mose, sed permanent in lege dei, partem spoliorum etiam ipse percipiet ... quis haec audiens non invitetur ad militiam dei? quis non animetur pugnare pro ecclesia et resistere adversum veritatis inimicos, eos scil., qui vel dogmata ecclesiae oppugnare vel voluptati et luxuriae operam dare homines docent? ... ‚Viri virtutis‘ sunt qui ad bellum procedunt. si quis vero pugnare non vult nec militare, si quis non vult habere certamen studiorum divinorum et abstinentiae, hic non vult implere illud quod apostolus dicit: ‚Qui autem in agone contendit, ab omnibus continens est‘, qui ergo non contendit in agone et ab omnibus non est continens ... hic etiamsi vir dicatur, vir tamen virtutis non potest appellari ... si ergo vis appellari vir virtutis, inducte Christum dominum, qui est dei virtus ... et in omnibus adiunge te domino, ita, ut unus cum eo spiritus fias, et tunc vir virtutis efficieris. tempus igitur belli nobis est in hoc mundo, pugna adversus Madianitas est, sive adversum vitia carnis nostrae sive adversum contrarias potestates. spectat nos angelorum chorus, etc. ... Im folgenden werden Paulus und Petrus als grosse Kriegshelden geschildert, „qui tantum pugnaverunt, tot gentes barbaras deleverunt, tot hostes prostraverant, tanta spolia, tot triumphos ceperunt, qui cruentis manibus de caede hostium redeunt, quorum pes tinctus est in sanguine et manus suas laverunt in sanguine peccatorum ... vicerunt quippe et peremerunt diversas daemonum gentes; nisi enim vicissent eas, non potuissent capere ex iis captivos, omnem hunc credentium numerum et perducere eos ad obedientiam Christi ... sanguinem daemonum fundere dicitur, qui eripit eos, quibus illi dominantur".

Orig., in Num. hom. 26 (10 p. 316 ff,): Zu Num. 31, 48-50 wird die Erklärung gegeben, auch jetzt im christlichen Volke gebe es Krieger und Unkriegerische; unter jenen gebe es Offiziere („summa bellatorum") und Gemeine, unter diesen dauernd und zeitweilig Unkriegerische. Die Offiziere unter den milites dei sind die, „qui ita sunt parati et expediti, ut nullis se implicent omnino negotiis saecularibus, ut placere possint ei, cui se probaverunt, sed in lege dei meditari die ac nocte". Unter ihnen gibt es keine dissensio und keine discordia; von ihnen (nicht von allen Gläubigen) gilt Act 4,32. Sie haben alles gemein und alles, „quidquid in intellectibus, quidquid in operibus habent", bringen sie Gott dar.

Orig., in Jesu Nave hom. 4 (11 p. 46 f.) zu Ephes. 6,14: „Igitur etiam nostrum esse cingulum veritas debet, si tamen servaverimus militiae huius et cinguli sacramentum". Durch Lüge „discingimur a militia Christi". Unsere Kämpfe sind mit den Dämonen und gegen die Laster.

Orig., in Jesu Nave hom. 6 (11 p. 59): „Quis enim alius est princeps militiae virtutum domini nisi dominus noster Jesus Christus? omnis namque coeli militia, sive angeli, sive archangeli etc. etc. sub ipso principe militant".

Orig., in Jesu Nave hom. 7 (11 p. 65): „Audi denique dominum et salvatorem nostrum ad hoc ipsum suos milites cohortantem, quomodo dicit: ‚Confidite, ego vici mundum'."

Orig., in Jesu Nave hom. 7 (11 p. 67): „Qui de astrorum cursibus vitam hominum et gesta perquirunt, … de Jericho anathema inferunt in ecclesiam et polluunt castra domini."

Orig., in Jesu Nave hom. 9 (11 p. 100): „Ex iis quae gesta sunt visibilibus nostri domini Jesu salvatoris bella ac triumphos quos egerit contemplemur … convenerunt enim reges terrae, senatus, populusque et principes Romani, ut expugnarent nomen Jesu et Israel simul; decreverunt enim legibus suis, ut non sint Christiani; omnis civitas, omnis ordo Christianorum nomen impugnat … Illo duce semper vincent milites sui, ita ut et nos dicamus, sicut in Esdra scriptum est, quia ‚A te, domine, est victoria, et ego servus tuus'."

Orig., in Jesu Nave hom. 11 (11 p, 110): „Saepe diximus, duplicem esse Christianorum pugnam. perfectis quidem et talibus, qualis erat Paulus et Ephesii ... adversus spiritualia nequitiae in coelestibus, inferioribus vero et nondum perfectis pugna adhuc adversus carnem et sanguinem geritur".

Orig., in Jesu Nave hom. 11 (11 p. 112): „Sed interim Jesus interfecit inimicos, non crudelitatem docens per hoc, sicut haeretici putant, sed futura in his quae geruntur sacramenta designans" (nämlich den Kampf mit der Sünde).

Orig., in Jesu Nave hom. 12 (11 p. 113 ff.): Die Kämpfe, die das A.T. erzählt (aus denen die Häretiker folgern, dass der Gott des A.T. ein kriegerischer und grausamer Gott sei), sind geistlich zu verstehen, ebenso wie Matth. 11, 12. „Oremus ergo, ut et nostri pedes tales sint, tam speciosi, tam validi, qui possint calcare cervices inimicorum, qui possint ita caput calcare serpentis, ut calcaneum nostrum mordere non possit".

Orig., in Jesu Nave hom. 15 (11 p. 130): „Nisi bella ista carnalia figuram bellorum spiritualium gererent, nunquam, opinor, Iudaicarum historiarum libri discipulis Christi, qui venit pacem docere, legendi in ecclesiis fuissent ab apostolis traditi ... Unde denique sciens apostolus, nulla nobis iam ultra bella esse carnaliter peragenda, sed animae certamina contra spirituales adversarios desudanda, velut magister militiae praeceptum dat militibus Christi, dicens: folgt Ephes. 6".

Orig., in Jesu Nave hom. 15 (11 p. 136); „Si recte sub Jesu duce militamus, debemus in nobismet ipsis abscindere vitia".

Orig., in Jesu Nave hom. 16 (11 p 150): Die entschlafenen Gerechten kämpfen noch immer und helfen uns im Kampf gegen die Dämonen, und zwar durch ihre Gebete. „Non ergo armis pugnandum est nobis adversum hostes nostros invisibiles, sed orationibus et verbi dei mediationibus et operibus ac sensibus rectis".

Orig., in Jesu Nave hom. 18 (11 p, 160): „Civitates et muri sunt impiorum dogmata et syllogismi philosophorum, quibus adstruunt impia quaeque et divinae legi contraria, quae apud paganos vel barbaros observantur. sed et illa in his deputanda sunt, et civitates munitae esse atque in montibus collocatae, quae haeretici in scripturarum assertionibus veluti in altis montibus collocant. istas ergo civitates sapiens quisque, verbum praedicans, destruxit".

Orig., in Judic. hom. 6 (11 p. 258): „Ceterum processu temporis oportet etiam nos ipsos exire armatos ad proelia. ante enim quam bella discamus, antequam pugnas domini parare meditemur, a principibus angelis sublevamur ... ubi vero iam militiae coelestis sacramenta gustavimus et pane vitae refecti sumus, audi quomodo per apostolicam tubam suscitamur ad proelia, *folgt Ephes*. 6".

Orig., in Judic. hom. 8 (11 p. 269): „Si videas haereticos Christi quidem nomine censeri, expugnare autem ecclesiam Christi et arma conferre adversum Christi fidem et impugnare populum domini, bella suscitare adversum catholicam fidem: nolo dubites de iis dicere, quod isti sunt quidem filii Orientis, sed cum Madianitis et cum Amalech expugnare veniunt populum dei, quia cum paganis et cum Iudaeis ecclesiam dei etiam haeretici persequuntur".

Orig., in Judic. hom. 9 (11 p. 278 ff.): „Et hodie princeps militiae nostrae dominus et salvator noster Jesus Christus clamat ad milites suos et dicit: Si quis timidus et formidolosus corde est, ad mea bella non veniat. hoc enim est, quod quidem aliis verbis, eodem tamen sensu in evangelio dicit ... ,Qui non oderit patrem suum etc.' nonne in his verbis evidenter timidos et formidolosos e castris suis Christus separat et secernit? omnes igitur, qui militiam Christi sequi vultis, qui in castris ipsius esse desideratis, procul a vobis timorem mentis expellite ..., ut cum confidentia dicat miles Christi, folgt Ps. 27,3 ... sed ne nos deterreat talis ista militia; nihil in se difficile, nihil arduum aut impossibile continet. vis scire, quam facile sit implere haec in fide militantibus? solent in istis castris saepe etiam mulieres vincere, quia non corporis robore, sed fidei virtute pugnatur ... in oculis nostris saepe vidimus mulieres et virgines primae adhuc aetatis pro martyrio tyrannica pertulisse tormenta ... sic ergo in his, qui militant veritati, sed et qui militant deo, non corporis sed animi fortitudo requiritur, quia non iaculis ferreis, sed orationum telis victoria quaeritur etc., *folgt Ephes*. 6 ... hoc modo armatos tollere vexillum crucis Christi et sequi eum. licet tamen etiam hoc in militia Christi, ut, si forte aliquando inferiorem te viribus senseris in persecutionibus ... fugere de loco ad locum, nec tibi in hoc adscribitur militare commissum. designatur hoc etiam in legibus Christi dicentis: ,Si vos persecuti fuerint in hac civitate, fugite in aliam'. summa namque rei est, Iesum, quem semel confessus est, non negare. certum est enim, quod Christum confitetur ille, qui propterea fugit, ne neget. si quis ergo timidus est et formidolosus corde, discedat a castris, revertatur domum suam etc. ... Sub numero

CCC omnis Christi censetur exercitus ... Lampadibus accensis pugnare decet milites Christi ... Cum hac ergo buccina militantes et cum hac pugnantes vincimus alienigenas et hostes in fugam vertimus".

Orig., Selecta in Psalm. (12 p. 162): „Arma exterior homo et interior habet. qui secundum interiorem hominem militat, induitur armis dei, ut possit stare adversus versutias diaboli".

Orig., Select, in Psalm. (12 p. 178 f.): „Statuamus duos milites armatos, unum militem dei, alterum militem diaboli. et si quidem miles dei habet loricam iustitiae, sine dubio miles diaboli contrariam huic gerit iniustitiae loricam". Die Waffenrüstung beider Soldaten wird nun ausführlich beschrieben (die des Soldaten Gottes nach Ephes. 6).

Orig., c. Cels. VIII, 73: ἡμεῖς καὶ μᾶλλον ὑπερμαχοῦμεν τοῦ βασιλέως
· καὶ οὐ συστρατευόμεθα μὲν αὐτῷ, κἂν ἐπείγῃ, στρατευόμεθα δὲ ὑπὲρ αὐτου ἴδιον στρατόπεδον εὐσεβείας συγκροτοῦντες διὰ τῶν πρὸσ τὸ θεῖον ἐντεύξεων.

Tertull., ad martyr. 1: „Vos ideo in carcerem pervenistis, ut diabolum etiam in domo sua conculcetis; iam enim foris congressi conculcaveratis ... inveniat (vos) munitos et concordia armatos, quia pax vestra bellum est illi, quam pacem quidam in ecclesia non habentes a martyribus in carcere exorare consueverunt".

Tertull., ad martyr. 3: „Vocati sumus ad militiam dei vivi iam tunc, cum in sacramenti verba respondemus. nemo miles ad bellum cum deliciis venit nec de cubiculo ad aciem procedit, sed de papilionibus expeditis et substrictis, ubi omnis duritia et inbonitas et insuauitas constitit. etiam in pace labore et incommodis bellum pati iam ediscunt in armis deambulando, campum decurrendo, fossam moliendo, testiudinem destinando, dissidendo. sudore omnia constant, ne corpora et animi expavescant de umbra ad solem et sole ad gelum, de tunica ad loricam, de silentio ad clamorem, de quiete ad tumultum. proinde vos, benedicti, quodcunque hoc durum est, ad exercitationem virtutum animi et corporis deputate. bonum agonem subituri estis" [es folgen nun Bilder, die von den Athleten-Kämpfen genommen sind].

[Tertull., Apol. 37: „Si et hostes exertos ... agere vellemus, deesset nobis vis numerorum et copiarum? plures nimirum Mauri et Marcomanni ipsique Parthi vel quantaecunque – unius tamen loci et suorum finium – gentes quam totius orbis? ... cui belle non idonei, non prompti fuissemus, etiam inpares copiis, qui tam libenter trucidamur, si non apud istam disciplinam magis occidi liceret quam occidere? potuimus et inermes nec rebelles, sed tantummodo discordes solius divortii invidia adversus vos dimicasse. si enim tanta vis hominum in aliquem orbis remoti sinum abrupissemus a vobis, ... procul dubio expavissetis ad solitudinem vestram". ... „Quis autem vos ab illis occultis et usquequaque vastantibus mentes et valitudines vestras hostibus raperet, a daemoniorum incursibus dico, qitae de vobis sine praemio, sine mercede depellimus?"]

Tertull., Apol. 39: „Coimus in coetum et congregationem, ut ad deum quasi manu facta (cf. ad Scapul, 5) precationibus ambiamus orantes".

Tertull. Apol. 50: „Plane volumus pati, verum eo more, quo et bellum miles. nemo quidem libens patitur, cum et trepidare et periclitari sit necesse. tamen et proeliatur omnibus viribus, et vincens in proelio gaudet qui de proelio querebetur, quia et gloriam consequitur et praedam. proelium est nobis quod provocamur ad tribunalia, ut illic sub discrimine capitis pro veritate certemus. victoria est autem pro quo certaveris obtinere. ea victoria habet et gloriam placendi deo et praedam vivendi in aeternum. sed obducimur. certe cum obtinuimus. ergo vicimus, cum occidimur, denique evadimus, cum obducimur ... Exurimur: hic est habitus victoriae nostrae, haec palmata vestis, tali curru triumphamus".

Tertull., de praescr. 20: „Probant unitatem [ecclesiae] communicatio pacis et appellatio fraternitatis et contesseratio hospitalitatis. quae iura non alia ratio regit quam eiusdem sacramenti una traditio".

De coron. 1: „Proxime factum est: liberalitas ... expungabatur in castris, milites laureati adibant. quidam illic magis dei miles ceteris constantior fratribus, qui se duobus dominis servire posse praesumpserant solus libero capite ... relucebat". ... „totus de apostolo armatus [Ephes. 6] et de martyrii candida melius coronatus donativum Christi in carcere expectat".

De coron. 11: „Puto prius conquirendum, an in totum Christianis militia conveniat credimusne humanum sacramentum divino superduci licere, et in alium dominum respondere post Christum et eierare patrem et matrem et omnem proximum, quos et lex honorari et post deum diligi praecepit? ... licebit in gladio conversari, domino pronuntiante gladio periturum qui gladio fuerit usus? et proelio operabitur filius pacis, cui nec litigare conveniet? et vincula et carcerem et tormenta et supplicia administrabit, nec suarum ultor iniuriarum? iam et stationes aut aliis magis faciet quam Christo, aut et dominico die, quando nec Christo? et excubabit pro templis quibus renuntiavit? et coenabit illic, ubi apostolo non placet? et quos interdiu exorcismis fugavit, noctibus defensabit, incumbens et requiescens super pilum, quo perfossum latus est Christi? vexillum quoque portabit aemulum Christi? et signum postulabit a principe, qui iam a deo accepit? mortuus etiam tuba inquietabitur aeneatoris, qui excitari a tuba angeli expectat? et cremabitur et disciplina castrensi Christianus cui cremare non licuit, cui Christus merita ignis indulsit? quanta alia inde delicta circumspici possunt castrensium munium transgressioni interpretanda? ipsum de castris lucis in castra tenebrarum nomen deferre transgressionis est. plane, si quos militia praeventos fides posterior invenit, alia condicio est, ut illorum, quos Johannes admittebat ad lavacrum, ut centurionum fidelissimorum, quem Christus probat et quem Petrus catechizat, dum tamen suscepta fide atque signata aut deserendum statim sit ut a multis actum, aut omnibus modis cavillandum, ne quid adversus deum committatur, quae nec extra militiam permittuntur, aut novissime perpetiendum pro deo, quod aeque fides pagana [scil. des Civilisten, s. de pallio 4] condixit. nec enim delictorum impunitatem aut martyriorum immunitatem militia promittit. nusquam Christianus aliud est ... apud Christum tam miles est paganus fidelis, quam paganus est miles fidelis ... De prima specie quaestionis, etiam militiae ipsius inlicitae, plura non faciam, ut secunda reddatur. nae, si omni ope expulero militiam, frustra iam de corona militari provocarim. puta denique licere militiam usque ad causam coronae".

Tertull., de coron. 15: „[Jener christliche Soldat, der den Kranz ausgeschlagen hatte, hat einen unverwelklichen Kranz empfangen]. Erubescite, commilitones eius, iam non ab ipso iudicandi, sed ab aliquo Mithrae milite, qui cum initiatur in spelaeo, in castris vere tenebrarum, coronam interposito gladio sibi oblatam, quasi mimum martyrii, dehinc capiti suo accommodatam monetur obvia manu a capite pellere et in humerum, si forte, transferre, dicens Mithran esse coronam suam. atque exinde nunquam coronatur, idque in Signum habet ad probationem sui, sicubi temptatus fuerit de sacramento, statimque creditur Mithrae miles, si deiecerit coronam, si eam in deo suo esse dixerit. agnoscamus ingenia diaboli, idcirco quaedam de divinis affectantis, ut nos de suorum fide confundat et iudicet".

Tertull., de idolol. 19: „... militia inter dignitatem et potestatem est. at nunc de isto quaeritur, an fidelis ad militiam converti possit, et an militia ad fidem admitti, etiam caligata et inferior quaeque, cui non sit necessitas immolationum vel capitalium iudiciorum. non convenit sacramento divino et humano, signo Christi et signo diaboli, castris lucis et castris tenebrarum; non potest una anima duobus deberi, deo et Caesari. et virgam portavit Moyses, fibulam et Aaron, cingitur loro et Johannes, agmen agit et Jesus Nave, bellavit et populus, si placet ludere. quomodo autem bellabit, immo quomodo etiam in pace militabit sine gladio, quem dominus abstulit? nam etsi adierant milites ad Johannem et formam observationis acceperant, si etiam centurio crediderat, omnem postea militem dominus in Petro exarmando discinxit. nullus habitus licitus est apud nos illicito actui adscriptus".

Tertull., de patient. 14: „Quale in Job feretrum deus diabolo extruxit! quale vexillum de inimico gloriae suae extulit! ... itaque operarius ille victoriae dei retusis omnibus iaculis temptationum lorica clypeoque patientiae et integritatem mox corporis a deo recuperavit".

Tertull., de spect. 24: „Nemo in castra hostium transit nisi proiectis armis suis, nisi destitutis signis et sacramentis principis sui, nisi pactus simul perire".

Tertull, de orat. 19: „Si ‚statio' de militari exemplo nomen accepit – nam et militia dei sumus –, utique nulla laetitia siva tristitia obveniens castris stationes militum rescindit; nam laetitia libentius, tristitia sollicitius administrabit disciplinam".

Tertull., de fuga 10 f.: „Bonum militem Christo imperatori suo praestat qui tam plene ab apostolo armatus [scil. Ephes. 6] tuba persecutionis audita diem deserit persecutionis! Er soll wenigstens den Kampf, das offene Bekenntnis, versuchen; auch wenn er unter den Folterqualen verleugnet – pulchrior est miles in pugna pilo transmissus quam in fuga salvus ... cum duces [i.e. ipsi diaconi et presbyteri et episcopi] fugiunt, quis de gregario numero sustinebit ad gradum in acie figendum suadere?"

Tertull., scorp. 4: „Praescribitur mihi, ne quem alium deum dicam ... iubeor deum de omni substantia diligere, ut pro eo moriar. huic sacramento militans ab hostibus provocor. par sum illis, nisi illis manus dedero. hoc defendendo depugno in acie, vulneror, concidor, occidor. quis hunc militi suo exitum voluit, nisi qui tali eum sacramento consignavit?"

Tertull., de resurr. 9: „Absit, absit ut deus manuum suarum operam [scil, die caro humana] ..., liberalitatis suae heredem, religionis suae sacerdotem, testimonii sui militem, Christi sui sororem in aeternum destituat interitum".

Tertull., de resurr. 47: „Stipendia enim delinquentiae mors, ‚donativum‘ autem dei vita" (Röm 6, 23).

Tertull, de exhort. 12: „Non enim nos et milites sumus? eo quidem maioris disciplinae, quanto tanti imperatoris?"

Tertull„ de monog. 2: „adversus ‚levem sarcinam‘ (Matth. 11, 30) domini".

Tertull., de praescr. 40: „Diaboli sunt partes intervertendi veritatem, qui ipsas quoque res sacramentorum divinorum idolorum mysteriis aemulatur. tingit et ipse quosdam, utique credentes et fideles suos; expositionem delictorum de lavacro repromittit, et si adhuc memini, Mithra signat illic in frontibus milites suos, celebrat et panis oblationem et imaginem ressurectionis inducit, et sub gladio redimit coronam".

Tertull, de resurr. 2: „Quantum ad haereticos, demonstravimus quo *cuneo* occurendum sit a nobis, cf. c. 5: „ubique primus iste in nos *aries* temperatur, quo carnis *condicio munietur*", cf. c. 48: „quod adversarii in *prima* statim *acie obstruunt, in ultima congressione* prosternemus, omnibus questionibus quasi *auxiliis* eius ante *deiectis*". Adv. Vant. 3: „hunc primum *cuneum* congressionis armavimus ... pimamque victoriam auspicamur". De praescr. 41: „Haeretici ad unius veritatis *expugnationem conspirant*". c. 41: „nusquam facilius proficitur quam in *castris rebellium* [i. e. haereticorum], ubi ipsum esse illic *promereri* est". c. 43: „[in ecclesia] *promotio* emerita et subiectio religiosa". De patient. 8: „ommnis iniuria, seu lingua seu manu incussa, cum patientiam *offenderit*, eodem exitu *dispungetur*, quo *telum* aliquod in petra constantissimae duritiae libratum et obtusum". De virg. vel. 15: „confugit virginitas ad velamen capitis quasi ad *galeam*, quasi ad *clypeum*". c. 16: „induc *armaturam* pudoris, circumduc *vallum* verecundiae, *murum* sexui tuo strue, qui nec tuos emittat oculos, nec admittat alienos". De ieiun. 12: „der Märtyrer soll sich im Gefängnis so kasteien, ut nec habeant tormenta materiam, cum sola et arida sit cute *loricatus* et contra ungulas corneus, praemisso iam sanguinis succo tamquam animae *impedimentis*".

Martyr. Perpetuae I: „Spiritus sanctus missus omnia donativa administrans in omnibus ... distribuit".

Cypr., ep. 3,3: „Sic [durch Auflehnung gegen die Priester] contra pacem Christi et ordinationem atque unitatem dei rebellatur" (cf. ep. 28, 2; ep. 43, 5; ep. 58, 10; ep. 69, 8).

Cypr., ep. 10,1: „Sicut esse oportet in divinis castris milites Christi [hier die Märtyrer], ut incorruptam fidei firmitatem non blanditiae decipiant, non minae terreant, non cruciatus ac tormenta devincant". c. 2: „O quale illud fuit spectaculum domini, quam sublime, quam magnum, quam dei oculis sacramento ac devotione militis eius acceptum [scil. der Kampf des Martyrers]!"

Cypr., ep. 15,1: „Cum omnes milites Christi custodire oporteat praecepta imperatoris sui, tunc vos [scil, martyres] magis praeceptis eius obtemperare plus convenit".

Cypr., ep, 28,1 f. [ad mart.]: „Vos primores et duces ad nostri temporis proelium facti caelestis militiae signa movistis"; das Bild wird weiter ausgeführt ... „coronas vestras manu sertas inde huc tradidistis et de poculo salutari fratribus propinastis. accessit ad confessionis exordia gloriosa et militiae victricis auspicia disciplinae tenor".

Cypr., ep. 46,2: Magis militibus gloriosis [den Konfessoren] et bonis congruit intra domestica castra consistere et intus positos ea quae in commune tractanda sunt agere et providere".

Cypr., ep. 54,1: „Militiae vestrae caelestem ac spiritalem laudem gratulabundus excepi. nam et haec fidei et laudis vestrae alia confessio est, ... repetere eadem castra unde prodistis [sie hatten sich zu Novatian geschlagen, waren dann aber wieder in die Kirche zurückgekehrt], unde ad gerendum proelium et adversarium subigendum fortissimis viribus prosilistis" (cf ep. 51,1). S. auch den Schluss des Kapitels, wo sich der Ausdruck „sacramenti unitas" findet.

Cypr., ep. 58,4: „Spectat militem suum Christus ubicumque pugnantem et persecutionis causa pro nominis sui honore morienti praemium reddit quod daturum se in resurrectione promisit". c. 8: „ad aciem, quae nobis indicitur, dei castra procedant. armentur integri … armentur et lapsi … armari et parari nos b. apostolus docet dicens" (Ephes. 6).

Cypr., ep. 59,13 [über die Schismatiker]: „De ecclesia recedentes et contra ecclesiam parricidalia arma tollentes elaborant, ut opus suum diaboli malitia consummet".

Cypr., ep. 60, 2: „Quale illud fuit sub oculis dei spectaculum gloriosum, quale in conspectu Christi eius ecclesiae suae gaudium, ad pugnam quam temptaverat hostis inferre non singulos milites, sed tota simul castra prodisse, etc."

Cypr., ep. 61,2: „Episcopus inminente antichristo parat ad proelium milites non solo sermonis et vocis incitamento, sed fidei et virtutis exemplo". … c. 3: „non persequitur et inpugnat Christi adversarius nisi castra et milites Christi; haereticos prostratos semel et suos factos contemnit et praeterit; eos quaerit deicere quos videt stare".

Cypr., ep. 76, 6 [ad mart.]: „Fortissimi ac fidelissimi milites Christi"; cf. c. 4: „deus nos in congressione nominis sui desuper spectans volentes conprobat, adiuvat dimicantes, vincentes coronat".

Cypr., ep. 80, 2: „in hac confessione [bei der Verfolgung] sciunt dei et Christi milites non perimi sed coronari".

Confessores Rom. [Cypr., ep. 31,4 f.]: „Ad hoc proelium quasi quadam tuba evangelii sui nos excitat dominus … hostes veritatis iam non tantum non perhorrescimus, sed et provocamus, etc. … nos dominus firmet ac roboret, ut qua optimus imperator milites suos, quos usque adhuc in castris carceris exercuit et probavit, producat iam ad propositi certaminis campum, etc." … „in nulla officii tui parte quasi aliquis desertor claudicasti".

Novatian [Cypr., ep. 30,5]: „Castrorum caelestium excubent [scil, die gefallenen Christen] portis, sed armati modestia, qua intellegant se desertores fuisse. resumant precum suarum tubam, sed qua non bellicum clangant. arment se quidem modestiae telis et quem negando mortis metu fidei dimiserant clipeum resumant, sed ut contra hostem diabolum vel nunc armati, non contra ecclesiam, quae illorum dolet casus, armatos esse se credant".

Novatian [de laude mart. 26]: „Ibi laetatur milite suo dominus, laetatur teste nominis sui Christus".

Confess. ad Cypr. [Cypr., ep. 77,2]: „Tuba canens dei milites caelestibus armis instructos ad congressionis proelium excitasti et in acie prima spiritali gladio diabolum interfecisti, agmina quoque fratrum hinc et inde verbis tuis conposuisti, ut insidiae inimico undique tenderentur et cadavera ipsius publici hostis et nervi concisi calcarentur".

Pseudocyprian, de montibus Sina et Sion 8: „Die Juden werden zu Grunde gehen, gentes ... vivebunt in aeterna saeculorum cum imperatore et rege suo".

Commodian., Instr. II, 11 („Desertores"): „Desertores enim genere non uno dicuntur, | Est alius nequam, alius in parte secedit, | Sed tamen utroque iudicia vera decernunt. | Ecce militatur, Christo sicut Caesati pares: | Refugium regis pete, si delictor fuisti. | ... Repositus castris ulterius cave delinquas. | Errare noli diu miles per spelaea ferarum | etc."

Commodian., Instr.II, 12 („Militibus Christi"): „Militiae nomen cum dederis, freno teneris. | Incipe tunc ergo: dimitte pristina gesta | ... Imperio regis omni virtute parendum, [Tempora postrema si vis pertingere laeta. | Illa bonus miles semper expecta fruenda, | Blandire noli tibi, desidias omnis omitte. | ... Sollicitus esto, matutinus signa revise. | Cum videris bellum, agonia sume propinquus, | Haec gloria regis, militem videre paratum. | ... Ille parat dona" etc.

Commodian., Instr. II, 25: („De pace subdola"): „... Laudatis pacem subdolam et vobis iniquam. | Alterius facti milites, non Christi, peristis".

Lactant., Div. inst. VI, 8: „Ab illo uno magistro et imperatore omnium deo".

Lactant., Div. inst. VII, 27: „Quicumque ... praesentia secutus in humum se ipse prostraverit, tamquam desertor domini et imperatoris et patris sui punietur ... infatigabilem militiam deo militemus, stationes vigiliasque celebremus, congrediamur cum hoste quem novimus fortiter, ut victores ac devicto adversario triumphantes praemium virtutis quod ipse promisit a domino consequamur".

Arnobius, II, 5: „Fidem rumpere Christianam et salutaris militiae sacramenta deponere".

Pseudoorigenes, Tractat. de libris es. Script, (edid. *Batiffol*) p. 157 (tract. 14): „Nemo vincit nisi qui patrem et filium et spiritum sanctum aequali potestate et indifferenti virtute crediderit. ecce quo sacramento militiae Gedeon hostes suos vicit, quo etiam nos credentes in Christo omnem nequitiam adversae potestatis triumphare consuevimus"; cf. p. 198 (tract. 18): „Ad hoc enim ex aqua et spiritu sancto renati sumus, ad hoc indulgentiam veterum criminum consecuti, ad hoc coram multis credere contestati sumus, in haec quasi milites Christi sacramentorum verba iuravimus, ad hoc nostrum certamen conscripsimus", cf. p. 188, 5 f. Die Traktate gehören nicht dem 3. Jahrhundert an, sind aber grösstenteils Plagiate aus Schriften dieser Zeit.

[Aus dem 4. Jahrhundert: Pseudo-Augustin, Quaest. Vet. et Nov. Test. (Opp. V App. p. 150): „Milites Christi sumus et stipendium ab ipso donativumque percepimus". – Damasus (in der ältesten Dekretale c. 5, s. *Babut* 1904 p. 75): „Quis militat Christo, qui in sede residet magistri, qui militiae disciplinam non potest custodire?" L. c. c. 15 p. 83: „Non est auditum necdum tironem-militem imperium [scil, das Bischofsamt] suscepisse". – Erst in sehr viel späterer Zeit wird auch von „milites sedis apostolicae" gesprochen (s. *De Rossi*, Inscr. Christ. I p. 467: Bonifatius II. heisst auf einer Inschrift: „Sedis apostolicae primaevis miles ab annis"). Vincentius (Commonit., Praefat.) benutzt den Ausdruck „saecularis militia" für seinen früheren Stand].

Euseb., Mart. Palaest. de Seleuco milite (Texte und Unters. Bd. 14, 4 S. 97 f.): μετὰ δὲ τὴν τῆς στρατείας ἀπαλλαγὴν ζηλωτὴν αὐτὸς ἑαυτὸν καταστήσας τῶν τῆς εὐσεβείας ἀσκητῶν, Χριστοῦ γνήσιος στρατιώτης ἐπιδέδεκται, ὀρφανῶν ἐρήμων καὶ χηρῶν ἀπεριστάτων, τῶν τε ἐν πενίᾳ καὶ ἀσθενείᾳ καταπονουμένων ἐπίσκοπος κτλ.

Euseb., Mart. Palaest. de Silvano milite (1. c. S. 107): „Er war einer der alten Soldaten. Als ihm ein freies Leben zuteil wurde, machte er sich selbst zu einem braven Soldaten Christi ... Weil nun den Soldaten Christi der Kampf um das Leben angesagt worden war, usw."

Mart. Saturnini, Dativi etc. (*Ruinart* p. 420, edit. Ratisb.) c. 15: „Legiones dominicae ... fortius atque constantius in certamina prosiliebant. cum vero adversarius domini, tot martyrum proeliis gloriosissimis victus, ... cum singulis congredi ulterius non valeret, totius exercitus domini animos percontatur etc."

Mart. Quirini (*Ruinart* p. 522) c. 1: „Christianus infestabatur exercitus".

Mart. Tarachi etc. (*Ruinart* p. 465) c. 7: ἕτοιμός σοι εἰμὶ πρὸσ πάντα, φέρων τὰ ὅπλα τοῦ θεοῦ. Der Richter erwidert: Welche Waffen? Tarachus: σὺ μὲν ἀγνοεῖς ταῦτα οὐδὲ γὰρ δύνασαι τὴν πανοπλίαν μου βλέπειν τυφλὸς ὤν.

Dazu zahlreiche Stellen in späteren Märtyrerakten, in denen der beklagte Christ den Richter verhöhnt, wie in antiken Kämpfen der Feind den Feind, bevor sie handgemein werden, verspottet.

AKTEN DES MAXIMILIANUS

1. Tusco et Anulino consulibus IV Id. Mart. Tevesti in foro inducto Fabio Victore una cum Maximiliano et admisso Pompeiano advocato idem dixit: Fabius Victor temonarius est constitutus cum Valesiano Quintiano praeposito Caesariensi, cum bono tirone Maximiliano filio Victoris – quoniam probabilis est, rogo ut incumetur.

Dion proconsul dixit: Quis vocaris?

Maximilianus respondit: Quid autem vis scire nomen meum? mihi non licet militare, quia Christianus sum.

Dion proconsul dixit: Apta illum.

cumque aptaretur, Maximilianus respondit: Non possum militare, non possum malefacere; Christianus sum.

Dion proconsul dixit: Incumetur.

cumque incumetus fuisset, ex officio recitatum est: Habet pedes V, uncias X.

Dion dixit ad officium: Signetur.

cumque resisteret Maximilianus, respondit: Non facio; non possum militare.

2. Dion dixit: Milita ne pereas.

Maximilianus respondit: Non milito; caput mihi praecide, non milito saeculo, sed milito deo meo.

Dion proconsul dixit: Quis tibi hoc persuasit?

Maximilianus respondit: Animus meus et is qui me vocavit.

Dion ad Victorem patrem eius dixit: Consiliare filium tuum.

Victor respondit: Ipse scit, habet consilium suum, quid illi expediat.

Dion ad Maximilianum: Milita et accipe signaculum.

respondit: Non accipio signaculum; iam habeo signaculum Christi dei mei.

Dion dixit: Statim te ad Christum tuum mitto.

respondit: Vellem modo facias; hoc et mea laus est.

Dion ad officium dixit: Signetur.

cumque reluctaret, respondit: Non accipio signaculum saeculi, et si signaveris, rumpo illud, quia nihil valet; ego Christianus sum, non licet mihi plumbum collo portare post signum salutare domini mei Jesu Christi filii dei vivi, quem tu ignoras, qui passus est pro salute nostra, quem deus tradidit pro peccatis nostris. huic omnes Christiani servimus, hunc sequimur vitae principem, salutis auctorem.

Dion dixit: Milita et accipe signaculum, ne miser pereas.

Maximilianus dixit: Non pereo. nomen meum iam ad dominum meum est; non possum militare.

Dion dixit: Attende iuventutem tuam et milita; hoc enim decet iuvenem.

Maximilianus respondit: Militia mea ad dominum meum est; non possum saeculo militare; iam dixi, Christianus sum.

Dixit Dion proconsul: In sacro comitatu dominorum nostrorum Diocleciani et Maximiani, Constantii et Maximi milites Christiani sunt et militant.

Maximilianus respondit: Ipsi sciunt quod ipsis expediat; ego tamen Christianus sum, et non possum mala facere.

Dion dixit: Qui militant, quae mala faciunt?

Maximilianus respondit: Tu enira scis quae faciunt.

Dion proconsul dixit: Milita, ne contemta militia incipias male interire.

Maximilianus respondit: Ego non pereo; et si de saeculo exiero, vivit anima mea cum Christo domino meo.

3. Dion dixit: Sterne nomen eius.

cumque stratum fuisset, Dion dixit: Quia indevoto animo militiam recusasti, congruentem accipies sententiam ad ceterorum exemplum.

et decretum ex tabella recitavit; Maximilianum eo quod indevoto animo sacramentum militiae recusavit, gladio animadverti placuit.

Maximilianus respondit: Deo gratias.

annorum fuit in saeculo XXI et mensium III, dierum XVIII, et cum duceretur ad locum sic ait: Fratres dilectissimi, quantacumque potestis virtute, avida cupiditate properate, ut dominum vobis videre contingat et talem etiam vobis coronam tribuat.

et hilari vultu ad patrem suum sic ait: Da huic spiculatori vestem meam novam, quam mihi ad militiam praeparaveras. sic cum centenario (?) numero te suscipiam, et simul ciun domino gloriemur.

et ita mox passus est. et Pompeiana matrona corpus eius de iudice eruit et inposito in dormitorio suo perduxit ad Carthaginem et sub monticulo iuxta Cyprianum martyrem secus palatium condidit; et ita post XIII. diem eadem matrona discessit et illic posita est. pater autem eius Victor regressus est domui suae cum gaudio magno gratias agens deo, quod tale munus domino praemisit, ipse postmodum secuturus. deo gratias. amen.

[*Ruinart*, Acta Mart. (Ratisb. 1859) p. 340 f.]

AKTEN DES MARCELLUS

1. In civitate Tingitana, procurante Fortunato praeside, advenit natalis dies imperatoris. ibi cum omnes in conviviis epularentur atque sacrificarent, Marcellus quidam ex centurionibus legionis Traianae, profana reputans illa convivia, reiecto etiam cingulo militari coram signis legionis, quae tunc aderant, clara voce testatus est, dicens: Jesu Christo regi aeterno milito. abiecit quoque vitem et arma et addidit: Ex hoc militare imperatoribus vestris desisto et deos vestros ligneos et lapideos adorare contemno, quae sunt idola surda et muta. si talis est condicio militantium, ut diis et imperatoribus sacra facere conpellantur, ecce proicio vitem et cingulum, renuntio signis et militare recuso. 2. stupefacti sunt autem milites ista audientes; tenuerunt eum et nuntiaverunt Anastasio Fortunato praesidi legionis, qui iussit eum conici in carcerem. finitis

autem epulis residens in consistorio praecepit introduci Marcellum centurionem, introductoque Marcello ex centurionibus Astasianis introduci.

Anastasius Fortunatus praeses ei dixit: Quid tibi visum est, ut contra disciplinam militarem te discingeres et baltheum ac vitem proiceres?

Marcellus respondit: Iam die XII. Kal. Aug. apud signa legionis istius, quando diem festum imperatoris celebrastis, publice clara voce respondi me Christianum esse et sacramento huic militare non posse, nisi Jesu Christo filio dei patris omnipotentis.

Anastasius Fortunatus praeses dixit: Temeritatem tuam dissimulare non possum, et ideo referam hoc Imperatoribus et Caesari. ipse sanus transmitteris ad dominum meum Aurelium Agricolanum, agentem vicem praefectorum praetorio, prosequente Caecilio arva officialia.

3. die III. Kal. Nov. Tingi inducto Marcello ex centurionibus Astasianis, ex officio dictum est: Marcellum ex centurionibus Fortunatus praeses ad potestatem tuam transmisit. praesto est epistola super nomine eius, quam, si praecipis, recito.

Agricolanus dixit: Recitetur.

Ex officio dictum est: Tibi, domine, Fortunatus, et reliqua. miles hic reiecto cingulo militari Christianum se esse testatus coram omni populo in deos et in Caesarem multa blasphema locutus est. ideo eum ad te direximus, ut, quod ex eodem claritas tua sanxerit, iubeas observari.

4. recitatis itaque litteris Agricolanus dixit: Locutus es haec apud acta praesidis?

Marcellus respondit: Locutus sum.

Agricolanus dixit: Centurio Ordinarius militabas?

Marcellus respondit: Militabam.

Agricolanus dixit: Quo furore accensus es, ut proiceres sacramenta et talia loqueris?

Marcellus respondit: Furor nullus est in eis, qui timent dominum.

Agricolanus dixit: Singula haec locutus es, quae in actis praesidialibus continentur?

Marcellus respondit: Locutus sum.

Agricolanus dixit: Proiecisti arma?

Marcellus respondit: Proieci; non enim decebat Christianum hominem molestiis saecularibus militare, qui Christo domino militat.

5. Agricolanus dixit: Ita se habent facta Marcelli, ut haec disciplina debeant vindicari. atque ita dictavit sententiam: Marcellum, qui centurio Ordinarius militabat, qui abiecto publice sacramento polluisse se

dixit et insuper apud acta praesidialia alia verba furore plena deposuit, gladio animadverti placet.

cum ad supplicium duceretur, dixit Agricolano: Deus tibi benefaciat. sic enim decebat martyrem ex hoc mundo discedere. et his dictis capite caesus occubuit pro nomine domini nostri Jesu Christi, qui est gloriosus in saecula saeculorum. amen.

[*Ruinart*, Acta Mart. p. 343 f.]

AKTEN DES VETERANEN JULIUS

1. Tempore persecutionis quando gloriosa certamina fidelibus oblata perpetua promissa expectabant accipere, tunc comprehensus Julius ab officialibus oblatus est Maximo praesidi.

Maximus praeses dixit: Quis est hic?

ex officio dictum est: Hic christianus est et non vult obedire praeceptis legalibus.

Praeses dixit: Quis diceris?

Respondit: Julius.

Praeses dixit: Quid dicis, Juli? vera sunt haec quae dicuntur de te?

Julius respondit: Ita, Christianus enim sum; non nego me aliud esse quam sum.

Praeses dixit: Numquid ignoras praecepta regum, qui iubent immolare diis?

Julius respondit: Non ignoro quidem, sed ego Christianus sum et hoc facere non possum quod vis. nec enim me oportet deum meum verum et vivum oblivisci.

2. Maximus praeses dixit: Quid enim grave est turificare et abire?

Julius respondit: Non possum praecepta divina contemnere et infidelis apparere deo meo. etenim in vana militia quando videbar errare, in annis XXVII nunquam tamquam scelestus aut litigiosus oblatus sum iudici. septies in bello egressus sum, et post neminem retro steti nec alicuius inferior pugnavi. princeps me non vidit aliquando errare, et modo putas me, qui in prioribus [peioribus?] fidelis fueram repertus, in melioribus infidelem posse inveniri?

Maximus praeses respondit: Quam militiam gessisti?

Julius respondit: Sub arma militiae [?], et ordine meo egressus sum veteranus. semper timens deum qui fecit coelum et terram colui, cui etiam nunc exhibeo servitutem.

Maximus praeses dixit: Juli, video te sapientem virum et gravem, immola ergo diis persuasus a me ut remunerationem magnam consequaris.

Julius respondit: Non facio [cod. scio] quae desideras, ne incurram in poenam perpetuam.

Maximus [cod. Marcianus] praeses dixit: Si putas esse peccatum, me assequatur. ego tibi vim facio, ne videaris voluntate adquievisse. postea vero securus vadis in domum tuam, accipiens decennalium pecuniam, et de cetero nemo tibi erit molestus.

Julius respondit: Neque pecunia haec satanae neque tua subdola haec persuasio privare me potest a lumine aeterno. deum enim negare non possum. da itaque sententiam adversum me quasi adversus Christianum.

3. Maximus dixit: Nisi fueris regalibus praeceptis devotus et sacrificaveris, caput tuum amputabo.

Julius respondit: Bene cogitasti. obsecro itaque te hic, praeses, per salutem regum tuorum, ut compleas cogitationem tuam et des in me sententiam, ut perficiantur vota mea.

Maximus praeses dixit: Si non paenitueris et sacrificaveris, desiderio tuo traderis.

Julius respondit: Si hoc meruero pati, perpetua me [!] laus manebit.

Maximus dixit: Suadetur [!] tibi; nam si pro patriae legibus patereris, haberes perpetuam laudem.

Julius respondit: Pro legibus certe haec patior, sed pro divinis.

Maximus dixit: Quas mortuus et crucifixus vobis tradidit? vide quam stultus es, qui plus mortuum metuis quam reges qui vivunt.

Julius respondit: Ille mortuus est pro peccatis nostris ut vitam nobis daret aeternam. deus vero idem ipse Christus permanet in saecula saeculorum. quem si quis confessus fuerit, habebit vitam aeternam; qui autem negaverit, habet poenam perpetuam.

Maximus dixit: Condolens tibi do consilium ut magis sacrifices et vivas nobiscum.

Julius respondit: Si vixero vobiscum, mors mihi erit; si in conspectu domini mortuus fuero, in perpetuum vivo.

Maximus dixit: Audi me et sacrifica, ne te, sicut promisi, occidam.

Julius dixit: Elegi mori ad tempus ut in perpetuo vivam cum sanctis.

sic Maximus praeses dedit sententiam, dicens: Julius, nolens praeceptis regalibus adquiescere, capitalem accipiat sententiam.

4. cum autem ductus fuisset ad locum solitum, osculabantur eum

omnes. beatus autem Julius dicebat eis: Unusquisque videat qualiter osculetur [?].

Isichius autem quidam, christianus cum esset miles et ipse custodiretur, dicebat sancto martyri: Obsecro te, Juli, cum gaudio comple pollicitationem tuam et accipe coronam quam dominus confitentibus se dare repromisit, et memor esto mei; nam et ego sequar te. plurimum etiam saluta, posco, fratrem Valentionem famulum dei, qui nos iam per bonam confessionem processit ad dominum.

Julius vero osculatus Isichium dixit: Festina, frater, venire, mandata autem tua ille audiet quem salutasti.

et accipiens orarium ligavit oculos suos et tetendit cervicem suam et dixit: Domine Jesu Christe, pro cuius nomine hoc patior, te deprecor ut cum tuis sanctis martyribus spiritum meum suscipere digneris.

minister itaque diaboli percutiens gladio finem imposuit beatissimo martyri in Christo Jesu domino nostro, cui est honor et gloria in saecula saeculorum. amen.

[*Anal. Bolland.*, T. 10 (1891) p. 50 ff.]

————

Inschriften aus vorkonstantinischer Zeit, in denen der Tote als Christ und als Soldat bezeichnet ist, besitzen wir [*im Jahre 1905*] m. W. nicht. Daraus lässt sich aber kein Schluss auf die Spärlichkeit christlicher Soldaten ziehen; denn diese haben gewiss niemals oder höchst selten ihren militärischen Charakter auf Inschriften zum Ausdruck gebracht.

Zu [HARNACK 1905, S. 65. 68]. In seinen soeben erschienenen Vorlesungen („The church's task under the Roman Empire", Oxford 1905,
p. 42) hat *Bigg* der hier gegebenen Deutung des Worts „p a g a n u s"
sich angeschlossen. Er schreibt: »„Paganus" means „a civilian" as
opposed to „a soldier" (Pliny, Epp. X, 18 „et milites et pagani", cf.
Juvenal. XVI, 33; Tacit., Hist. I, 53; III, 24, 43, 77; Tertull., de cor.
11), and is used in a general sense like our „layman" (Pliny, Epp. VII, 25
„sunt enim, ut in castris, sic etiam in literis nostris, plures cultu pa-
gano"). In this sense the word is found, perhaps for the first time, in
Persius, prol. 6 „ipse semipaganus ad sacra vatum Carmen affero
nostrum". The first instance of the use of „pagan", as opposed to
„Christian", is to be found possibly in an inscription of the second
Century given by *Lanciani*, Pagan et Christian Rome, p. 15 „quod
inter fedeles fidelis fuit, inter alienos pagana fuit", which, from the
use of the word „fidelis" is most probably Christian, not Isiac or
Mithraic".« – Man darf vermuten, dass auch die Bekenner anderer
Religionen im römischen Reich (zumal solcher, die militärische
Bilder brauchten, wie die Mithras- und Isis-Religion) die Nicht-
Eingeweihten „pagani" genannt haben, so dass der spätere christliche Sprachgebrauch bereits vorbereitet gewesen ist. Dass aber die
abendländisch-christliche Bezeichnung der Christen als „milites"
aus dem Einfluss fremder Religionen zu erklären sei, wäre eine
grundlose Annahme. Spontane parallele Entwicklungen sind in der
Religionsgeschichte m. E. viel häufiger als die Forscher heute anzunehmen pflegen. Statt C aus B zu erklären, soll man allem zuvor
nach einem A (ähnliche Bedingungen) suchen, aus dem sich sowohl
B wie C ableiten lässt.

Zum 2. *Kapitel*. Zu den Beobachtungen, welche es verbieten, die
Stellung der Kirche zum Soldatenstand einfach nach den Urteilen
der Theologen bez. der Rigoristen des 3. Jahrhunderts zu bestimmen, tritt das Zeugnis des feierlichen Kirchengebets. In ihm wurden
den Kaisern „tapfere Heere" gewünscht und erbeten. Tertullian
selbst (Apolog. 30) muss das bezeugen: „Precantes sumus semper
pro omnibus imperatoribus, vitam illis prolixam, imperium
securum, domum tutam, *exercitus fortes*, senatum fidelem, populum
probum, orbem quietum (oramus)". Hiezu vgl. Cyprian, ad Demetr.

20: „*Pro arcendis hostibus* ... rogamus semper et preces fundimus et pro pace ac salute vestra ... iugiter et instanter oramus"; Arnobius IV, 36: „Nostra quidem scripta cur ignibus meruerunt dari? cur immaniter conventicula dirui, in quibus summus oratur deus, pax cunctis et venia postulatur magistratibus, *exercitibus*, regibus, familiaribus, inimicis etc.", und Acta Sebastiani: „(Christianorum) orationibus ipsa respublica melioratur et crescit, qui pro imperio vestro et *pro salute Romani exercitus* orare non cessant". Man darf indes auch andrerseits die Bedeutung des Kirchengebets für unsre Frage nicht überschätzen; denn (1) man betete auch für die Feinde, (2) man konnte die „salus Romani exercitus" sehr verschieden fassen, (3) sofern *den Kaisern* tapfere Heere gewünscht wurden, ist das Gebet ein Teil der *vota pro Caesare*; der Kaiser aber hatte – auch selbst vom apokalyptischen Standpunkt – ein gewisses göttliches Existenzrecht gegenüber den Barbarenhorden und der Anarchie; denn die „pax terrena" ist auch vom strengsten christlichen Standpunkt im Zusammenhang mit der erwünschten „mora finis" ein relatives Gut. Zur Aufrechterhaltung der „pax terrena" hat der Kaiser aber Soldaten nötig. Sie gehören mit zu dem „Schwerte", welches schon Paulus (Röm. 13, 4) als ein göttliches Attribut der Obrigkeit anerkannt und welches kein Kirchenvater dem Kaiser rund abzusprechen gewagt hat.

Sankt Sebastian
(Stich von F. Gregori, 1756 | nach G. Ren)
Commons.wikimedia.org

ANHANG

Die Verbreitung des Christentums der ersten drei Jahrhunderte im Militär

(Aus: „Mission und Ausbreitung des Christentums", Zweite Auflage 1906)[1]

Adolf von Harnack

3. *Die Verbreitung im Militär.*[2] Der Soldatenstand, der der Offiziere und der der Gemeinen, erschien mit dem Christentum noch unverträglicher zu sein als der höhere Beamtenstand; denn das Christentum verwarf prinzipiell Krieg und Blutvergießen. Die Offiziere mußten aber unter Umständen, wie die höheren Beamten, Todesurteile fällen, und die Gemeinen mußten, auch abgesehen vom Morden im Kriege, alles ausführen, was ihnen befohlen wurde. Ferner stritt der unbedingte Soldateneid mit der unbedingten Verpflichtung Gott gegenüber; auch trat der Kaiserkult nirgendwo so stark hervor als im Heere und war für jeden einzelnen Soldaten fast unvermeidlich – die Offiziere mußten opfern, und die Soldaten hatten sich dabei zu beteiligen. Dazu erschienen die militärischen Feldzeichen als heidnische *Sacra*; ihre Verehrung war also Götzendienst. Als götzendienerisch erschienen den strengen Christen auch die militärischen Auszeichnungen (Kränze, usw.). Endlich das Gebahren der Soldaten im Frieden (Erpressungen, Zügellosigkeit, Schergendienste usw.) stritt mit der christlichen Ethik, ebenso die rohen Ausschweifungen und Spiele (z. B. der *Mimus* im Heere), die z. T. mit den Götterfesten zusammenhingen. *Lagerreligion ist deshalb das*

---

[1] Textquelle | HARNACK 1906b, S. 41-50. (= Adolf von Harnack: Mission und Ausbreitung des Christentums in den ersten drei Jahrhunderten. Band II: Die Verbreitung. Zweite neu durchgearbeitete Auflage. Leipzig: J. C. Hinrichs'sche Buchhandlung 1906. – Die Erste Auflage ist 1902 erschienen.) Nachfolgende Darbietung mit abweichenden Ziffern der Fußnoten und unter Auslassung von zwei griechischen Textzitaten.
[2] S. meine Untersuchung „Militia Christi in den ersten drei Jahrhunderten", 1905. *Bigelmair*, Die Beteiligung der Christen am öffentlichen Leben in vorconstant. Zeit, 1902, S. 164 ff. *De Jong*, Dienstweigering bij de oude Christenen, Leiden 1905. *Guignebert*, Tertullian, fitude sur ses sentiments a l'égard de l'empire et de la société civile, Paris 1901, p. 189 ff.

Christentum niemals geworden, und die Vorstellungen, als hätte es sich durch die Soldaten besonders verbreitet, sind zu verbannen (s. Bd. 1 S. 309). Aber es hat doch schon von sehr alter Zeit her, vielleicht von Anfang an, christliche Soldaten gegeben, eine christliche „Soldatenfrage" aber erst etwa seit der Zeit des Marc Aurel oder Commodus. Der Grund dafür ist nicht schwer zu ermitteln. Bis zu dieser Zeit waren christliche Soldaten noch spärlich, und das Christentum hatte sie ergriffen, als sie schon Soldaten waren. Da aber galt die Regel: „Ein jeder bleibe in dem, darinnen er berufen ist"; auch andere Berufe waren ja schweren Gefahren ausgesetzt, und bald kommt das Ende. Später aber drang das Christentum, namentlich im Orient (und wohl auch in Africa), stärker in das Heer ein[3]; auch solche, die schon Christen waren, nahmen gezwungen oder freiwillig Kriegsdienste, und die Aussicht, daß das nahe Ende bald alles vernichten werde, verblaßte. Jetzt tauchte wirklich eine Soldatenfrage auf: Darf der Christ Soldat werden, darf er es bleiben – daß die Fahne Christi sogar im Lager des Teufels aufgerichtet war, war doch auch etwas! – und wenn er es bleiben darf, wie hat er sich im Heere zu verhalten? Die Strengen unter den Gläubigen suchten die Unvereinbarkeit der christlichen Religion mit dem Soldatenstand darzutun und forderten, daß christliche Soldaten den Dienst quittieren oder das Martyrium erleiden sollten. Sie freuten sich über jeden Fall, in welchem ein Soldat, von seinem christlichen Gewissen getrieben, absichtlich wider die militärische Disziplin verstieß und abgeführt wurde. Allein diese Fälle waren selten (einige Austritte aus dem Heer sind allerdings erfolgt, sowie schroffe Insubordinationen). Die christlichen Soldaten sahen es als erlaubt an, im Dienst die nun einmal bestehenden Ordnungen und Zeremonien zu respektieren, und die Majorität in der Kirche, sich auf Luc 3, 14, den Hauptmann von Kapernaum und den Hauptmann von Cäsarea berufend (vgl. auch den Hauptmann unter dem Kreuz), drückte hier von Anfang an ein Auge zu, ja die große Menge der Christen nahm es bereits am Anfang des 3. Jahrhunderts einem Soldaten übel, wenn er durch christliches Fron-

---

[3] Manches an der christlichen Religion konnte gerade auch dem Soldaten verlockend sein: die Despotie des einen Gottes, seine mächtigen Kriegstaten, wie sie im A.T. erzählt waren, ferner die sozusagen leichte Transportfähigkeit dieses Kultus, da er an keine Tempel noch Bilder gebunden war, weiter die feste Kameradschaft seiner Bekenner u. a.

dieren seine Mitsoldaten (unter Umständen die ganze christliche Gemeinde am Ort) in Gefahr brachte. Die Rigoristen haben mit ihren Verboten schwerlich etwas ausgerichtet: wurde doch im Gemeindegebet regelmäßig auch des Heeres neben dem Kaiser gedacht![4]

Der christliche Soldat war, auch wenn er sich mit den nötigen Dienstvorschriften abgefunden hatte, in einer bedrohteren Lage als der gewöhnliche Christ. Seine Zugehörigkeit zu der verbotenen Sekte konnte jeden Moment zum Anlaß eines kurzen Prozesses gemacht werden; auch konnten ihm Handlungen zugemutet werden, die selbst ein laxeres christliches Gewissen verbot. Soldaten-Martyrien scheinen daher relativ häufiger gewesen zu sein als Martyrien von Zivilisten, jedenfalls sind sie auch in Zeiten vorgekommen, aus denen sonst keine Martyrien berichtet werden. Allmählich aber stieg die Zahl der christlichen Offiziere und Soldaten (seit den Tagen des Gallienus) so sehr, daß man seitens der Militärverwaltung ein Auge zuzudrücken begann, auf den Christenstand Rücksicht nahm, ruhig zusah, wenn christliche Offiziere bei den Opfern ein Kreuz schlugen und sie außerdem stillschweigend häufig vom Opfern dispensierte; nur im Falle eines Eklats ist natürlich stets eingeschritten worden.[5] Der heidnisch-fanatische Kaiser Galerius, von den Priestern aufgehetzt, wollte diesen Zustand einer schleichenden Christianisierung des Heeres und fortgesetzter Beleidigungen der Götter nicht länger ertragen. Er hat den Diocletian willig gemacht, eine Unterdrückung einzuleiten. Die große Verfolgung, die sich aus ihr entwickelte,

---

[4] S. *Tertull.*, Apolog. 30; *Cyprian,* Ad Demetr. 20; *Arnob.* IV, 36; *Acta Sebastiani.* Man darf indes die Bedeutung des Kirchengebets für unsere Frage nicht überschätzen; denn man betete ja auch für die Feinde, man konnte ferner die „salus Romani exercitus" sehr verschieden fassen, und endlich, das Gebet für das Heer war ein Teil der *vota pro Caesare.* Der Kaiser aber hatte – selbst vom apokalyptischen Standpunkt – ein gewisses göttliches Existenzrecht gegenüber den Barbarenhorden und der Anarchie; denn die „pax terrena" ist auch vom strengsten christlichen Standpunkt im Zusammenhang mit der erwünschten „mora finis" (als Strafgericht) ein relatives Gut. Zur Aufrechterhaltung der „pax terrena" hat der Kaiser aber Soldaten nötig. Sie gehören mit zu dem „Schwerte", welches schon in Röm. 13, 4 als ein göttliches Attribut der Obrigkeit anerkannt ist, und welches kein Kirchenvater dem Kaiser rund abzusprechen gewagt hat.
[5] S. unten zu *Euseb.* VII, 15 einerseits, zu *Lactant.*, de mort. 10 andrerseits. Aber auch die Kirche hütete sich, die „Soldatenfrage" durch prinzipielle oder kasuistische Anordnungen akut zu machen. Auf der großen, kurz vor dem Ausbruch der diocletianischen Verfolgung abgehaltenen Synode zu Elvira in Spanien ist in bezug auf den Soldatenstand ein beredtes Schweigen bewahrt, obgleich die Synode sonst in vielen Bestimmungen das Verhältnis der Kirche zu Staat, Kommune und Gesellschaft regelt.

richtete sich zuerst gegen die christlichen Soldaten. Auch Licinius hat noch ein besonderes Verbot in bezug auf sie erlassen. Umgekehrt hat die öffentliche Tolerierung und Bevorzugung der christlichen Religion damit begonnen, daß das Kreuz an die Feldzeichen der Soldaten angeheftet wurde (von Constantin auf dem Zuge gegen Maxentius).

Hiermit ist in Kürze das Thema „Christ und Soldat" für die vorconstantinische Zeit erschöpft.[6] Das wichtigste Material sei in knapper Zusammenfassung beigefügt.

Im II. Timotheusbrief (c. 2, 3 ff.) und im I. Clemensbrief (c. 37) wird das Verhalten bez. die Organisation des Soldatenstandes ganz unbefangen den Christen als Vorbild vorgeführt[7]. – Das älteste Zeugnis, daß sich in einer Legion Christen befanden und zwar ziemlich zahlreich, bieten die zeitgenössischen Berichte über das Regenwunder unter Marc Aurel (Apollinaris und Tertullian bei Eusebius., h. e. V, 5). Es handelt sich um die (12.) melitenische Legion, und daß gerade in dieser die Christen einen bedeutenden Prozentsatz bildeten, ist nicht auffallend, da sie sich aus Gegenden rekrutierte, in denen die Christen besonders zahlreich waren[8]. Kein Christ damals und später hat diese christlichen Soldaten um ihres Standes willen getadelt. Deutlich hat Clemens Alex. die Vereinbarkeit des militärischen Standes mit dem christlichen Bekenntnis vorausgesetzt.[9] Der strengste Rigorist, welcher den Soldatenstand für unvereinbar mit dem Christenstand erklärt, ist Tertullian gewesen[10]; aber gerade er

---

[6] Über die Rezeption von Bildern und Bezeichnungen, die dem Soldatenstand entnommen sind, in der Kirche s. Bd. 1 S. 348 ff. Die Möglichkeit, daß in Africa die Sprache des Lagers auf die Kirchensprache eingewirkt hat, muß offen gelassen werden.

[7] Unter den Vorwürfen, die Eusebius dem Maximinus Daza gemacht hat, figuriert auch der (h. e. VIII, 14, 11), daß er das Heer verweichlicht habe. Eusebius empfindet also wie ein loyaler Reichsbürger.

[8] Die Legion hat auch später noch Christen in ihrer Mitte gehabt, vgl. *Euseb.*, h. e. V, 5, 1 und *Gregor Nyss.* Orat. II in XL martyras, Opp. Paris. (1638) T. III p. 505 sq. Die 40 Märtyrer (s. u.) gehörten auch zu dieser Legion. S. meine Abhandlung über das Regenwunder in den Sitzungsber. d. K. Pr. Akad. d.W. 1894 S. 835 ff.

[9] Protrept. X, 100: [...] [„wenn du ein Landmann bist, aber erkenne Gott, während du das Land bebaust. Segle, der du Lust hast zur Schiffahrt, aber rufe den himmlischen Steuermann an. *Hat dich als Kriegsmann die (christliche) Erkenntnis erfasst, höre den Heerführer, dessen Losung die Gerechtigkeit ist*"] (das bedeutet natürlich nicht, man solle den Soldatenstand aufgeben), vgl. Paedag. II, 11, 117; II, 12, 121; III, 12, 91.

[10] *Tatian* (Orat. 11) τὴν στρατηγίαν παρῄτημαι bezieht sich auf die Prätur, aber Tatian war gewiß auch ein Gegner des Soldatenstandes.

bezeugt nicht nur, daß Christen damals in dem Heere waren, sondern er ist auch Politiker genug, um diese Tatsache den Statthaltern gegenüber mit Genugtuung hervorzuheben – widerlegt sie doch den Vorwurf, die Christen seien tatenlose Einsiedler und Gymnosophisten.[11] Aber die Unvereinbarkeit der höheren Chargen mit dem Christenstand ist dem Tertullian selbst schon deshalb gewiß, weil sie auch richterliche Funktionen ausüben; doch auch der gemeine Soldat kann nicht Christ sein; denn man kann nicht in zwei Lagern zugleich stehen, in dem Christi und in dem des Teufels, und man kann sich nicht durch den Fahneneid (*„sacramentum"*) zweien Herren gegenüber verpflichten. Dazu – Christus hat in der Entwaffnung des Petrus jedem Christen das Schwert abgeschnallt; damit wird auch die Berufung auf die Soldaten, die zu Johannes kamen, und auf den Hauptmann zu Kapernaum hinfällig.[12] Mit Frohlocken hat Tertullian den Soldaten begrüßt, der einen militärischen Kranz zurückwies[13] und dafür hingerichtet wurde (i. J. 211). Eine eigene Schrift (*De Corona*) hat er diesem Fall gewidmet – ein deutlicher Beweis, daß er ganz singulär war und die Christen im Heere den Kranz ohne Bedenken sonst annahmen[14].

---

[11] *Apol.* 37: „vestra omnia implevimus ... castra ipsa"; c. 42: „non sumus Brachmanae aut Indorum gymnosophistae militamus vobiscum". Christen in dem Heere zu Lambese Ad Scap. 4. Aber seine eigene Meinung verbirgt er hier (wie er auch seine Herrschaftsgelüste verbirgt, die er bei der Auslegung der Worte „dein Reich komme" ausgesprochen hat – im Apolog. erzählt er nur, daß die Christen pro mora finis beten). Sie steht in *De Idolol.* 19 und in der *De Corona militis* (vgl. auch *De Pallio* 5: „non milito").

[12] *De idolol.* 19.

[13] Daß dieser Soldat, der im übrigen nicht wider die militärischen Ordnungen verstoßen wollte, für die Christen im Heere lediglich dieselbe Rücksicht erreichen wollte, die man auf die Mithras-Verehrer nahm, ist wahrscheinlich; s. meine Schrift über *Militia Christi* S. 68.

[14] Das geht noch deutlicher aus der Beurteilung hervor, die in christlichen Kreisen über den Fall laut wurden (c. 1). „Abruptus, praeceps, mori cupidus" nannte man den Soldaten; „musitant denique tarn bonam et longam sibi pacem periclitari ... Ubi probibemur coronari?" In c. 11 legt Tertullian noch schroffer als in der Schrift de idolol. die Unvereinbarkeit des Christentums und des Soldatenstandes dar. Hier aber erörtert er auch die Frage, was ein Soldat tun soll, der im Soldatenstand vom Glauben ergriffen wird. Einen Moment scheint es, als dürfe ein solcher Soldat bleiben (Luc. 3, 14; Matth. 8, 10; Act. 10, 1 ff.) – die Möglichkeit bleibt offen, daß einer „mit allen Mitteln" sich hütet, etwas Widergöttliches als Soldat zu tun –, aber nur zwei Auswege erkennt Tertullian wirklich an: den Austritt („ut a multis actum") und das Martyrium.

Rigorist ist auch Origenes; die Aufforderung des Celsus, die Christen sollten als Soldaten dem Kaiser helfen[15], beantwortet er mit dem Hinweise, das täten sie durch ihre Gebete; man dürfe von ihnen sowenig Kriegsdienste fordern wie von den Priestern[16]: „Wir ziehen nicht mit dem Kaiser ins Feld, auch nicht, wenn er es verlangt, aber wir kämpfen für ihn, indem wir ein eigenes Heer bilden, ein Heer der Frömmigkeit durch unsre Gebete an die Gottheit." Rigorist war endlich auch Lactantius[17]: „Militare iusto non licebit, cuius militia est ipsa iustitia, neque vero accusare quemquam crimine capitali, quia nihil distat utrumne ferro an verbo potius occidas, quoniam occisio ipsa prohibetur."

An den wirklichen Verhältnissen änderten aber diese Rigoristen schlechterdings nichts. Wie es in der Legion in Melitene und zu Lambese Christen gab, so waren sie auch in andern Legionen zu finden. In Alexandrien zeigte es sich, daß der Soldat, der die Potamiäna zum Martyrium führte (im J. 202/3), dem Christentum zugetan war, wenn er auch die Taufe noch nicht erhalten hatte[18]. Der Fall wiederholte sich ähnlich noch einmal unter Decius in Alexandrien[19], aber noch wichtiger ist, was uns Dionysius aus der selben Verfolgung in der Hauptstadt Ägyptens erzählt. Das ganze kleine Kommando (σύνταγμα στρατιωτικόν), welches bei dem Verhöre der Christen aufgeboten war, bestand aus Christen oder Freunden derselben; „wenn jemand als Christ verhört wurde und sich zur Verleugnung hinneigte, knirschten sie mit den Zähnen, winkten ihm zu, streckten die Hände aus und machten mit dem ganzen Körper Gebärden.

---

[15] Daß man den Christen Abneigung gegen den Heeresdienst vorwarf, geht daraus hervor, und dieser Vorwurf war gewiß berechtigt. Indessen wirkliche Konflikte waren selten; denn die Zahl der Fälle, in denen Christen wider ihren Willen ausgehoben wurden, sind schwerlich häufig gewesen, s. *Mommsen*, Röm. Staatsrecht II, 2 3 S. 849 f. und im „Hermes" Bd. 19 (1883) S. 3 ff., Neumann, a. a. O. I S. 127 f.

[16] C. Cels. VIII, 73. Die Christen als *sacerdotes pacis* auch bei Tertull., de spect. 16.

[17] Instit. VI, 20, 16.

[18] Die Geschichte seines Martyriums erinnert an die des Soldaten in der Schrift *de corona*. Aus irgendeinem Grunde wurde Basilides – so hieß der Soldat – von seinen Mitsoldaten zur Ablegung eines Eides aufgefordert. Er lehnte den Eid ab, weil er als Christ nicht schwören dürfe. Man nahm das zuerst als Scherz, aber als er beharrte, wurde ihm der Prozeß gemacht (*Euseb.*, h. e. VI, 5).

[19] Dionysius Alex, bei *Euseb.*, h. e. VI, 41, 16. Etwas Ähnliches hatte Eusebius schon früher bei dem Bericht über den Tod des Apostels Jacobus dem Clemens Alex, nacherzählt (h. e. II, 9).

Damit zogen sie die allgemeine Aufmerksamkeit auf sich, und bevor sie von anderen ergriffen wurden, eilten sie zur Anklagebank und erklärten, daß sie Christen seien"[20]. Da man doch nicht absichtlich christliche Soldaten für die Gerichtsverhandlung ausgewählt hatte, so zeigt dieser Vorfall, wie verbreitet das Christentum in dem Heere in Ägypten war[21]. Als es sich nach der diocletianischen Verfolgung darum handelte, die Lapsi einem Bußverfahren zu unterwerfen, werden die Soldaten, welche geopfert hatten, als eine besondere Kategorie in Ägypten aufgeführt[22].

Lehrreich ist, was uns Eusebius von einem Offizier namens Marinus, der in Caesarea Capp. stand, berichtet[23]. Ausdrücklich bemerkt er dabei, es sei damals eine Friedenszeit für die Christen gewesen (Zeit des Gallienus). Eine Centurio-Stelle war erledigt; Marinus sollte aufrücken. Da trat ein anderer auf und erklärte, Marinus sei ein Christ und könne deshalb „nach den alten Gesetzen" keine „römische Würde" erhalten, da er den Kaisern nicht opfre. Es kommt darüber zu einer Verhandlung. Der Richter gibt dem Marinus, der sich als Christen bekannte, drei Stunden Bedenkzeit. Als Marinus aus dem Gerichtshof heraustrat, nahm ihn der Bischof bei der Hand, führte ihn in die Kirche und, das Evangelienbuch hervorholend und zugleich auf das Schwert deutend, fragte er ihn, wofür er sich entscheiden wolle. Der Offizier griff zu dem Evangelium, blieb, zum zweitenmal vor den Richter geführt, dem Glauben treu und wurde hingerichtet. Die Erzählung lehrt, daß im Heere (bei den Offizieren) das christliche Bekenntnis nie geduldet worden ist – es scheint sogar, daß ausdrückliche Verordnungen darüber existierten –, daß man aber in praxi ein Auge zudrückte und wartete, ob sich ein Konfliktsfall ereignen werde.

„Zuerst richtete sich die Verfolgung gegen die Gläubigen im Kriegerstande", bemerkt Eusebius (h. e. VIII, 1, 7), indem er sich anschickt, den Verlauf der diocletanischen Verfolgung zu erzählen[24].

---

[20] L. c. VI, 41, 22 f.
[21] Man vgl. auch die Mitteilung desselben Dionysius (1. c. VII, 11, 20), daß unter den Opfern der valerianischen Verfolgung in Ägypten auch Soldaten waren.
[22] Epiphan., haer. 68, 2.
[23] L. c. VII, 15.
[24] Vgl. dazu h. e. VIII, 4: [...] [cf. *Hieron.* Chron. ad ann. 2317: „Veturius magister militiae Christianos milites persequitur, paulatim ex illo iam tempore persecutione adversus nos incipiente]. [...] Bald begannen auch Exekutionen, die ursprünglich nicht

Lactantius (de mort. 10) stimmt ihm bei: „Datis ad praepositos litteris etiam milites [vorher war von den Hofbeamten die Rede] cogi ad nefanda sacrificia praecepit, ut, qui non paruissent, militia solverentur. hactenus furor eius et ira processit nec amplius quicquam contra legem aut religionem dei fecit." Bisher hatte man christliche Offiziere stillschweigend (natürlich nicht gesetzlich) geduldet. Die förmliche Befreiung von der Verpflichtung, zu opfern, die den christlichen Staatsbeamten von Diocletian gewährt worden war (s. o. [HARNACK 1906b] S. 30), hat sich freilich schwerlich auch auf die Offiziere bezogen. Allein man dispensierte sie wohl häufig stillschweigend, und sie wußten selbst einen Ausweg. Sie schlugen bei Beginn der Opferhandlung das Kreuz und schützten sich und ihren Standpunkt auf diese Weise. Allein eben dadurch zogen sie den Haß der Priester – zumal wenn die Opferhandlungen ungünstig ausgingen – und des strenggläubigen Galerius auf sich. Der Unfug sollte nicht länger geduldet werden. So setzte nach dem Zeugnis des

---

beabsichtigt waren. Einen Konfessor aus dem Militär erwähnt *Euseb.*, de mart. Pal. XI, 20 beiläufig. [Die Ausführungen des Eusebius in Kap. VIII,4 seiner Kirchengeschichte, Übersetzung aus der BKV: „Tausende konnte man aufzählen, welche einen bewundernswerten Eifer für die Frömmigkeit gegen den Gott des Alls bekundeten, und das nicht erst, seitdem die Verfolgung wider alle begonnen, sondern viel früher schon, da noch Friede herrschte. Als nämlich vor kurzem der Inhaber der Macht, wie aus tiefem Schlafe erwachend, erst heimlich und unauffällig nach der auf Decius und Valerianus folgenden Zwischenzeit Hand an die Kirchen legte, indem er nicht zugleich uns allen den Krieg ankündete, sondern vorerst auf eine Probe mit den im Heere Stehenden sich beschränkte – denn damit, daß er dieser zuerst im Kampfe Herr geworden, glaubte er die übrigen leicht in seine Gewalt zu bekommen –, da konnte man sehen, wie sehr viele Krieger freudigst ins bürgerliche Leben übertraten, um nicht ihre Frömmigkeit gegen den Schöpfer des Alls verleugnen zu müssen. Wie nämlich der Oberbefehlshaber, wer immer er war, die Verfolgung gegen das Heer mit einer Sichtung und Säuberung der Truppe eröffnete, indem er die Wahl stellte, entweder zu gehorchen und damit den eingenommenen Rang beizubehalten oder aber im Falle der Widersetzlichkeit gegen den Befehl diesen zu verlieren, da zogen sehr viele Streiter des Reiches Christi unbekümmert und ohne Besinnen das Bekenntnis zu Christus scheinbarem Ruhme und Wohlergehen, deren sie genossen, vor. Da und dort aber tauschte bereits einer und der andere von ihnen für seinen frommen Widerstand nicht nur den Verlust des Ranges, sondern sogar den Tod ein, da der Anstifter der Verschwörung, zwar vorsichtig noch, bereits damals bei einigen bis zum Blutvergießen sich vorwagte. Nur die große Zahl der Gläubigen schreckte ihn noch und hemmte ihn, wie es scheint, auf einmal zum Krieg wider alle aufzurufen. Da er aber den Kampf in größerem Ausmaße begann, so ist es unmöglich, die Zahl und die Größe der Märtyrer Gottes in Worte zu fassen, die die Bewohner aller Städte und Dörfer mit Augen sehen durften."]

Lactantius die Verfolgung ein, und sein Bericht trägt den Stempel der inneren Wahrscheinlichkeit. Der Hof und das Heer, die beiden Stützen des Throns, sollten von Christen nun gesäubert werden. Dieser Entschluß zeigt, daß die Christen zahlreich im Heere waren[25]. Soldaten-Entlassungen und Martyrien sind daher in dieser Verfolgung besonders häufig gewesen; natürlich kam es auch zu vielen Verleugnungen und Opfern. Das Heer in Melitene und Syrien empörte sich zum Teil; es scheint, daß Diocletian Machinationen von Christen dahinter gewittert hat[26].

Daß auch Licinius bei seinen letzten Versuchen, sich gegen Constantin zu halten, vor allem das Heer von Christen säuberte, berichtet Eusebius (h. e. X, 8, Vita Constant. I, 54)[27]. In diese Zeit fällt das Martyrium der 40 Soldaten von Sebaste, die uns noch einmal bezeugen, daß die 12. Legion (*fulminata*) zahlreiche Christen zählte[28].

In den Märtyrerakten spielen die Soldaten eine bedeutende Rolle. Einige Fälle sind schon genannt worden; alle hier aufzuzählen, würde zu weit führen. Fälschungen sind außerdem gerade auf diesem Gebiet sehr zahlreich gewesen; erinnert sei nur an G e t u l u s, den Gemahl der Symphorosa, und seinen Bruder A m a n t i u s, ferner an die berühmte Passio des M a u r i c i u s und der Thebäischen Legion[29] u.s.w. Soldaten waren L a u r e n -

---

[25] Cf. Acta S. Maximiliani (*Ruinart*, Acta Mart., Ratisb. 1859 p. 341): „Dixit Dion proconsul: In sacro comitatu dominorum nostrorum Diocletiani et Maximiani, Constantii et Maximi milites Christiani sunt et militant."

[26] *Euseb.*, h. e. VIII, 6, 8.

[27] In erster Linie war es auf die κατὰ πόλιν στρατιῶται abgesehen, d. h. auf die Polizei- und Sicherheitsbeamten in den Städten. Ihre Bedeutung war ebenso wie die der Hofbeamten von Jahrzehnt zu Jahrzehnt immer größer geworden gegenüber den Zivilbeamten.

[28] Daß das Testament (s. *Bonwetsch*, Neue kirchl. Zeitschr. III H. 12 S. 705 ff., *Haußleiter*, a.a.O. S. 978 ff., *Bonwetsch*, Studien z. Gesch. d. Theologie u. Kirche I S. 75ff., v. *Gebhardt*, Acta Mart. Selecta, 1902 p. 166ff.) von Soldaten geschrieben ist bez. stammt, merkt man an keiner Stelle. Das mit Vorsicht zu benutzende Martyrium ist von *Gebhardt*, a.a.O. S. 171 ff. abgedruckt.

[29] Noch immer werden Versuche gemacht, einen Rest der Legende zu retten; s. *Bigelmair*, a.a.O. S. 194ff.; anders *Hauck*, Kirchengeschichte Deutschlands I 2 S. 9 n. 1, S. 25 n. 1. Ein paar Soldatenmartyrien mögen zugrunde liegen, s. *Linsenmayer*, Die Bekämpfung des Christentums durch den röm. Staat, 1905, S. 181 ff.; doch ist auch dies fraglich.

t i n u s und E g n a t i u s[30], N e r e u s und A c h i l l e s[31], P o l y-
e u c t e s[32], M a x i m i l i a n u s[33], M a r c e l l u s[34], J u l i u s veteranus[35], T y p a s i u s veteranus[36], T h e o d o r u s[37], T a r a c h u s[38],

[30] S. *Cypr.*, ep. 39, 3 (über Celerinus): „item patruus eius et avunculus Laurentinus et Egnatius in castris et ipsi quondam saecularibus militantes, sed veri et spiritales dei milites, dum diabolum Christi confessione prosternunt, palmas domini et Coronas illustri passione meruerunt".

[31] S. *Achelis*, Texte u. Unters. XI, 2 S. 44.

[32] Melitenische Legion, s. *Conybeare*, The Apology and Acts of Apollonius (1894) S. 123 ff.

[33] Cf. *Ruinart*, 1. c. p. 340 ff. („Militia Christi" S. 114 ff): „Thevesti in foro." „Fabius Victor temonarius est constitutus cum Valeriano Quintiano praeposito Caesariensi cum bono tirone Maximiliano filio Victoris; quoniam probabilis est, rogo ut incumetur" ... „Maximilianus respondit: Quid autem vis scire nomen meum? mihi non licet militare, quia Christianus sum. Dion proconsul dixit: Apta illum. cumque aptaretur, Maximilianus respondit: Non possum militare, non possum malefacere; Christianus sum. Dion proconsul dixit: Incumetur. cumque incumatus fuisset, ex officio recitatum est: Habet pedes quinque [quinos?], uncias decem [also war er tauglich]. Dion dixit ad officium: Signetur. cumque resisteret Maximilianus, respondit: Non facio; non possum militare." Vgl. auch das Folgende: „Milito deo meo"; „non accipio signaculum; iam habeo signum Christi dei mei ... si signaveris, rumpo illud, quia nihil valet ... non licet mihi plumbum collo portare post signum salutare domini mei." Auf die Frage des Prokonsuls, was die Soldaten denn Böses tun, antwortet Maximilian: „Tu enim scis quae faciunt." – Hier haben wir eine gewaltsame Konskriptionsszene.

[34] Cf. *Ruinart*, 1. c. p. 343 ff. („Militia Christi" S. 117 ff): „In civitate Tingitana." Es ist Kaisersgeburtstag; als alle schmausten und opferten, „Marcellus quidam ex centurionibus legionis Traianae ... reiecto cingulo militari coram signis legionis, quae tunc aderant, clara voce testatus est, dicens: Jesu Christo regi aeterno milito. abiecit quoque vitem et arma et addidit: Ex hoc militare imperatoribus vestris desisto et deos vestros ligneos et lapideos adorare contemno. si talis est condicio militantium, ut diis et imperatoribus sacra facere compellantur, ecce proicio vitem et cingulum, renuntio signis, et militare recuso." Beim Verhör sagt er darauf: „Non decebat Christianum hominem molestiis saecularibus militare, qui Christo domino militat."

[35] Cf. Anal. Bolland. 10 (1891) p. 50 ff. („Militia Christi" S. 119 ff): Maximo praeside Dorostori Moesiae. „Non possum praecepta divina contemnere et infidelis apparere deo meo. etenim in vana militia quando videbar errare, in annis XXVII nunquam tamquam scelestus aut litigiosus oblatus sum iudici. septies in bello egressus sum, et post neminem retro steti nec alicuius inferior pugnavi. princeps me non vidit aliquando errare.

[36] Cf. Anal. Bolland. 9 (1890) p. 116ff.: Tigabis Mauret. Die Akten sind fragwürdig.

[37] *Ruinart*, 1. c. p. 506ff: Amasia im Pontus.

[38] Cf. *Ruinart*, 1. c. j). 451 ff. (die Akten sind jung und schlecht): Auf die Frage des Richters, welches Standes er sei, antwortet Tarachus: στρατιώτικῆς ... διὰ δὲ τὸ Χριστιανόν με εἶναι νῦν παγανεύειν ἡρετησάμην. Auf die weitere Frage, wie er denn frei geworden sei, erwidert er: ἐδεήθην Φουλβίονος τοῦ ταξιάρχου, καὶ ἀπέλυσέ με. Den Drohungen des Richters begegnet er u. a. mit den Worten (p. 464):

M a r c i a n u s und N i c a n d e r[39], D a s i u s[40], der berühmte
P a c h o m i u s[41] u.s.w.

Unsere Darstellung des Verhältnisses der Kirche zum Soldatenstand könnte auf Grund des 12. Kanons von Nicäa bestritten werden. Derselbe lautet: „Diejenigen, welche von der Gnade berufen,
den ersten Eifer gezeigt und den Gürtel abgelegt haben, nachher
aber wie Hunde zum eigenen Auswurf zurückgekehrt sind, so daß
einige sogar Geld aufwendeten und durch Geschenke die Wieder-
aufnahme in den Kriegsdienst bewirkten, diese sollen nach den drei
Jahren unter den ‚audientes' zehn Jahre unter den ‚substrati' bleiben
usw." Man könnte nach diesem Kanon annehmen, die Synode halte
das Christentum für unvereinbar mit dem Soldatenstand. Allein dagegen hat schon Hefele (Konzilien-Gesch. I 2 S. 414 ff.) in der Hauptsache das Richtige bemerkt. Es ist erstlich hier nicht von Soldaten
überhaupt die Rede, sondern von solchen Soldaten, welche ihren
Stand um des christlichen Bekenntnisses willen verlassen hatten,
dann aber wieder zu ihm zurückgekehrt waren. Zweitens bezieht

---

εἰ καὶ τὰ μάλιστα οὐκ ἔξεστί σοι κατὰ τοῦ σώματός μου στρατιωτικόν ὄντα οὕτως
παρανόμως βασανίζειν (cf. Rescript. Dioclet. ad Salustium praesidem), πλὴν οὐ
παραιτοῦμαί σου τὰς ἀφονοίας, πρᾶττε ὃ θέλεις.

[39] Cf. *Ruinart*, I.e. p. 571 ff. (die Akten sind unglaubwürdig). Auf die Vorhaltung des
Richters, daß die Kaiser zu opfern geboten hätten, erwidert Nicander: „Volentibus
sacrificare haec praeceptio constituta est, nos vero Christiani sumus, et huiuscemodi
praecepto teneri non possumus." Auf die weitere Vorhaltung, warum sie ihren Sold
nicht mehr nehmen wollen, entgegnet derselbe: „Quia pecuniae impiorum contagium
sunt viris deum colere cupientibus."

[40] 6) Cf. Analect. Bolland. XVI (1897) p. 5 ff. Dasius weigerte sich, die wüste soldatische
Feier der Saturnalien mitzumachen. S. dazu *Parmentier* i. d. Rev. de Philol. 21 (1897) p.
143 ff., *Wendland* im „Hermes" (1898) S. 175 ff., *Reich*, Der König mit der Dornenkrone,
1904.

[41] Pachomius (s. seine Vita) diente im Heere des Constantin gegen Maxentius. Die
Liebe, welche christliche Soldaten bewiesen, soll ihn zum Christentum geführt haben.
Er wurde dann Mönch und ist der Stifter der berühmten Mönchskolonie in Tabennisi
geworden. – Die *Acta Archelai* beginnen mit einer Erzählung zum Lobe des Marcellus
in Carrä; dieser reiche Christ habe einst 7700 (!) Kriegsgefangene den Soldaten abgekauft; das habe auf diese einen tiefen Eindruck gemacht: „illi admirati et amplexi tam
immensam viri pietatem munificentiamque et facti stupore permoti exemplo misericordiae commonentur, ut plurimi ex ipsis adderentur ad fidera domini nostri Jesu
Christi *derelicto militiae cingulo,* alii vero vix quarta pretiorum portione suscepta ad
propria castra discederent, caeteri autem parum omnino aliquid quantum viatico sufficeret accipientes abirent". Die Geschichte ist aller Wahrscheinlichkeit nach erfunden,
aber dennoch nicht wertlos.

sich der Kanon auf Soldaten, die im Heere des Licinius gedient hatten, das Zingulum niederlegten, als er das Heer von Christen säuberte (darauf bezieht sich wohl der Ausdruck τὴν πρωτην ὁρμὴν ἐνδείξασθαι), dann aber doch wieder in das Heer zurücktraten und – da dasselbe faktisch ein heidnisches Heer war und gegen Constantin kämpfte – somit den Glauben verleugnet hatten. Daß der Kanon so zu verstehen ist, zeigt der enge Zusammenhang mit Kanon 11. In diesem handelt es sich um Gefallene im ἐπὶ τῆς τυραννίδος Λικινίου. Unser Kanon schließt sich ihm aufs engste an. Das Verhältnis von Kirche und Staat in bezug auf den Soldatenstand endet damit, daß die Kirche im 3. Kanon der großen Synode von Arles feststellt: „Die, welche die Waffen im Frieden wegwerfen, sollen von der Kommunion ausgeschlossen werden (s. dazu „Militia Christi" S. 87 f.), und Constantin promulgiert (Vita Constant. II, 33): „Denen, welche ehemals in militärischen Ämtern gestanden haben und derselben unter einem grausamen und ungerechten Vorwand verlustig gegangen sind, weil sie das Bekenntnis ihrer Religion der Würde, welche sie bekleideten, vorzogen – soll es nach Wunsch freistehen, entweder zum Kriegsdienst zurückzukehren und in ihrer früheren Stellung zu verbleiben, oder nach ehrenvoller Entlassung ein freies und ruhiges Leben zu führen: denn es ist wohl billig und angemessen, daß derjenige, welcher einen so großen Mut und eine solche Standhaftigkeit in den über ihn gebrachten Gefahren bewiesen hat, nach seiner Wahl sich der Ruhe und Muße oder einer Ehrenstelle erfreue."

Anmerkungen
zu Adolf von Harnack
(1851-1930)

„Nun aber wollen sie uns noch demütigen; da gibt es keine Geduld
mehr; denn *Gott der Herr hat das deutsche Volk erschaffen*, damit es den
Beruf auf Erden erfülle, zu dem Er es verordnet hat. Das wollen die
Feinde verhindern. Wir aber antworten mit dem Rufe: *Auf! Zu den
Waffen! Gott will es!* – Um Sein oder Nichtsein unsres deutschen Va-
terlands handelt es sich, um deutsche Macht, deutsche Stärke, deut-
sche Kultur!" (Aus dem Entwurf Adolf von Harnacks für den
Kriegsaufruf des Kaisers[1], 4. August 1914)

„Wir treiben Geschichte, nicht nur um zu erkennen, nicht nur um zu
wissen, was geschehen ist, sondern um uns von der *Vergangenheit* zu
befreien, wo sie uns zur Last geworden ist, ferner um in der *Gegenwart* das Richtige tun zu können, und drittens um die *Zukunft* um-
sichtig und zweckmäßig vorzubereiten." (Adolf von Harnack, Frühjahr 1920[2])

Auf orthodoxe Bekenntnistreue bedachte, pietistisch ausgerichtete
und ebenso aufgeklärt-liberale Theologen des deutschen Protestantismus haben im Ersten Weltkrieg gleichermaßen mit den ihnen zur
Verfügung stehenden – vornehmlich geistigen – Waffen die militärische Mobilmachung der ganzen Nation unterstützt.[3] Christliche
Nonkonformisten bildeten eine verschwindend kleine Minderheit.
Auch bei ‚Liberalen' wie Friedrich Siegmund-Schultze[4] oder Martin

---

[1] Text nach: HARNACK 1953 (Kursivsetzungen pb). – Alle *Kurztitel* verweisen auf das
Literaturverzeichnis zu diesem Text unter →6 (dort werden auch einige Arbeiten aufgeführt, die der Herausgeber selbst nicht eingesehen hat).
[2] Hier zitiert nach dem erneuten Abdruck des Vortrags in: HARNACK 1923, S. 171-195
(= K&W06, S. 323-344).
[3] Vgl. im Projekt „Kirche & Weltkrieg": K&W02; zu den keineswegs weniger betrübli-
chen römisch-katholischen Entsprechungen: K&W04.
[4] Vgl. zu ihm K&W03, S. 227-276.

Rade[5], die sich selbst ausdrücklich als Anwälte des Friedens betrachteten, stand der – vermeintliche – Pazifismus zeitweilig auf denkbar wackeligen Füßen.

Sebastian Kranich vermerkt in einem Aufsatz: „Theologen wie Traub, Seeberg und Althaus standen weit über Kriegsende hinaus für den deutschnationalen Weg des Mehrheitsprotestantismus. Dagegen plädierten sozialliberale Protestanten wie Martin Rade, Ernst Troeltsch und Adolf von Harnack für gemäßigte Kriegsziele und demokratische wie soziale Reformen. Harnack meinte in zwei Denkschriften an den Reichskanzler, die größte Aufgabe sei nicht die Beendigung des Kriegs, sondern die Bewältigung der Nachkriegssituation. Er verlangte dafür eine Wahlrechtsänderung, volle Religionsfreiheit, das Koalitionsrecht für Gewerkschaften und eine Ergänzung der deutschen Politik und Kultur mit westeuropäischen Ideen. Nur so könne das deutsche Volk zu ,dem in Gott gegründeten Idealismus' kommen."[6]

Unter den Berliner Gottesgelehrten beteiligte sich der ,modernorthodoxe' Lutheraner Prof. Reinhold Seeberg[7] (1859-1935), ein deutsch-baltischer ,Landsmann' und Kollege Harnacks, 1914-1918 an der alldeutschen Kriegsraserei, um sodann – auf noch schlimmeren Pfaden – einem völkischen Protestantismus Wege zu bahnen, der mit „Christentum" ganz sicher nichts mehr gemein hatte. Zu nahe liegt auch deshalb der Wunsch, Adolf von Harnack – dem unbestrittenen theologischen Meister der Liberalen – Mäßigung während der Kriegsjahre und Umkehrbereitschaft bei Kriegsende bescheinigen zu können.[8] Doch Trost und Beruhigung, wie sie ein

---

[5] Vgl. zu M. Rade die Textbeispiele in K&W02 [Druckfassung], S. 419-428. (Korrigendum zu diesem Band: ebd., S. 406-414: Der Text stammt nicht von *Otto* Dibelius, sondern von dessen Onkel *Franz Wilhelm* Dibelius, 1847-1914.)

[6] K&W02, S. 95.

[7] Vgl. zu ihm – mit weiterführenden Literaturangaben: KAUFMANN 2005.

[8] Ein entsprechendes Bild vermittelt z. B. auch die ,Neue Deutsche Biographie': „Dem Kriegsausbruch 1914 und dem totalen Ausmaß seiner Rückwirkungen stand H[arnack]. tief erschüttert gegenüber. Doch bald nahmen ihn viele neue Aufgaben so in Anspruch, daß er, der sich ausdrücklich als konservativ bezeichnete, Abstand von den Dingen und neue Maßstäbe für sie gewann. Entscheidendes verdankt er dabei Delbrück; mit ihm und Männern wie Troeltsch und Meinecke traf er sich schließlich, trotz aller Nuancen im Einzelnen, in der Verurteilung des Annexionismus der sogenannten Vaterlandspartei und in der Forderung nach innenpolitischen Reformen. Diese Entwicklung H.s, die ihn nach 1918 zur Bejahung der republikanischen Staatsform führte,

solches Begehren sucht, gewähren die kritischen Forschungsergeb-
nisse[9] nur in geringem Umfang. Zumal aus christlich-pazifistischer
Sicht sind nicht nur einige vorübergehende Irritationen zu konsta-
tieren, sondern Irrwege und ungelöste Widersprüche.

Ein von mir 2021 vorgelegter Quellenband im Projekt „Kirche &
Weltkrieg" führt möglichst vollständig jene Zeugnisse aus Harnacks
Veröffentlichungen der Kriegs- und Nachkriegszeit bis 1922 zusammen, deren Lektüre allen, die sich ein eigenes Bild auf der Grundlage von Primärtexten und Dokumenten verschaffen wollen, von
Nutzen sein kann.[10] Die exemplarische Beschäftigung gerade mit einem prominenten Fürsprecher von ‚Liberalität' und ‚sozialer Monarchie' wie Adolf von Harnack könnte am Ende womöglich kritische Anfragen an *gegenwärtige* Verhältnisse provozieren. Die Bedingungen des akademischen Theologiebetriebs in deutschen Landen
haben sich ja nach einem Jahrhundert keineswegs durchgreifend geändert. Sind sie mit einer *friedenskirchlichen* Umkehr im dritten Jahrtausend überhaupt vereinbar?

1. DER THEOLOGE UND STAATSDIENER

Karl Hammer bietet in seinem Aufsatz über die Weltkriegsjahre folgendes Kurzporträt: Adolf von Harnack, „dessen überragendes wissenschaftliches Lebenswerk […] in außergewöhnlich jungen Jahren
kometengleich und dennoch nicht ohne Hemmnisse begonnen

---

ist ihm von Freunden und Feinden als ‚Verrat' zur Last gelegt worden. Sie steht gewiß
in scharfem Kontrast zu den Ergebenheitsbezeugungen gegenüber dem Kaiser, bei denen sich H. vom üblichen Stil der Hofgesellschaft kaum unterschied. Doch ist dazu
zweierlei zu bedenken: Einerseits war die Stellung Wilhelms II. in jeder Hinsicht so
ungewöhnlich und so kompliziert, daß selbst die bedeutendsten wissenschaftlichen
Unternehmungen nur mit seinem Willen geplant und ausgeführt werden konnten.
Andererseits bedeutet H.s loyale Unterstützung der Republik sowohl den Vollzug der
nüchternen, zwingenden Einsicht, daß die Monarchie nicht mehr zu restaurieren war,
als auch die Bewahrung bester preußischer Traditionen, die der Ära Wilhelms II. oh-
nehin so gut wie nichts verdanken und die einen Halt gegen revolutionäre wie gegen
reaktionäre chaotische Tendenzen bieten konnten. Bösartige Ausfälle der Rechtspresse
und das Befremden weiter Kreise, auch mancher Freunde und Kollegen, waren die
Antwort, als H. bei der Reichspräsidentenwahl 1925 gegen Hindenburg für den Katholiken Marx eintrat." (LIEBING 1966)

[9] Vgl. z. B. HAMMER 1972; KINZIG 2004; KAUFMANN 2005.

[10] K&W06 [mit anderer Seitenzählung: https://kircheundweltkrieg.wordpress.com/].

hatte, ging bei Ausbruch des Weltkriegs ins siebente Jahrzehnt. Er hatte sich nicht nur durch wissenschaftliche Sonderleistungen auf dem Gebiet der Dogmen- und Kirchengeschichte, vor allem der Alten Kirche, sondern darüber hinaus durch eine Menge beruflicher Sonderaufgaben, Mitgliedschaften und Präsidentschaften in halböffentlichen Gremien, die er mit der größten Sorgfalt ausübte, in der Öffentlichkeit bis hin zum kaiserlichen Hof längst einen Namen gemacht, der weit über Deutschlands Grenzen – bis 1914 – etwas galt. Der Sohn des mehr konservativen lutherischen Theologieprofessors Theodosius Harnack aus Dorpat [heute: Tartu, Estland] begann seine wissenschaftliche Laufbahn bereits mit 23 Jahren als Privatdozent für Kirchengeschichte in Leipzig, wurde 1879 o[rdentlicher]. Prof[essor]. in Gießen, 1887 in Marburg, ein Jahr darauf trotz kirchenpolitischer Gegnerschaft durch kaiserliches Machtwort nach Berlin geholt und 1890 Mitglied der Preußischen Akademie der Wissenschaften, deren 200jährige Geschichte er nebenbei verfaßte (1901). Als Leiter der Kirchenväterkommission und Generaldirektor der Kgl. Bibliothek Berlin (1905) schuf er Bleibendes, während seine Wirkungen als Präsident des Evangelisch-Sozialen Kongresses (1903-1912) wie seine Mitarbeit in der ‚Christlichen Welt' Rades und im ‚Bund für Gegenwartschristentum' mehr den Stempel seiner bürgerlichen Zeit tragen. Jedenfalls zeigen auch sie, für den Laien ebenso überzeugend wie seine 1900 großenteils frei vorgetragene […] populärste Vorlesung über ‚das Wesen des Christentums', daß Harnacks Christentum und Gelehrtenberuf allzeit, also *vor* dem Weltkrieg wie *danach*, ein stets gegenwartsbezogenes, der ethischen Komponenten nie entbehrendes christliches Zeugnis umfaßten. Diese Verbindung war der liberalen Theologie überhaupt selbstverständlicher als anderen Ausprägungen christlichen Glaubens; sie bildet ihre Stärke wie Gefahr und Grenze."[11]

Neben dem Theologen muss, so Kurt Nowak, vor allem der „Wissenschaftsorganisator und Gelehrtenpolitiker" ins Blickfeld kommen. In beiden Rollen verstand sich Harnack, den Wilhelm II. im Juni 1914 in den erblichen Adelsstand ‚erhoben' hatte, als treuer Diener des Staates. In *„Politischen Maximen"* des Jahres 1919 wird er als fünften Punkt formulieren: *„Ohne Kapital keine Kultur.* Kultur gibt

---

[11] HAMMER 1972, S. 86 (hier ohne die Fußnoten).

es nur, wenn es hier und dort, im Geistigen und Materiellen, tiefe Brunnen gibt; sie gedeiht nicht, wenn sie von Regentropfen leben soll, die gleichmäßig und spärlich auf das Land fallen." (K&W06, S. 317-319). Auch die theologischen Fakultäten an staatlichen Hochschulen, denen wir so viele Früchte eines freien Forschens – ohne fundamentalistische bzw. klerikale Bevormundung – verdanken, gehören zu jenem Kultursektor, der ohne „Kapital" nicht gedeihen kann. Doch birgt die Konstruktion einer akademischen Theologie, die staatlich subventioniert wird und sich weithin einer Monopolstellung erfreut, nicht andere Gefahren der Unfreiheit? Kein Inhaber eines theologischen Lehrstuhls hat 1900-1918 die Militärdoktrin des Kaiserreichs einer grundlegenden Kritik unterzogen (das weltliche Dogma von ‚ewigen Ordnungen' des Schwertes wurde stillschweigend akzeptiert). Die evangelischen und katholischen Fakultäten wurden vielmehr zu Stätten der kriegstheologischen Produktion.

Thomas Kaufmann konstatiert: „Eine Basisprämisse der politischen und allgemein-kulturellen Weltorientierung Harnacks bestand darin, dass ‚die Völker, die die Erde jetzt aufteilen, mit der christlichen Zivilisation stehen und fallen, und daß die Zukunft keine andere neben ihr dulden wird'. Die kolonialpolitischen Ziele des Kaiserreichs akzeptierte Harnack; dem sich aus diesen Zielen ergebenden religionswissenschaftlichen Orientierungsbedarf etwa sollte entsprochen werden"[12].

Schon im November 1909 hatte Adolf von Harnack in einer an den Monarchen gerichteten Denkschrift zur Grundlegung der Kaiser-Wilhelm-Gesellschaft geschrieben: „Die Wehrkraft und die Wissenschaft sind die beiden starken Pfeiler der Größe Deutschlands, und der Preußische Staat hat seinen glorreichen Traditionen gemäß die Pflicht, für die Erhaltung beider zu sorgen."[13] Königliche Bibliothek und Kaiser-Wilhelm-Gesellschaft wurden während des Krieges 1914-1918 „unter Harnacks Leitung zum Teil auf Kriegspropaganda und -produktion umgestellt"[14]. Es war, so Agnes von Zahn-

---

[12] KAUFMANN 2005, S. 195-196.
[13] Zitiert nach ZAHN-HARNACK 1936, S. 447 (Veröffentlichung der Denkschrift: HARNACK 1910). Vgl. auch HAMMER 1972, S. 87. – Ein Überblick zur Geschichte der Kaiser-Wilhelm-Gesellschaft im Internet: https://www.mpg.de/geschichte/kaiser-wilhelmgesellschaft
[14] HAMMER 1972, S. 91.

Harnack, „der Augenblick gekommen, wo Wehrkraft und Wissenschaft in die engste Verbindung mit einander zu treten hatten. Schon wenige Wochen nach Kriegsausbruch konnte Harnack einem Freunde berichten, daß sämtliche Institute neue, mit dem Krieg zusammenhängende Aufgaben in Angriff genommen hätten. Das Institut für physikalische Chemie wurde die Zentralstelle, an welcher das Forschungs- und Versuchswesen für Gaskampf und Gasschutz betrieben wurde. Sein Direktor, Fritz Haber, trat für diese Aufgaben gleichzeitig mit militärischem Charakter in das Kriegsministerium ein. Das Institut für Kohlenforschung war wenige Tage vor Kriegsbeginn, am 27. Juli 1914, eröffnet worden. Es wurde für die Öl- und Benzingewinnung wie für Forschung über Fettsäuren und Seifen von höchster kriegswirtschaftlicher Bedeutung. Auch die Gewinnung von Webstoffen, die Versuche über Luftströmungen (im aerodynamischen Institut in Göttingen) und nicht zuletzt die Untersuchungen über Arbeits- und Ernährungsphysiologie dienten dem von der Blockade umschlossenen und von allen ausländischen Hilfsquellen abgeschnittenen deutschen Volk und seinem in der Luft, auf dem Meere, unter und über der Erde kämpfenden Heer. Durch alle diese Arbeiten [...] war Harnack mit dem Gang der Kampfhandlungen wie mit der Kriegswirtschaft in dauernder, enger Beziehung."[15] – Im Heizraum des „deutschen Idealismus" ging es keineswegs um ‚rein geistige' Produktionen.

2. DIE FORSCHUNGEN
ZUR ‚SOLDATENFRAGE' DER ALTEN KIRCHE

Harnack nahm unter den Theologen, die sich mit der Geschichte der Alten Kirche sowie der Erschließung der Kirchenväterquellen (Patristik) befassten, eine herausragende Stellung ein und zählt bis heute zu den Autoren, deren Werke bei entsprechenden Studien zwingend herangezogen werden müssen. Trotz seiner theologischen Kritik der Entwicklung von Kirchenverfassung und Dogma bewertete er jenen Prozess, der zur ‚Konstantinischen Wende' und schließlich um 380 zum Aufstieg des Christentums zur Staatsreligion führte,

---

[15] ZAHN-HARNACK 1936, S. 447-448.

positiv. Das Christentum – in seiner idealistischen Betrachtungs-
weise „die Religion selbst" bzw. „die letzte und höchste Stufe in der
Geschichte der Menschheit" – vermochte demnach durch die Ver-
flechtung von Imperium und Kirche erst seinen Universalismus zu
entfalten.[16] Abgesehen von der Verweigerung des „Kaiserkultes"
enthielt es Harnacks Meinung zufolge nichts, was für den Römischen Staat strikt unannehmbar (bzw. bedrohlich) gewesen wäre.
Hier bleibt – unter geringer Gewichtung staatskritischer Voten von
biblischen und frühchristlichen Schriftstellern – jedoch ausgeblen-
det, dass sich im imperialen „Kaiserkult" keineswegs nur ein forma-
ler „Staatsgehorsam" verdichtete, sondern auch ein ökonomischer,
politischer und militärischer Gesamtkomplex des Römischen Imperiums (Münze – Macht – Militär).

Vor solchem Hintergrund ist die Erforschung der altkirchlichen
Stellung zum Krieg von zentraler Bedeutung. Erasmus von Rotterdam klagte vor einem halben Jahrtausend besonders nachdrücklich
über den Bellizismus in der nachkonstantinischen Christenheit:
„Bald sind es die altererbten väterlichen Gesetze, bald die Schriften
frommer Menschen, bald die Bibelworte, die wir schamlos, um nicht
zu sagen gottlos verdrehen. Schon ist es beinahe dahin gekommen,
dass es für dumm und gottlos gilt, gegen den Krieg auch nur zu mu-
cken und das zu loben, was aus Christi Mund vornehmlich Lob
empfangen hat."[17] Der lutherische Kirchenhistoriker Albert Hauck
(1845-1918) vermerkt in seiner „*Kirchengeschichte Deutschlands*" 1887:
„Zwar gab es im Heere von Anfang an Christen, aber nie waren sie

---

[16] Vgl. ausführlich zu „Christentum und Imperium Romanum in der Sicht Adolf von
Harnacks": JANTSCH 1998. EBD., S. 382-383 (ohne Fußnoten): „Die grundsätzlich posi-
tive Würdigung der Verbindung zwischen Christentum und antiker Kultur durch
Harnack erstreckt sich auch auf seine Beurteilung des Verhältnisses zwischen Christentum und Imperium Romanum. Indem das Christentum sich mit der antiken Kultur
verband, führte es nicht nur ,dem römischen Reiche neue Kräfte' zu, sondern es entwickelte sich dadurch gemäß seinem eigentlichen Wesen. Der Universalismus des
Christentums konnte sich erst entfalten, als es sich aus der Gebundenheit an das Judentum löste – ein Prozeß, in dem Harnack dem Apostel Paulus eine maßgebliche
Rolle zuschreibt. Indem das Christentum ,auf den weiten Plan des griechisch-römischen Reichs gestellt' wurde, entwickelte es sich zur ,Weltreligion' und wurde in die
,Weltgeschichte übergeführt'. Dies entsprach dem Kern der christlichen Botschaft,
denn sie ,war darauf angelegt, sich in der Menschheit – und diese stellte sich damals
im orbis Romanus dar – zu verwirklichen'."
[17] Zitiert nach: SCHMID u. a. 2019, S. 50-51.

zahlreich. Man kennt die unter den Christen weit verbreitete Ueberzeugung, dass das Bekenntnis zu Christo und der Kriegsdienst unvereinbar seien. Sie herrschte gerade in Gallien. Noch im Jahre 314
musste die Synode von Arles diejenigen mit der Exkommunikation
bedrohen, welche ihren Bedenken gegen den Kriegsdienst prakti-
sche Folgen gaben."[18] 1902 veröffentlicht der römisch-katholische
Kirchenhistoriker Andreas Bigelmair seine – relativ ‚versöhnlichen‘
– Wahrnehmungen zur Stellung der vorkonstantinischen Christenheit gegenüber Staat und Militär.[19]

Adolf von Harnack hat sich diesem Gegenstand schon in seiner
bedeutsamen Studie *„Mission und Ausbreitung des Christentums in
den ersten drei Jahrhunderten"* (zuerst 1902) zugewandt (→S. 124-135),
in welcher er auch – freilich mit zu wenig Sinn für den ‚Universalismus des Judentums‘ – das altkirchliche Bekenntnis zur ‚humani ge-
neris unitas‘ (Einheit des Menschengeschlechts) und die „Botschaft
von dem neuen Volk" beleuchtet. 1905 erscheint seine Spezialstudie
„Militia Christi" mit dem Untertitel „Die christliche Religion und der
Soldatenstand in den ersten drei Jahrhunderten"[20] (→S. 25-120). Darin, so resümiert Herbert Koch, „führte Harnack den Nachweis, dass
es für die Christen bis zum Ende des 2. Jahrhunderts eine absolute
Selbstverständlichkeit war, keinen Dienst im römischen Heer zu
leisten. Ein Problem entstand erst, als es mit fortschreitender Ausbreitung des Christentums auch Soldaten gab, die getauft werden
wollten. Dies wurde dann zugestanden, aber nur unter Auflagen,
etwa der, die Beteiligung an Hinrichtungen zu verweigern. Eine Studie wie diese hatte es bis dahin nie gegeben."[21] Latein und Griechisch sind im kleinen Werk *„Militia Christi"* weitgehend in den Anhang verbannt, so dass es vielleicht schon bei seinem Erscheinen
nicht nur einem kleinen Fachpublikum empfohlen werden konnte.

Bischof Cyprian von Kathargo († 258) stellte erneut die kritische
ethische Frage, warum das, was der Privatperson eine Mordanklage
einbringt, rühmlich sein solle, wenn es auf Befehl des Staates hin erfolgt. Noch kurz vor der konstantinischen Wende hat Lactantius als

---

[18] HAUCK 1887, S. 9-10.
[19] BIGELMAIR 1902, bes. S. 164-201.
[20] HARNACK 1905 (der Marburger Medizinischen Fakultät gewidmet, der Harnack die
Ehrendoktorwürde dankte). – Im vorliegenden Band →S. 25-120.
[21] K&W02, S. 50.

Christ neben der Einschärfung des unbedingten Tötungsverbotes auch klar die *ökonomischen* Zielsetzungen der Militärdoktrin entlarvt ... Aber Harnacks ein Jahrzehnt vor dem Ersten Weltkrieg erschienene Studie konnte z. B. von einem staatsnahen Moraltheologen wie dem Katholiken Prof. Anton Koch (1859-1915) so verstanden werden, dass ihr zufolge die altkirchliche Ablehnung des *tötenden* Kriegshandwerks sich angeblich lediglich auf „besondere sittliche Gefahren" des antiken Soldatenlebens und namentlich die Unvereinbarkeit des heidnischen Cäsarenkultes mit dem Glauben bezog.[22] So jedoch wird der auch von Harnack erschlossene Befund ins Groteske verzerrt. In den erhaltenen Zeugnissen der ersten drei Jahrhunderte zu Theologie und Kirchenordnung finden wir nirgendwo auch nur den kleinsten Hinweis darauf, dass das einhellig für alle Getauften verbotene *Töten in staatlichen Diensten* doch unter bestimmten Umständen erlaubt sein könne. (Diese Einmütigkeit verliert auch durch neue Erkenntnisse oder Spekulationen über das Ausmaß der Präsenz von Christen im Heer oder in ‚Polizeieinheiten' nichts von seiner Brisanz.)

Harnack, der sogar die Hebräische Bibel keineswegs als einen unverzichtbaren Teil des Kanons der heiligen Schriften betrachtet[23], würde freilich etwas nicht deshalb als „normativ" für die Gegenwart bewerten, nur weil es in der Alten Kirche als „normativ" galt. Vielmehr finden wir bei ihm den altkirchlichen Standort in der Kriegsfrage sachgerecht erhellt und gleichzeitig dessen *nachkonstantinische Revision* belobigt. So – gut lutherisch und deutsch – in einem Zeitungsbeitrag vom März 1918 (K&W06, S. 291-298):

„Jeder Krieg scheint die Ideale und Forderungen der höheren Religionen zu mißachten, ja zu vernichten, und die Pazifisten versichern uns daher, daß jeder Christ ein Pazifist sein müsse. Allein zwischen ‚Krieg' und ‚Krieg' sind die Unterschiede ebenso groß wie zwischen ‚Pazifist' und ‚Pazifist'. Die Waffe, die ich ergreife, um den Bruder, Weib und Kind und das Vaterland zu schützen, damit sie nicht leiblich und geistig verhungern, damit auch noch die folgenden Generationen leben können und damit mein Volk seine Mission in der Welt nicht verliere – diese Waffe ist gehei-

---

[22] Vgl. K&W01, S. 26, 305.
[23] KINZIG 2004; BUCHHOLZ 2015.

ligt; die Waffe aber, die zu Unterdrückungen und Eroberungen ergriffen wird, ist verfemt. Es ist höchst lehrreich, daß auch schon die alte Kirche, so sehr sie den Krieg theoretisch verurteilte, diesen Unterschied praktisch hat gelten lassen. Sobald sie eine politisch verantwortliche Größe wurde – und das wurde sie im vierten Jahrhundert – hat sie nicht mehr gewagt, die praktischen Konsequenzen ihres *jeden Krieg verurteilenden Standpunktes* zu ziehen. Das war nicht Schwächlichkeit: es war die unreflektierte Einsicht, daß die Sittenregeln der Bergpredigt, welche dem Christen gelten, der da weiß, daß er hier keine bleibende Stätte hat, nicht ohne weiteres auf die Völker übertragen werden können, die die Erde bebauen und bewahren sollen."[24]

Immerhin, eine irgendwie modifizierte Bedeutsamkeit der Bergpredigt auch für die Völker und ihr Verhältnis untereinander wird in diesen Ausführungen auf der Linie Max Webers vielleicht nicht ganz kategorisch ausgeschlossen. Der Text ist genau zu lesen. Welcher Krieg ließe sich am Ende denn nicht mit dem Verweis auf die Lebensbedingungen nachfolgender Generationen der eigenen Nation und die ‚Mission eines Volkes in der Welt' legitimieren?

Der Dominikaner Franziskus Maria Stratmann zitiert in seinem Werk *„Weltkirche und Weltfriede"* (1924) folgende Zeilen Harnacks aus dem Jahrgang 1907 der Zeitschrift „Friedens-Blätter": „Wir freuen uns, wenn ein edler Patriotismus gepflegt wird. Aber wie armselig ist doch der Mensch, der im Patriotismus sein höchstes Ideal erkennt oder im Staat die Zusammenfassung aller Güter verehrt! Welch ein Rückfall, nachdem wir in dieser Welt Jesus Christus erlebt haben! Wir sollen mit aller Kraft die christliche [sic!] Einheit des Menschengeschlechtes erstreben und weitherzig genug sein, um fähig zu werden, daran zu glauben, daß die brüderliche Einheit der Menschheit kein Traum der Träumer ist, sondern ein vom Evangelium unabtrennbares Ziel."[25] Ob der Autor sieben Jahre später von diesem Votum selbst noch etwas wusste?

---

[24] HARNACK 1923, S. 306-314 (zuerst erschienen in der Wiener „Neuen Freien Presse" am 28. März 1918; *Kursivsetzung* pb). Man vergesse bei dieser Lektüre nicht, dass Harnack in seinen eigenen Kriegsvoten bis 1917 deutsche ‚Eroberungen' keineswegs prinzipiell abgelehnt hat, vielmehr zeitweilig für unumgänglich hielt!

[25] Hier zitiert nach: K&W05, S. 320-321 (Stratmann macht keine genauen bibliographi-

Als ‚Pazifist' – auch im Sinne der weiten Bedeutung dieser Bezeichnung in den ersten Jahrzehnten des 20. Jahrhunderts – kann Adolf von Harnack ganz sicher nicht bezeichnet werden. Am Vorabend des Ersten Weltkriegs ist er – über den von ihm unterstützten Friedrich Siegmund-Schultze – orientiert über Bemühungen um eine ‚Friedensökumene' mit den Engländern. In einem Briefzeugnis des Jahres 1912 lesen wir jedoch sehr zweifelhafte ‚Friedensargumente' aus Harnacks Feder, die weit weniger christlich klingen als das „Friedens-Blätter"-Zitat von 1907: „Der Gang der weltgeschichtlichen Entwicklung hat die drei germanischen Reiche England, Nordamerika und Deutschland auf großen Linien der Kultur an die Spitze der Menschheit gestellt. Diese drei Staaten haben außer ihrer Blutsverwandtschaft auch ein großes Erbe gemeinsam. Diese Gemeinsamkeit steckt ihnen die höchsten Ziele, aber verpflichtet sie auch vor dem Richterstuhl der Geschichte zu gemeinsamem und friedlichem Wirken."[26] (K&W06, S. 133-137)

3. DIE KRIEGSBEIHILFE EINES LIBERALEN THEOLOGEN

In seinem Aufsatz *„Die Religion im Weltkriege"*[27] (K&W06, S. 291-298) vom März 1918 wird Harnack schreiben: „Vollends verkehrt […] ist das Urteil, der Weltkrieg sei deshalb der Bankerott der Religion, weil sie ihn nicht verhindert habe. Als ob sie jemals in der Geschichte imstande gewesen wäre, dies zu tun! Die Welt ist immer im Kriegszustand gewesen – vor und nach Christus, und daher ist der Übergang aus dem latenten zum offenen Kriege niemals ein Problem gewesen, auf dessen Beseitigung die Religion irgendwelchen Einfluß gehabt hat." Zur Geschichte der Alten Kirche gehörte nun aber – unter Verweis auf die Propheten Israels – der Anspruch, der menschlichen Gattung eine durchaus neue *Zivilisationsperspektive ohne Kriegsgewalt* zu erschließen. Zumindest für den sogenannten ‚christlichen Kulturkreis' – so fragen wir heute – sollten zwei Welt-

---

schen Angaben; die „Friedens-Blätter" waren das Organ der Deutschen Friedensgesellschaft / DFG).

[26] HARNACK 1916b, S. 279-283.

[27] HARNACK 1923, S. 306-314.

kriege mit etwa 80 oder mehr Millionen Toten nicht einer Bankrotterklärung gleichkommen?

Selbstredend: Hätten sich Christen- und Kirchentum 1914-1918 zumindest überwiegend *gegen* den Krieg gestellt und bei dieser Verschwörung im Dienst des Lebens keinen Erfolg erzielt, so wäre solche Ohnmacht in der Tat kein Argument gegen die Wahrheit des Evangeliums gewesen. Doch die Verhältnisse waren ja ganz und gar andere. Die großen Kirchen in Deutschland und ihre ‚Gottesgelehrten' gingen 1914 nahezu geschlossen zur *kriegstheologischen Beihilfe für die Militärapparatur* über, um die Getauften in die Irre zu führen. Sie schauten nicht – gemäß der altkirchlichen Vision – auf die alternative Ökumene des ‚neuen Weges', sondern auf den Fetisch Nation.

Diesen so offenkundigen Bankrott des real existierenden Christentums der Kanonen und Bomben vermochte Adolf von Harnack deshalb nicht zu sehen, weil er selbst zu den Akteuren der Kriegsreligion gehörte. Seine „persönliche, nicht unbedeutende Rolle zu Anfang dieser Tragödie beginnt mit der Schlußvorlesung seiner Dogmengeschichte am 1. August 1914, die durch die Aufzeichnungen des damaligen Studenten W. Heilmann auf uns gekommen ist. ‚Die höchste Rechtfertigung des Krieges' entnimmt Harnack dem alten Liede ‚Der Gott, der Eisen wachsen ließ, der wollte keine Knechte …', das er an den Anfang seiner Rede stellt. ‚Mit hinziehen zu können' in den Krieg ist in dieser Idealisierung denn auch ‚nicht Forderung, nicht … Einladung, sondern … Vergünstigung'. Die alte Humanistenlosung ‚kein schön'rer Tod ist auf der Welt als vor dem Feind gefallen' und die konservativ protestantische ‚mit Gott für König und Vaterland!' finden sich hier auf engem Raum neben der neuen, bis 1945 immer wieder mißbrauchten Parole ‚bis zum letzten Blutstropfen für das Vaterland einzutreten'! Die konsequente Wirkung dieser stimulierenden Vorlesung war am Ende das impulsive Anstimmen des Lutherliedes durch die Studenten."[28] (Karl Hammer) – Die Lieder vom deutschen Eisengott kannte Adolf von Harnack nur zu gut, denn sein Vater Theodosius hatte deren Dichter Ernst Moritz Arndt (1769-1860) in Bonn persönlich kennengelernt: „Ein großes Bild von ihm hing in unseres Vaters Stube, und durch

---

[28] HAMMER 1972, S. 87.

seine Erzählungen und die patriotischen Lieder Arndts, die wir auswendig lernten, wurde uns das Bild so vertraut, als lebte es."[29]

Drei Tage nach dem mit Lutherchoral beschlossenen Auftakt im Hörsaal schreibt Harnack am 4.8.1914 wunschgemäß einen Entwurf nieder für den geplanten Kriegsaufruf des Kaisers an das Volk. Es bleibt davon am Ende vergleichsweise wenig übrig, und deshalb ist es unsachgemäß, Harnack ohne nähere Erläuterungen als eigentlichen Urheber des Kaiserrufes zu nennen. Doch sicher kann man sagen, dass die Vorlage des berühmten Theologen (K&W06, S. 142-143) aus *christlicher* Sicht weitaus schlimmer war als der dann veröffentlichte Kaiseraufruf „An das deutsche Volk!" (K&W06, S. 141) vom 6. August 1914. Harnack hatte z. B. gewünscht, sein Kaiser würde proklamieren: *„Auf! Zu den Waffen! Gott will es!"*

Am 11. August 1914 erstrebt Harnack dann in seiner *„deutsch-amerikanischen Sympathiekundgebung"* – mit einigem Tribut an rassistische Komplexe – eine gemeinsame ‚angelsächsische' und ‚deutsche' Abwehrfront wider „mongolisch-moskowitische Kultur" und die unorganisierte „Masse Asiens" (K&W06, S. 149-154): „,Gut und Blut bis zum letzten Tropfen' für die Kultur [...] Der Tod, der freiwillig dargebracht wird, er tötet den großen Tod und sichert das höhere Leben [...] ‚Er ward gehorsam bis zum Tode, ja zum Tode am Kreuz!' Nun, das große Gehorchen hat auch für uns erst recht begonnen ...".

Am 10. September 1914 rechtfertigt Harnack in einer Antwort an englische Gelehrte die Verletzung der Neutralität Belgiens und versteigt sich u. a. zu der Parole, es habe sich „Serbien durch den feigsten Mord, den die Weltgeschichte kennt, aus der Reihe der Staaten ausgestrichen, mit denen man auf dem Fuße der Gleichheit verkehrt" (K&W06, S. 155-158).

Harnack verteidigte die deutsche Kriegspolitik ebenso in einem gemeinsamen *„Aufruf deutscher Kirchenmänner und Professoren"* vom 4. September 1914 an die evangelischen Christen im Ausland (siehe

---

[29] Zitiert nach KAUFMANN 2005, S. 169. – Vgl. auch KAUFMANN 2005, S. 203: „Harnacks Wertung des von neidischen Feinden aufgezwungenen Verteidigungskrieges der abendländischen Kultur als eines ‚geheiligten' und ‚gerechten' Krieges im Sinne Luthers dürfte sich als eine Art theologisch-politischer *cantus firmus* seiner entsprechenden Äußerungen zum Ersten Weltkrieg erweisen lassen".

K&W06, S. 165-177) wie durch seine – ohne genaue Textkenntnis[30] beigesteuerte – Unterschrift unter den berüchtigten *„Aufruf der 93"* an die Kulturwelt vom 4. Oktober 1914 (K&W06, S. 193-200). Seiner Berliner Rede *„Was wir schon gewonnen haben und was wir noch gewinnen müssen"* vom 29. September 1914 ist wieder dem deutschen Eisengott gewidmet und höheren Idealen als „Kosmopolitismus, Internationale usw." (K&W06, S. 178-192): „… braust nicht in uns allen von dem Tage ab, da der Krieg begann, ein Freiheitsgefühl? […] Ja auch der Krieg ist ein großer Gleichmacher. […] Weil es in dem Kriege hervortritt für alle gleich: du mußt unverbrüchlich gehorchen und du bist berufen – heute, morgen, in den nächsten Stunden kann's geschehen – zu befehlen. Unser herrliches Heer, welches das Ausland nicht versteht […] Das große Opfer schafft […] unter uns eine neue Blutsverwandtschaft […] wenn wir die Religion wiedergewinnen, […] dann haben wir das Größte gewonnen – […] jene [Religion], die sich jedes Leid zum Kreuz umbiegt […] Wer könnte denn […] freudig hingeben, wenn er nicht im Herzen wüßte, daß der Tod nicht der Übel größtes ist, und wenn er nicht ausschaute auf ein ewiges Reich […] Unser herrliches Heer und sein großer Heerführer, unser teurer Kaiser, sie leben hoch!" – An anderer Stelle klingt später zur Weihnacht 1915 der Martyriums-Gedanke an: „Den Sterbenden aber, die willig für uns sterben und hier auf Erden den Sieg nicht sehen, gilt das Wort: ‚Sie sind vom Tode zum Leben hindurchgedrungen; denn sie liebten die Brüder'." (K&W06, S. 228-230.)

1915 erscheint eine Feldausgabe von Harnacks – bereits zu Lebzeiten in vierzehn Auflagen gedrucktem – Buch *„Das Wesen des Christentums"*. Im Geleitwort dieser Spezialedition für die Kriegsfront distanziert sich der Verfasser, der je nach Kontext so gerne einen ‚christlichen Universalismus' beschwört, erneut von pazifistisch-kosmopolitischen Anschauungen – und zwar durch ein Zitat von Gedichtversen des Jahres 1873: „Deutsch sein heißt: offne Freundesarme / Für alle Menschheit ausgespannt, / Im Herzen doch die ewig warme, / Die einz'ge Liebe: Vaterland! / Deutsch sein heißt: sinnen, ringen, schaffen, […] / Und Blumen ziehn – doch stets in

---

[30] Die für den nationalen Propagandakomplex gleichsam *blind* geleistete Unterschrift ist aus meiner Sicht alles andere als ein ‚mildernder Umstand'. Vgl. auch HÄRLE 1975 (gehörte Harnack zum *Aufruf-Komitee* ?).

Waffen / Für das bedrohte Eigne stehn"[31] (K&W06, S. 226-227). Das konnten auch solche Leser unterschreiben, die die kulturprotestantische Version einer ‚Gottesrede im Herzen' als Rede eines irgendwie vorzugsweise ‚deutschen' Gottes verstanden (keineswegs jedoch als Widerspruch zu einer – real existierenden – gnadenlosen Welt der Gewalt).

Zu den irritierenden Quellen gehören zwei Briefdokumente vom September 1915, aus denen Harnacks auch sonst gut belegte Bewunderung für den extrem antisemitischen Kaiser-Liebling Houston Stewart Chamberlain hervorgeht (K&W06, S. 210-212). Wolfram Kinzig zufolge deuten diese lange „in ihrer Gesamtheit unpublizierte[n] Briefe des Theologen an den politischen Publizisten und ‚Rassetheoretiker' Houston Stewart Chamberlain einerseits sowie an Kaiser Wilhelm II. andererseits darauf hin, dass Harnacks anfängliche Kriegsbegeisterung nicht allein durch das ‚Augusterlebnis' zu erklären ist, sondern in seinem politischen Denken zu Kriegsbeginn verwurzelt ist. Eine vergleichende Darstellung dieses Denkens bei Chamberlain und Harnack lässt strukturelle Ähnlichkeiten erkennen"[32]. Dies könnte ein Hintergrund der oben angeführten rassistischen Wendungen (‚mongolisch-moskowitische Kultur', ‚asiatische Masse') sein. – Harnacks *theologischer* ‚Antijudaismus' (Marcionismus) wurde – zusammen mit seinem Ansatz eines ‚inwendigen Gottesreiches' – von den Pionieren einer „Germanisierung des Christentums"[33] aufgegriffen; dies ließe sich u. a. auch an einzelnen Wendungen in dem zum Reformationsfest 1917 erschienenen völkischen Werk *„Deutschchristentum aus rein-evangelischer Grundlage"*[34] aufzeigen (volle Textdokumentation: K&W06, S. 438-460). Doch solche Rezeption war kaum im Sinne Harnacks, der selbst *keine* rassenantisemitischen Positionen vertrat, allerdings auch nicht als besonders regsamer Kämpfer gegen den allgegenwärtigen Antisemitismus in Erscheinung getreten ist.[35] Von diesem Komplex wäre aber doch noch einmal die Frage zu unterscheiden, in wieweit bzw. wo

---

[31] Die Verse stammen aus: Anastasius GRÜN, Gesammelte Werke, Band 2. Berlin 1907, S. 96-100 (Harnack selbst nennt keine Quelle).

[32] Einleitende Zusammenfassung in: KINZIG 2015.

[33] Vgl. RADMÜLLER 2012.

[34] ANDERSEN u.a. 1917.

[35] Vgl. KINZIG 2004.

der protestantische Gelehrte den zu seiner Zeit weithin als Wissenschaft geltenden Rassenlehren partiell gefolgt ist.

Harnacks Aufsätze über das Baltikum, die Universität Dorpat und die Leistungen der (ehemaligen) deutschen Ostprovinzen zeugen 1915 – nebst Zeitungsberichten über entsprechende Vorträge – nicht minder von geistiger Kriegsbeihilfe (K&W06, S. 201-225). Der Gelehrte mit einer ausgeprägten antirussischen Grundhaltung „hat sich darum bemüht, die reichsdeutsche Öffentlichkeit über das Baltikum zu informieren, und er hat im Krieg zeitweilig den Traum einer Anbindung der Ostseeprovinzen an das Deutsche Reich mitgeträumt"[36]. Bei den ersten Siegesnachrichten jubelt Harnack: „In Oriente lux! Lux Germanica über meiner alten Heimat!"[37] Ein von der Tochter mitgeteiltes Briefkonzept vom 2. Mai 1915 enthält folgende Mitteilungen an den Reichskanzler: „Die Nachricht, daß unsere Truppen in breiter Front auf Mitau marschieren, hat mich, wie kaum eine andere in diesem Kriege, bewegt und erhoben. Aus dieser tiefen inneren Bewegung entbindet sich der heiße Wunsch, dem deutschen Vaterlande in den baltischen Landen meine Dienste leisten zu dürfen. Sind doch unsre Truppen wahrscheinlich nur noch wenige Kilometer von der kurländischen Grenze und nur noch etwa 100 Kilometer von Riga entfernt! Freilich weiß ich nicht, ob beabsichtigt ist, dorthin zu marschieren: aber wenn es der Fall ist, so würde ich es als eine Krönung meines Lebens betrachten, wenn ich auf baltischem Boden mich nützlich machen könnte […] Was mir vorschwebt, ist, der, sei es militärischen, sei es Zivil-Verwaltung zur Beratung beigegeben zu werden."[38] (K&W06, S. 363-400). Gedacht

---

[36] KAUFMANN 2005, S. 181; vgl. ebd., S. 199 (Hoffnung auf ein Protektorat im Bereich der baltischen Ostseeprovinzen auch noch 1917 ?). – Der Historiker Heiko Wegmann weist auch auf *katholische* Voten zum Baltikum hin: „Während des Ersten Weltkrieges gab es Pläne für die Germanisierung von militärisch besetzten Gebieten im Baltikum. Das ist bislang wenig erforscht, der Historiker Ron Hellfritzsch befasst sich damit nun im Rahmen seiner Promotion. Organisatorischer Kern war die ‚Vereinigung für deutsche Siedlung und Wanderung'. [Der geistliche Caritas-Gründer Lorenz] Werthmann [1858-1921] gehörte 1916 zu den Gründungsmitgliedern der Vereinigung. Neben radikalen Akteuren wie dem Alldeutschen Verband beteiligten sich auch der Caritasverband und der Raphaelsverein zum Schutze katholischer deutscher Auswanderer." (KÖRNER 2021). Vgl. inzwischen auch in unserer Reihe: *Kirche & Weltkrieg*, Band 13.
[37] Zitiert nach ZAHN-HARNACK 1936, S. 464.
[38] Zitiert nach ZAHN-HARNACK 1936, S. 464-465. – KINZIG 2015, S. 229 vermerkt noch folgenden Zusatz auf dem Konzept für einen Brief an den Kaiser vom 26.9.1915: „Ew.

wird hier – folgt man einer editorischen Fußnote Harnacks von 1923 (K&W06, S. 238-254, hier 239) – an ‚Protektorate'. Neue, weit im Osten liegende Grenzen für die sogenannte abendländische Kultur hat Adolf von Harnack offenbar selbst im Juni 1917 als Ziel noch nicht preisgeben wollen. Seine Denkschrift *„Das Gebot der Stunde"* (K&W06, S. 286-290) nennt bei Rückzügen hinsichtlich anvisierter Erweiterungen des politischen Einflussgebietes jedenfalls noch nicht die baltischen Ostseeprovinzen: „Wenn unsere inneren Reformen als grundlegende und fortwirkende in Kraft gesetzt sind [...] – dann müssen wir in einem Manifeste aufs neue erklären, daß wir zur Beendigung dieses Krieges, den wir als Verteidigungskrieg geführt haben, zu jedem Opfer bereit sind, das unser *status quo ante* erträgt, und ferner daß uns als christliche Nation die Menschheit so nah angeht wie unser Vaterland, weil wir mit unserm Vaterland einen Beruf für diese haben. [...] Zu den Opfern aber, um keine Zweideutigkeit zuzulassen, rechne ich Belgien, Polen, ja selbst Verhandlungen über elsaß-lothringische Grenzregulierungen."

Karl Hammer schreibt – unter besonderer Berücksichtigung einer Dissertation von Erhard Pachaly[39] – über die ersten Kriegsjahre: Der Stil der „Anfangsdokumente weist Harnack bruchlos in die Reihe kriegsverherrlichender deutsch-nationaler Theologen, die von den sogenannten Befreiungskriegen bis zum Ende des Zweiten Weltkrieges reicht. Das Glaubensbekenntnis zu ‚deutsch über alles' und das Anathema gegen ‚asiatische Halbkultur und welsches Wesen' ist bei ihm so deutlich ausgedrückt, wie bei vielen seiner Kollegen, Vorläufer, Zeitgenossen und Nachfolger [...] / Daß neben ethischen Argumenten des Theologen Harnack von 1915 an bereits militärische und kräftepolitische bismarckscher Art eine wichtige Rolle spielten, zeigt Pachaly an einem Brief Harnacks vom 14.2.1915. Alldeutschen Phantastereien ist der in annexionistischen Wünschen – aus militärischen, nicht ethischen Gründen zwar – gemäßigtere Harnack von Anfang an abhold. Unter den drei Hauptfeinden Deutsch-

---

Mai. Heere haben [?] Kurland gewonnen + / stehen vor d[en] Thoren meiner [?] alten Heimat, livl[ändische] Wellen / Gefühle meine [?] Brust bewegen, so ich [...] besprechen. So [?] EW. Maj. / glauben sollten, [...] alle Kenntnisse d. Landes nützlich zu / finden – es sind [?] vor [?] allem direkte + indirekte Personalkenntnisse –, / so würde [?] ich mich glücklich schätzen, sie in d[en] Dienst des Vaterlands / stellen z[u] dürfen."
[39] PACHALY 1964 (nicht eingesehen; Bibliotheksorte: Frankfurt, Leipzig).

lands ist ihm nur einer gründlich zu schlagen, ein anderer kaltzustellen und der dritte zum Freund zu machen. Ob allerdings England oder Rußland zu schlagen seien, darüber wechselt er seine Meinung (vom Februar zum Mai/Juni 1915) – ob unter dem Eindruck der militärischen Entwicklung oder des ‚Mitteleuropa'-Buches Naumanns [...] bleibt unentschieden. [...] Mit diesem realistischeren, gemäßigteren, aber leider unwirksameren Kurs stand Harnack u. a. auch seinem Berliner Kollegen Reinhold Seeberg entgegen [...] Seebergs Annexionsdenken bereitete es offensichtlich keine theologischen Schwierigkeiten, ‚politisch selbständige und an Selbständigkeit gewöhnte Völker' einzuverleiben. Harnack widerstrebten solche Forderungen, wenn er auch in der Ablehnung von Annexionen keineswegs konsequent blieb. [...] / Pachaly resümiert die ‚Linie', die sich aus Harnacks verschiedenen privat-offiziellen Äußerungen zur Annexionsfrage ergibt, so: ‚Er bejahte das Kriegszielprogramm deutscher annexionistischer Kreise. Auch er unterstützte die Forderungen nach der Vergrößerung der Macht des deutschen Imperialismus ... Diese Grundtendenz ist allen Denkschriften gemeinsam. Es zeigen sich aber taktische Unterschiede.' Andererseits muß auch von ihm Harnack ‚persönlicher Mut und ehrenhafte Gesinnung ... in einer Zeit, in der in Deutschland der Chauvinismus große Teile des Volkes und namentlich der Intelligenz beherrschte', bescheinigt werden. [...] / Harnacks Mitwirkung in der ‚Deutschen Gesellschaft von 1914', die im November 1915 aus der Taufe gehoben wurde, um eine weitere Vertiefung der neuerlich hervorgetretenen Klassengegensätze zu verhindern, ist von der Einsicht bestimmt, daß nur die beim Kriegsausbruch sichtbar gewordene Einigkeit der Parteien, der vielberufene ‚Geist von 1914', ein Maximum im Krieg gewinnen läßt. Harnack betätigte sich ‚als publizistischer Propagandist' natürlich nur nebenbei, das heißt neben seiner vielfältigen beruflichen Tätigkeit, trug aber durch seine Popularität nicht unerheblich zur Stützung der kaiserlichen Politik in Deutschland und den besetzten Gebieten bei, wenn er zum Beispiel einen Artikel zu Kaisers Geburtstag (23.1.1916) im ‚Champagne-Kamerad', der Feldzeitung der 3. Armee, schrieb, oder wenn er allenthalben Vorträge in sechs deutschen Städten hielt, zum Beispiel über das Thema ‚Der Kulturkrieg im

Weltkrieg' oder in Warschau (18./19.4.1916) ‚über den Unterschied der ost- und westeuropäischen Kultur!'."[40]

Bei aller Differenz zu den Fürsprechern einer ultimativ aggressiven Eroberungspolitik gab es auch aus Sicht von Thomas Kaufmann doch einen gewissen ‚Grundkonsens': „Dass der Krieg Gottes Willen entsprach und im Horizont der göttlichen Weltregierungen zu deuten war, war eine Überzeugung, die Seeberg und Harnack mit weiten Teilen ihrer protestantischen Zeitgenossen teilten. Für Harnack war der Krieg ein unumgängliches Mittel der Politik, dessen destruktive Energien politisch zu bändigen und dessen Chancen im Sinne einer stabilen Friedensordnung zu nutzen waren, die Deutschland seinen legitimen Platz unter den führenden Kulturnationen sichern, ja die Kultur gegen die Barbarei erhalten sollte. Gegenüber der Konstruktion eines anglo-calvinistischen im Vergleich zu einem deutschlutherischen Kulturtypus, wie ihn etwa Seeberg, Holl oder Emanuel Hirsch vertraten, sah Harnack zwischen Deutschland und den angelsächsischen Ländern eine gemeinsame, trag- und zukunftsfähige protestantische Kulturbasis."[41]

4. ZWEIFEL UND ANSÄTZE ZUR ‚FRIEDENSARBEIT'

Karl Hammer konstatiert eine „in ihren politischen Stellungnahmen eigentümlich schillernde und während des Kriegs von verschiedensten Eindrücken, Einflüssen und Machtfaktoren hin und her gerissene Natur Harnacks"[42]. In seiner Darstellung berücksichtigt er u. a. folgende ‚Stationen' zu Wandlungen bzw. Mäßigungen Harnacks in den beiden letzten Kriegsjahren:

– „Ethische Gesichtspunkte tauchen in der kriegspolitischen Publizistik Harnacks erst Mitte 1916 auf, als der Freiherr v. Zedlitz und Neukirch in seinem Artikel ‚Der Abschied von der weißen Weste' diesen Abschied von der Moral fordert und Harnacks politische Ethik geradezu herausfordert. Harnack exponierte sich zu diesem Zeitpunkt, wenn er in seiner Antwort darauf

---

[40] HAMMER 1972, S. 88 und 91-93.
[41] KAUFMANN 2005, S. 219-220.
[42] HAMMER 1972, S. 91.

schreibt: ‚Wie bisher wollen wir Deutschen in der politischen Ethik vor unserem Gewissen und deshalb vor dem Richterstuhl der Geschichte bestehen können [...]' – wenn er weiter auf ein zu erwartendes Nachkriegsdeutschland hinweist, das mit anderen Staaten zusammenleben müsse, die nicht seine Vasallen sind. Wir erfahren, daß kaum eine Zeitung sich erbötig zeigte, diese Worte abzudrucken, obwohl sie ihm andererseits allerhöchste Anerkennung von seiten des Staatssekretärs v. Valentini sowie des Kaisers persönlich eintrugen!"[43] (K&W06, S. 231-237)

– „Als am 8.1.1917 der uneingeschränkte U-Boot-Krieg von Bethmann, Hindenburg und Ludendorff beschlossen wurde, herrschte ‚große Depression' im Mittwochabend-Kreis, weil der daraufhin zu erwartende Kriegseintritt der USA dem Delbrückkreis klar war. Delbrück [Harnacks Schwager], Meinecke und Harnack richteten deshalb ein Telegramm an den Kanzler, worin gleichzeitig mit jenem verhängnisvollen U-Boot-Entschluß als Anhang eine diesen mildernde Bereitschaftserklärung Deutschlands gefordert wird, ‚Belgien in vollem Umfange wiederherzustellen' – ohne Erfolg."[44]

– „Harnack hatte mit dem Regierungschef [Bethmann-Hollweg] am 22.6.1917 eine Unterredung, deren Ergebnis er seiner Nichte brieflich mitteilt. Bethmann, so heißt es darin, stehe den Kriegszielen von Sozialdemokraten wie Scheidemann, Südekum und David näher als denen der Alldeutschen. Da dieser Brief durch eine Indiskretion entstellt veröffentlicht wurde, konnte der Reichskanzler gleichzeitig von alldeutscher Seite beschuldigt werden, er sehe ‚in den Kreisen, die noch an einen deutschen Sieg glauben, seine größte Gefahr', und somit leichter gestürzt werden. Harnack selber sah bereits zu diesem Zeitpunkt, im selben Brief an Frau Dr. Zeller, nur noch zwei Möglichkeiten für Deutschland, wenn er sich auch hütete, dies öffentlich zu bekennen: ‚einfach Remis [‚unentschieden', *Anm.*] oder Niederlage'; die dritte, ‚Remis mit Vorteil', hatte er seit einem Jahr für sich selber schon gestrichen, nur noch nach außen propagiert."[45]

---

[43] HAMMER 1972, S. 93.
[44] HAMMER 1972, S. 94.
[45] HAMMER 1972, S. 94-95.

- „Den Brest-Litowsker Frieden [...] konnte Harnack so wenig als ‚wahren Gottesfrieden‘ feiern – so hätte es dem vorherrschenden protestantischen Kanzelton entsprochen –, wie er der Versuchung widerstand, aus dem Anlaß des Reformationsjubiläums [am 31. Oktober] 1917 eine Gelegenheit zu chauvinistischer Lutherverherrlichung zu machen, wie weithin üblich. Seine Lutherschrift[46] entbehrt jeden aktuellen politischen Bezugs."[47]
- Nicht „nur im Westen [s. o.] widerstrebt Harnack dem Annexionismus immer mehr, je länger der Krieg dauert und je zweifelhafter der Erfolg für Deutschland wird, auch im Nordosten, wo sich mit der zunehmenden Eroberung des Baltikums durch deutsche Truppen (Anfang 1918) Erfolg sogar einstellt, widerstrebt er der völligen Eingliederung seiner geliebten Heimat und muß sich prompt von Landsleuten ‚Vaterlandsverräter‘ schimpfen lassen."[48]
- „Außenpolitisch hatten sich die Gegensätze zwischen den gemäßigten Ansichten des ‚Volksbundes für Freiheit und Vaterland‘, dem Harnack zuletzt (ab 1917) angehörte, und der All-‚Deutschen Vaterlandspartei‘ so sehr vertieft, daß keine Einigung zu erzielen war, etwa auf der Zusammenkunft vom 9.10.1918, als Admiral v. Tirpitz, Prof. Schäfer und Prof. Seeberg einen Aufruf für das letzte Aufgebot vorschlugen unter der Losung ‚Hurra, Heimat, dir sterben wir!‘ bei keinerlei Kompromißbereitschaft mit dem Feind. Harnack und Troeltsch lehnten solches tapfer ab, erwarben freilich dadurch weder für sich, noch für die deutsche Politik Anerkennung. Das außenpolitische Credo entschied auch über innenpolitische Beförderung. Harnack durfte sich zweimal Hoffnung auf den Posten des Preußischen Kultusministers machen, doch wurden auch hier mehr alldeutsch gesinnte Vertreter vorgezogen."[49]

Der ‚relative Pazifist‘ Karl Barth[50] wird 1951 in Band III/4 seiner ‚Kirchlichen Dogmatik‘ betonen: „Das ist es in erster Linie, was nicht

---

[46] [HARNACK 1917b]
[47] HAMMER 1972, S. 94.
[48] HAMMER 1972, S. 94.
[49] HAMMER 1972, S. 95.
[50] Ob, wie HÄRLE 1975 fragt, Karl Barths Bruch mit seinen ‚liberalen Lehrern‘ in

geschehen darf: der Krieg darf nicht als ein normales, ein ständiges, ein gewissermaßen wesensnotwendiges Element dessen anerkannt werden, was nach christlichem Urteil den rechten Staat, die von Gott gewollte politische Ordnung ausmacht." Adolf von Harnack reagierte hingegen 1916 in seinem sehr vage gehaltenen Widerwort *„Der Abschied von der weißen Weste"* (K&W06, S. 231-237) auf den Freiherrn v. Zedlitz nicht mit einer fundamentalen, gar theologischen Kritik des Krieges. Vielmehr teilte er selbst die in der Staatsdoktrin enthaltenen Immunisierungen gegen eine umfassende Geltung der Weisungen Jesu: „Es gibt eine Privatethik und eine Sozialethik und eine politische Ethik. Es gibt eine Ethik im Friedensstande und im Stande der Notwehr und so fort. Man kann nicht einfach Übertragungen aus dem einen Gebiet in das andere vornehmen, ja man würde unsittlich handeln, wenn man es täte". Es soll zwar irgendwie überall „dasselbe sittliche Bewußtsein" walten, doch es bleibe eben *„die Spannung zwischen dem Staat und der die Menschheit umfassenden Humanität"*. Ausdrücklich unterschreibt Harnack den Satz einer politischen Nationalethik, *„daß wir ausschließlich unseren eigenen Staat ins Auge zu fassen haben, seine Stärke und seine zukünftige Sicherheit"*. Die Kritik an Zedlitz vom April 1916 ist in diesem Kontext eher pragmatischer Natur und zielt auf die Nachkriegszeit. Deutschland wird „niemals ‚ein geschlossener Handelsstaat' und niemals ein unabhängiger Staat in dem Sinne sein […], daß der Gedanke der Humanität für ihn nicht mehr existiert oder daß alle anderen Reiche zu seinen Füßen liegen". Man wird also dereinst – nolens volens – mit den ‚Anderen' wieder gut auskommen müssen.

Harnacks Denkschrift *„Friedensaufgaben und Friedensarbeit"* (K&W06, S. 238-254) an den Kanzler vom Sommer 1916 zeugt noch relativ ungebrochen vom Kriegspatriotismus des Verfassers: „Die Erhebung des deutschen Volkes im August 1914 ist in ihrer Einmütigkeit und geschlossenen Kraft nicht nur das größte Ereignis in der neueren deutschen Geschichte, sondern diese Erhebung hat sich auch als fortwirkend bewährt bis heute." Der Annexionismus wird hier keineswegs prinzipiell zu den Akten gelegt: „Eng mit dem Wohnungswesen hängt das Siedelungswesen zusammen, das aber

---

Deutschland sich nun speziell am *„Aufruf der 93"* vom 4. Oktober 1914 (K&W06, S. 193-197) entzündet hat, erscheint mir angesichts des belegten Entsetzens bei Barth über die Kriegsassistenz der deutschen Protestanten nur von nachrangigem Interesse zu sein.

gegenüber der allgemeinen Aufgabe der Verbesserung der Wohnungen nur eine partikulare Bedeutung innerhalb der heutigen Grenzen Deutschlands hat. Anders wird es stehen, wenn wir im Osten Erwerbungen machen; doch sind auch dort, außer in Kurland, nicht so bedeutende Siedelungsflächen vorhanden, als manche Enthusiasten sich vorstellen." Gefordert wird eine bessere Kenntnis ‚anderer Kulturvölker', „um nicht einem engen geistigen Chauvinismus zu verfallen, der uns schließlich gegen uns selbst blind macht". (Karl Hammer teilt mit, Harnack sei noch an einer weiteren Eingabe an den Reichskanzler aus dem Jahr 1915 maßgeblich beteiligt gewesen.[51])

Nicht frei von Gebietserweiterungsplänen ist auch die politische Berliner Rede *„An der Schwelle des dritten Kriegsjahres"* vom 1. August 1916 (K&W06, S. 255-268): „[D]aß wir uns gegen eine Welt von Feinden wirklich behaupten, unser heimisches Land siegreich verteidigen und alle Stürme abschlagen, das ist wahrlich eine große Tat, und sie allein schon würde in der Geschichte der Welt fortwirkend ein mächtiger Faktor zu unsern Gunsten sein. Aber es wäre doch sehr ungenügend und es wäre bitter, wenn uns der Friede nichts anderes brächte. Aber nicht nur ungenügend und bitter – denn wofür hätten wir die ungeheuren Opfer gebracht? [...] es ist auch geschichtlich angesehen, nahezu unmöglich, daß ein solcher Krieg mit dem *status quo ante* endet. Nein, wir dürfen und müssen mit unseren Zielen vorwärts! [...] Da wollen wir erstlich nicht vergessen, daß wir unsre Kolonien fast vollständig verloren haben. Wir müssen ein Kolonialreich zurückgewinnen; die stärkste Stellung in Mitteleuropa kann das nicht ersetzen. Aber automatisch erhalten wir die Kolonien nicht zurück. Wir müssen Opfer für sie bringen in Europa." – Deutschland soll wieder Kolonialmacht werden – und hat eine hohe Mission: „Ich möchte nicht in einer Welt leben, die den deutschen Idealismus nicht mehr kennt und in welcher Humanität, edles Menschentum und christliche Liebe zum alten Eisen geworfen sind. Daher: selbst in dieser heißesten Zeit, mitten im Kampf um Sein oder Nichtsein, wo nichts als der Siegeswille angespannt sein darf, – soll uns doch aus weiter Ferne das höchste Kriegsziel leuchten: Deutsch-

---

[51] HAMMER 1972, S. 91; dort mit der ergänzenden Fußnote 21: „Veröffentlicht wurde diese interessante Eingabe vom Sommer 1915 erst in: Preußischer Jahrbücher Nr. 169, Berlin 1917, S. 306 f. von *H. Delbrück*" [Text in K&W06 unberücksichtigt].

land, sein[er] selbst mächtig in ungehemmter, edler Arbeit; aber neben ihm und mit ihm friedliche Völker! *Regnum dei in terris*; Gottes Reich auf Erden! [...] Deutsches Volk harre aus, stärke deine Arme, wenn sie müde, und deine Knie, wenn sie matt werden! Denke an die im Granatfeuer! Sie leisten bis aufs Blut Widerstand. Du hast noch lange nicht ihr Vorbild erreicht! [...] Sei männlich und sei stark!"

Die akademische Predigt vom 4. März 1917 stellt nun wieder klar, dass man *„Vom Reiche Gottes"*[52] (K&W06, S. 269-276) natürlich doch nicht in äußeren (politisch-weltlichen) Kategorien reden soll. Über die Gebiete des Staatlichen heißt es: „Es sind große Schöpfungsordnungen [sic!] Gottes, und sie sind selbständig. Daher, wer hier einfach mit der Religion zufahren will und sie christlich machen, der verletzt sie [...] Jene Gebiete stehen auf ihrem eigenen Recht und haben ihr eigenes Wachstum [...]. Es gibt so wenig einen christlichen Staat und ein christliches Recht, wie es einen christlichen Krieg gibt". Diese Ausführungen dienen leider keineswegs dazu, Ideologien über vermeintlich „christliche Staaten", vermeintlich „christliche Kriegsapparaturen" etc. zu entlarven; sie sollen vielmehr – in gnadenlos lutherischer Tradition[53] – den Staat vor christlicher „Ungeduld" (und vor der Kriegskritik der ‚vorkonstantinisch‘ eingestellten Christenmenschen) bewahren.

Für Harnack ist *„Wilsons Botschaft"* zum ‚demokratischen Pazifismus‘ vom 2. April 1917 „die unverschämteste, anmaßendste und heuchlerischste Kundgebung, die seit den Tagen Napoleons I. das Oberhaupt einer Großmacht an ein anderes Volk gerichtet hat" (K&W06, S. 277-285). Doch seiner Denkschrift an den Reichskanzler vom Juni 1917 zufolge sind – als *„Gebot der Stunde"* (K&W06, S. 286-290) – demokratische und soziale Reformen im Inneren „wichtiger

---

[52] Harnack trägt in dieser Predigt vor: „Wo ist das Reich Gottes zu finden? Es ist in den starken, zuversichtlichen Menschen zu finden, die einen Gott haben; es ist in dem Liebesbunde zu finden, der die Menschheit verbrüdern soll, und es ist da in jeder Einrichtung, in jeglichem Werke, in jeder Arbeit, die von gottesfürchtigen Menschen getrieben werden."

[53] Es bleibt zu bedauern, dass der offenbare Widerspruch zwischen Luthers theologischem Grundimpuls (‚*Sola gratia*‘) und seiner ideologischen, den Herrschenden genehmen Sicht von Staat und Kriegswesen bis heute in der Regel nicht aufgedeckt wird. Was aber soll eine „Botschaft der Gnade", wenn ihr – wie ein Fremdkörper – die Rechtfertigung einer gnadenlosen weltlichen Ordnung an die Seite gestellt wird?

als der ganze U-Bootkrieg". Deutschland müsse erklären. „daß wir zur Beendigung dieses Krieges, den wir als *Verteidigungskrieg* geführt haben, *zu jedem Opfer bereit sind, das unser status quo ante erträgt* und ferner daß uns als christliche Nation die Menschheit so nah angeht wie unser Vaterland, weil wir mit unserm Vaterland einen Beruf für diese haben." ‚Ansprüche' auf Polen und Belgien stehen zur Disposition, aber auch „Verhandlungen über elsaß-lothringische Grenzregulierungen" erscheinen dem Verfasser jetzt möglich.

Im Aufsatz *„Die Religion im Weltkriege"* (K&W06, S. 291-298) vom 28. März 1918, der u. a. ein erneutes Demokratisierungsvotum sowie eine Würdigung der ‚mittleren Linie' des Papstes enthält, will Harnack die christlichen Pazifisten vom nachkonstantinischen Mehrheitsstandpunkt aus belehren (Anerkennung der Ordnung des Krieges durch ‚edle Pazifisten' statt einer umfassenden Geltung der Bergpredigt und des *staatskritischen* Pazifismus); der Beitrag zeichnet sich – mitten im ‚Menschenschlachthaus' – durch einige höchst fragwürdige Beurteilungen aus: „Als ob jeder bittere Streit in den Familien, als ob Ungerechtigkeit, Neid, Haß, heimliche Erdrosselung im Konkurrenzkampfe und die ganze See von Plagen innerhalb eines und desselben Volkes nicht viel schlimmer sind als der Krieg [sic!], und als ob es möglich wäre, die Kriege früher zu beseitigen als jene Zustände! […] Die Ideale und Tendenzen der Religion werden durch jeden großen Krieg nicht vernichtet, sondern aufs kräftigste angespannt". Ob der Verfasser – auf einer Kanzel hoch über allen Leichenbergen stehend – solches z. B. auch auf den Schlachtfeldern vor Verdun gepredigt hätte ?

De facto folgt Harnack als Theologe an vielen Stellen doch dem – von ihm abgelehnten – Credo einer metaphysisch konstruierten omnipotenten Gottheit, die mit Weltordnung und Geschichtsverlauf zusammenhängt. Seine ‚liberale Theologie' zielte aber eigentlich auf jenen Gott, der die Liebe ist (1. Johannesbrief 4, 16), und auf die Seele des Einzelnen. Was bleibt vom Prophetischen der biblischen Religion, wenn das Reich der Innerlichkeit und die Kriegsschauplätze des millionenfachen Todes zusammenhangslos nebeneinander stehen? Auch eine am 28. Juli 1918 gehaltene Predigt *„Vom inwendigen Menschen"* erschließt uns nicht, wie Harnacks Ansatz beim Individuum angesichts eines zivilisatorischen Abgrundes für die gesamte Gattung vermittelt werden könnte. Genau besehen geht es am Ende schlichtweg um eine Ermutigung der deutschen ‚Heimatfront' (K&W06, S. 299-308): „Wie sehr uns aber die Stärkung des inwendigen Menschen not tut, darüber braucht es keiner Worte. Befinden wir uns doch seit nun vier Jahren nicht in einem Kriege oder in einem ‚Weltkriege' […], sondern mitten in einer furchtbaren Katastrophe der Geschichte, wie sie bis jetzt unerhört war, solange es eine Geschichte der Menschheit gibt. […] Was früher nur wie ein leichter giftiger Hauch um uns war, der da verwehte, die öffentliche Lüge und Verleumdung, der Völkerhaß und der Seelenmord, das ist zur Sturmgewalt geworden, die im Bunde mit dem Feuer und Schwert alles vor sich her niederwirft. Wohl hat mit Gottes Hilfe in diesem unerhörten Kampf unser äußerer Mensch noch standgehalten und das Feld behauptet; aber wie können wir in dem Kampfe weiter noch bestehen, wenn wir nicht stark werden, stark bleiben am inwendigen Menschen?"

Im Akademischen Gottesdienst vom 2. Februar 1919 predigt Harnack unter der Überschrift *„Auf Dein Wort will ich das Netz auswerfen"* über die Kriegsniederlage (K&W06, S. 309-316): „[E]in Sturm erfaßte das Schiff, die Segel zerflatterten und zerrissen, das Steuer versagte, das Schiff scheiterte und zerschellte! Nur Trümmer! Nichts, nichts gefangen und alles verloren! […] Einen Krieg verlieren, sei es auch den größten, das kann jedem Volk widerfahren, wenn es von der Übermacht erdrückt wird, und die Hoffnung des Wiedererstehens und Auflebens ist immer gegeben. Aber in welcher Not sind wir! Unsere Lebensnerven sind durchschnitten, und ohnmächtig liegen wir am Boden. […] Gott hat uns das Gericht geschickt, damit wir uns von der Selbsttäuschung befreien: Wir hatten nichts gefangen. Es war nichts mit unsrem Wohlstand; es war nichts mit unsrem Fortschritt, ja, ich sage es mit heißem Schmerz: Es war nicht gut bestellt mit unsrem Patriotismus." Der Prediger zieht geradewegs einen Vergleich zur Antike: „Alles wäre aber damals untergegangen und die volle Barbarei an die Stelle getreten, wären nicht das Evangelium und die Kirche gewesen. Sie und sie allein haben gerettet und erhalten und übergeführt, was zu retten war, und haben die neue Zeit gebaut."

In *„Politischen Maximen"* des Jahres 1919 stellt Harnack der akademischen Jugend ein Ideal der sozialen Republik vor Augen (u. a.

ein *nicht* marxistischer ‚Sozialismus'); das – seiner Anschauung nach zwingend notwendige – „nationale Bewusstsein" steht jetzt in einem größeren Kontext (K&W06, S. 317-319): „Ein wirklicher Menschheitsbund aller guten, edlen und starken Geister, der Gottesstaat auf Erden, ist das höchste Ideal, das uns immer vorschweben muß. [...] Kein Chauvinismus und kein wurzelloser Kosmopolitismus, sondern *deutscher Geist und Menschheitshorizont.*"

In einem Offenen Brief an den französische Ministerpräsident Georges Clemenceau vom 6. November 1919 bedauert Harnack nunmehr die Verletzung der belgischen Neutralität und stellt nicht mehr pauschal deutsche Kriegsverbrechen in Abrede (K&W06, S. 320-322): *„Nach wie vor trete ich für unser tapferes und diszipliniertes Heer ein* gegenüber der Verleumdung, daß es ein Heer von Barbaren sei, und gegenüber den tückischen Versuchen, einen Keil zwischen das Heer und das deutsche Volk samt seinen Gelehrten und Künstlern zu treiben; aber ich gestehe zu meinem tiefen Bedauern zu, daß ein Satz wie der, daß keines einzigen belgischen Bürgers Leben und Eigentum von unseren Soldaten angetastet worden ist[54], ohne daß die bitterste Not es gebot – nicht haltbar ist." (In den ersten Kriegswochen waren 1914 nachweislich weit mehr als 5.000 belgische Zivilisten von deutschen Waffenträgern im Kontext systematischer Massaker ermordet worden, was deutschnationale Revisionisten bis heute abstreiten wollen.)

Im Frühjahr 1920 hält Harnack einen akademischen Vortrag *„Was hat die Historie an fester Erkenntnis zur Deutung des Weltgeschehens zu bieten?"* (K&W06, S. 323-344). Von einer durchgreifenden Erschütterung früherer Geschichtsbetrachtungen durch den Weltkrieg zeugt dieser Text nicht. Immerhin wird festgehalten: *„Kann der Fortschritt ganz aufhören und die Menschheit wieder* – über die Barbarei – *auf die Naturstufe zurücksinken?* Die Geschichte vermag diese Frage nicht zu beantworten."

Im Aufsatz *„Deutschland und der Friede Europas"* setzt Harnack die Rechtschaffenheit und Leistungsfähigkeit des eigenen Landes voraus (K&W06, S. 345-350): „Der große Weltkrieg ist vor drei Jahren beendigt worden; aber der ‚Friede' wütet noch immer und sein Wüten ist so schlimm wie der Krieg, ja er ist noch schlimmer [sic!]

---

[54] [Bezug: der von Harnack mit unterzeichnete *„Aufruf der 93"*, in: K&W06, S. 193-198.]

[…] Aber darüber kann kein Zweifel sein, daß Deutschland in extensiver und intensiver Arbeit an der Spitze der Völker steht. […] das deutsche Volk hat nur eine große Leidenschaft, die niemand auslöschen oder zermalmen kann, das ist die Arbeit. […] Alle diese Arbeiter […] wollen […] Frieden nicht nur für sich, sondern auch für alle andern Völker und für die ganze Welt. […] Darum ist es auch ganz gewiß, *daß Deutschland den Krieg nicht gewollt hat*: weder der Kaiser noch der Industrielle noch der Mann der Wissenschaft noch der Arbeiter oder Bauer hat ihn gewollt. […] Wer den Frieden Europas und der ganzen Welt will, der muß dafür sorgen, daß Deutschland wieder mit allen Kräften arbeiten kann, denn das durch Arbeit erstarkte Deutschland wird und kann niemandes Feind sein."

Im Jahr 1922 will Harnack dem Ausland *„Die Krisis der deutschen Wissenschaft"* vor Augen führen (K&W06, S. 351-362): „Nur eine wirklich erfolgreiche Hilfe zur Rettung der deutschen Wissenschaft gibt es – das ist die Abänderung des Versailler Vertrages. Er vernichtet die deutsche Wirtschaft und mit ihr die deutsche Wissenschaft und Kultur."

5. Bleibende Widersprüche

Christian Nottmeier schreibt zu Harnacks politischem Weg in der Nachkriegszeit: „Im Weltkrieg nach anfänglicher Kriegsbegeisterung Befürworter von innenpolitischen Reformen und Verständigungsfrieden, zählte er nach 1918 trotz seiner Bindungen an das alte Regime zu den Verteidigern der Weimarer Republik. Er verteidigte den Reichspräsidenten Friedrich Ebert gegen Anwürfe von rechts und votierte 1925 gegen Hindenburgs Wahl zum Reichspräsidenten. Harnack gehörte gleichwohl zeitlebens keiner Partei an, sondern pflegte einen überparteilichen, auf Konsens, Konfliktvermeidung und Interessenausgleich zielenden Politikstil, den er selbst wiederholt mit der Formel von der mittleren Linie umschrieb."[55] Was ihn abseits des republikfeindlichen – „deutschnationalen" – Mehrheitsstroms im Protestantismus stehen ließ, war gerade auch

---

[55] Nottmeier 2004, S. 3. – Harnacks Sohn Ernst von Harnack (geb. 1888, ab 1919 Sozialdemokrat) wurde später als Widerstandskämpfer vom NS-„Volksgerichtshof" zum Tode verurteilt und am 3. März 1945 hingerichtet.

eine gewisse Kontinuität: „Harnack blieb [...] in der Weimarer Republik, was er im Kaiserreich gewesen war: ein Staatsdiener"; ein Reinhold Seeberg hingegen „beteiligte sich an dem im Namen des Volkstums geführten Kampf der antidemokratischen Rechten gegen den Staat."[56] (Thomas Kaufmann)

Am 15. Juni 1930 richtete die Kaiser-Wilhelm-Gesellschaft in Berlin eine Trauerfeier zum Gedenken an ihren Gründungspräsidenten Adolf von Harnack aus. Nach den Ansprachen von drei Ministern, des Dekans der Evangelischen Fakultät und des Direktors der Staatsbibliothek kam es dem jungen Dietrich Bonhoeffer (1906-1945) zu, im Namen der ehemaligen Schüler des Verstorbenen ein Wort zu sprechen: „Es wurde uns an ihm deutlich, daß Wahrheit nur aus Freiheit geboren wird. Wir sahen in ihm den Vorkämpfer des freien Ausdrucks einmal erkannter Wahrheit, der sein freies Urteil je und je neu bildete und es ungeachtet der ängstlichen Gebundenheit der vielen je wieder deutlich zum Ausdruck brachte. Das machte ihn zum Freund aller Jugend, die ihrer Meinung freien Ausdruck gab, wie er es von ihr wollte. Und sprach er sich einmal besorgt aus oder warnte er im Hinblick auf jüngste Entwicklungen in unserer Wissenschaft, so hatte das seinen Grund ausschließlich in seiner Befürchtung, es möchte die Meinung der anderen vielleicht gefährdet sein, Sachfremdes mit dem reinen Streben nach Wahrheit zu vermengen. Wir aber wußten, daß wir bei ihm in gütigen Händen waren, darum sahen wir in ihm gleichsam eine Schutzwehr gegen alle Verflachung und Verödung, gegen alle Schematisierung geistigen Lebens."[57]

Dietrich Bonhoeffer war als Sohn eines berühmten wie gutsituierten Hochschullehrers in Grunewalder Nachbarschaft zu den Harnacks aufgewachsen und hatte zu einem überschaubaren Schülerkreis des eigentlich schon emeritierten Lehrers gehört. Aufgrund seiner Hinwendung zum *dogmatischen* Traktat über die Kirche

---

[56] KAUFMANN 2005, S. 219. – MARKSCHIES 2016 behandelt unter der Überschrift „Revanchismus oder Reue?" (Erster Weltkrieg) im Vergleich „die Frage nach Kontinuität und Diskontinuität im Denken von Reinhold Seeberg, Adolf Deissmann und Adolf von Harnack". Zu Harnacks Kollegen Adolf Deißmann (1866-1937) vgl. auch die beispielhaften Kriegsvoten in: K&W02, S. 369-396.
[57] Zitiert nach: SCHLINGENSIEPEN 2006, S. 78; vgl. zur Bedeutung Harnacks in Bonhoeffers Biographie ebd., S. 28, 45-49, 112, 117.

erwählte er sich ausgerechnet den Rechtsaußen Reinhold Seeberg zum Doktorvater, doch seine warmherzige Verehrung galt Harnack, dem Altmeister der Liberalen und großen Kirchenhistoriker. Auch nach der freudigen Entdeckung einer – von Karl Barth eingeforderten – „Theologie der Offenbarung" („Gott kann nur aus Gottes Geist begriffen werden") bewahrte sich Bonhoeffer seine Hochschätzung des historischen bzw. wissenschaftlichen Arbeitens auf hohem Niveau („Hinter die kritische Periode kann keiner von uns mehr zurück"). Er stand wie Harnack noch im Bann des Nationalprotestantismus, durchaus fern einer christlichen *Fundamentalkritik des Krieges*. Erst ab 1930/31 erfolgte Bonhoeffers Hinwendung zur drängenden Aufgabe einer Ökumene des Friedens.[58] (Zum Schatten der „Bekennenden Kirche" in NS-Deutschland wird es dann gehören, dass entschiedene Kriegskritiker – gar Pazifisten – in ihr ähnlich wie 1914-1918 allenfalls nur eine winzige Minderheit bilden.)

Aus christlich-pazifistischer Perspektive kann auch der im Gesamtvergleich „*maßvollen* Kriegszielpolitik", wie man sie Adolf von Harnack für die Zeit ab 1916 bescheinigen mag, kein Beifall gezollt werden. (Glaubwürdig ist im Gefolge Jesu selbstredend nur ein Standort, der *jeglichen* Annexionismus – ganz unabhängig von realpolitischen Wechselfällen – verwirft.) Harnacks Demokratisierungs-Voten, seine Klarsicht bezogen auf die Notwendigkeit eines sozialen Paradigmenwechsels und sein loyaler Nachkriegsstandort als ‚Vernunftrepublikaner' sind löblich. Doch sie führen noch nicht zu einer Klärung jener Widersprüche, die in den für diesen Beitrag herangezogenen Primärtexten und Forschungsbeiträgen ansichtig werden.

Was Adolf von Harnack während des Ersten Weltkrieg und z. T. danach vorgetragen hat, kommt in Grundlinien durchaus mit dem „*National-sozialen Katechismus*" Friedrich Naumanns[59] aus dem Jahr 1897 überein (vollständige Textdokumentation: K&W06, S. 403-432): Naumann wünschte in seinen Schriften für das Kaiserreich *nach*

---

[58] Vgl. WEISSINGER 2020.
[59] NAUMANN 1897. – Man vergleiche in diesem Traktat, der sich u. a. an ehemalige Anhänger von Stoeckers ‚Christlich-Sozialen' wendet, auch die Ausführungen zur sogenannten ‚Judenfrage'. Die Argumente gegen aggressiven Antisemitismus sind überwiegend *pragmatischer* Natur. Die deutschen Juden gelten als stammesfremde ‚Israeliten'; von ihnen wird vor einer Integration erwartet, dass sie sich der ‚christlichen Kultur' angleichen.

innen mehr parlamentarische Beteiligung ('Demokratisierung', 'Liberalität') und soziale Reformen, wobei er – ähnlich wie auch Harnack 1919 – mit antimarxistischer Zielrichtung den Terminus „(nationaler) Sozialismus" verwandte; gleichzeitig sollte *nach außen* die Politik – im Zuge einer von der national(istisch) aufgeladenen breiten Masse mitgetragenen Aufrüstung – militarisiert werden – zur *„Ausdehnung des deutschen Einflusses auf der Erdkugel"* (insbesondere anvisiert: Kolonien zur wirtschaftlichen Ausbeutung zugunsten u. a. der *deutschen* Arbeiter, aber ohne allzu offenkundige Exzesse im Verhalten gegen die Bewohner der geraubten Territorien). – Was Naumann in seinem politischen 'Katechismus' vertrat, war der übliche 'Sozialdarwinismus' im Weltmaßstab – gut kapitalistisch: *„Kann sich der Einfluß aller Kulturvölker nicht gemeinsam ausdehnen* ? Nein, denn dazu ist der Absatzmarkt für die Waren dieser Völker nicht groß genug. Dieser Markt wächst langsamer als das Streben nach Ausdehnung in den Kulturvölkern. Der Kampf um den Weltmarkt ist ein Kampf um's Dasein."[60] (Zu allen Zeiten will das Bürgertum freilich nie so ganz genau wissen, was in der 'Militärdoktrin' steht und was das Militär in der Ferne eigentlich treibt, um den 'Einfluss des eigenen Landes' auszudehnen.)

Mit den sogenannten „Ideen von 1914" schien die Verwirklichung eines „sozialen Kaisertums" nahegerückt.[61] Es macht einen ratlos, dass die im Kulturprotestantismus damals nahezu obligaten Anschauungen zu Kriegspolitik, Kolonialismus und Annexionismus auf der Linie Naumanns z. T. bis heute bagatellisiert werden – obwohl sie fundamentale Attacken gegen ein christliches Ethos darstellen. Man nehme etwa zur Kenntnis, wie selbstverständlich auch ein Otto Baumgarten 1917 äußern konnte: „Nach meinen ausführlichen Darlegungen in meinem den meisten so ärgerlichen Buche 'Politik und Moral' kann eine protestantische Ethik an sich keinen Anstoß nehmen an einer Eroberungs- oder Annexionspolitik. Denn jene verträgt sich sehr wohl mit der protestantischen Real- und

---

[60] NAUMANN 1897 (Punkt 22).
[61] Vgl. PRESSEL 1967, S. 15. – Bei den nationalen 'Liberalen' war die Verteidigung des Individuums keineswegs immer gut aufgehoben. So konnte auch ein Friedrich Naumann je nach politischer Lage unversehens zum Kriegskollektivismus übergehen: Die „Volksmaschine geht ihren Gang, ob der Einzelmensch lebt oder stirbt" (zitiert nach: https://www.fr.de/meinung/leiche-keller-11405849.html).

Machtpolitik, wie sie von Friedrich dem Großen und Bismarck charakteristisch vertreten ist, für die die Erhaltung und Erweiterung der Macht, das heißt der wirklichen Lebensfähigkeit des nationalen Staatswesens, das oberste Gesetz ist. [...] Konkret gesprochen: Sobald mir nachgewiesen wird, daß der Nahrungsspielraum, um eine vermehrte Kinderzahl Deutschlands, auf die wir aus nationalen Gründen dringen müssen, wirklich großziehen und sittlich verwerten zu können, in den alten Grenzen Deutschlands, auch unter weitgehender innerer Kolonisation, nicht mehr zu gewinnen ist, so sehe ich nicht ein, was ich gegen eine Annexion des vortrefflichen, noch dazu schon lange von deutscher Seite besiedelten Koloniallandes Kurland vom sittlichen Standpunkt aus einwenden sollte."[62]

Aus welchen ‚christlichen Prinzipien' Harnack die Behauptung einer vom Schöpfer gegebenen Aufgabe Deutschlands, das vermeintliche Recht auf Kolonien und Voten für – mehr oder weniger ‚maßvolle' – Eroberungen (bzw. Ausdehnungen der Einflußsphäre) ableiten wollte, bleibt ein Rätsel. Er hat die eigene Erkenntnis, dass es weder „einen christlichen Staat", noch „einen christlichen Krieg" gibt (K&W06, S. 269-276), in mehr als einem Kriegstraktat selbst nicht beherzigt. Gott spricht leibhaftigen Menschen ‚ins Herz', aber Nationen, Staaten oder Institutionen können nicht getauft werden ... Gerne wüssten wir, wie Adolf von Harnack an seinem Lebensabend die Wandlung des ‚inwendigen Menschen' und die von ihm ebenso festgehaltene Bedeutsamkeit der christlichen Religion für die gesamte menschliche Gattung zueinander in Beziehung gesetzt hat. Kam ihm zudem je der Gedanke, dass ein Theologe im Staatsdienst, der als Wissenschaftsmanager des Kaisers z. B. mit Giftgas-Forschungen befasst ist, in die Situation geraten kann, „zwei Herren dienen" zu müssen (Matthäus 6, 24)? Oder gab es vielleicht überhaupt gar kein Problembewusstsein hinsichtlich der Widersprüche zwischen der schönen Innerlichkeit (gemäß dem ‚Wesen des Christentums') und einem weniger erbaulichen Wirken im Bereich der äußeren Welt?

Pazifisten hatten ein Vierteljahrhundert lang vor einem großen Krieg gewarnt und kein Gehör gefunden in den verfassten Kirchen.

---

[62] Hier zitiert nach: HAMMER 1974, S. 255. – Vgl. auch die Zusammenstellung einiger Kriegsvoten von Baumgarten in: K&W02, S. 361-368.

Doch 1919 war es im deutschen Kirchentum immer noch nicht möglich, die eigene Verirrung einzugestehen oder gar eine Rückkehr zur vorkonstantinischen Ächtung jeglichen Krieges ins Auge zu fassen. Unverdrossen wurde an den militärfreundlichen Bekenntnisartikeln festgehalten und den Sachwaltern der Friedenskirchlichkeit wie zur Täuferzeit ein häretisches Christsein bescheinigt. So standen die Dinge nach siebzehn Jahrhunderten des arroganten, lernunfähigen Kriegschristentums; man braucht es nicht zum Gegenstand moralischer Empörungspredigten zu machen. (Erst 1948 kam es in Amsterdam zum ökumenischen Bekenntnis: „Krieg soll nach Gottes Willen nicht sein." Trotz Atombombe wird – bis heute – nur von wenigen erwogen, die Wahrheit der Bergpredigt des Propheten aus Nazareth könne auch etwas mit der *Überlebensfähigkeit der einen Menschheit* zu tun haben.)

Liegt nicht vielleicht in Marcions „Evangelium vom *fremden* Gott", von dem sich Harnack faszinieren ließ und das der Antisemit Houston Stewart Chamberlain 1922 als Absage an den „Gott der Juden" pries, in kritischer (!) – *biblisch-prophetischer* – Lesart ein Impuls verborgen zur Entlarvung jener selbstgemachten, allzu *vertrauten* Staats- und Kriegsgottheit, aus deren „Gnaden" gerade auch das deutsche Kaiserreich seine ‚Legitimierung' bezogen hatte?[63] Der ‚Gott', in dessen Namen Sprenggranaten und Giftgas eingesetzt wurden, konnte ja unmöglich identisch sein mit dem himmlischen Vater des Heilandes. War es nach so vielen Millionen Toten nicht an der Zeit, fern von allem konform politisierenden Theologietreiben endlich eine *theologische Kritik* der von Beherrschungswissenschaft, Aneignungszwang und Gewalt gelenkten Zivilisation anzugehen?

Eine ‚liberale Theologie' in Deutschland, die sich in ihren Anschauungen selbst von den Abgründen des Ersten Weltkrieges nicht nachhaltig erschüttern ließ (und deshalb u. a. keine „Zivilklausel" für die christlichen Fakultäten einführte), sorgte dafür, dass auch viele Christenmenschen guten Willens in der Folgezeit zur Schläfrigkeit neigten, als es längst wieder Anlass zu höchster *Beunruhigung* gab.

Der Ernstfall der biblischen Botschaft wurde mitnichten nur von den Barthianern wahrgenommen. 1932 schrieb Rabbiner Leo Baeck:

---

[63] Zu Überlegungen in diese Richtung vgl. RUSTER 2000.

„Religion, wofern sie vom Gebote weiß, ist ein Widerspruch zu dem ,guten Gewissen'; solange der Mensch über die Erde geht, lässt die Religion sein Gewissen niemals gut sein. Keine Aufgabe und Größe kommt ihr mehr zu als diese, so manches gute Gewissen zu beunruhigen und zu bewegen. Es ist ihr Stolz, dass sie viel gutes Gewissen gestört hat, das gute Gewissen, mit dem Menschen sich Sklaven zu eigen nahmen und so Mitmenschen zu Gegenständen machten, das, mit dem Machthaber Menschen bedrückten und quälten, das, mit dem Menschen in alles einstimmten, was jeweils Nutzen und Geltung war, und von dem schwiegen, was das Gebot sprach. Darin hat die Religion einen wesentlichen Teil ihrer Geschichte, und nur so lange sie darin bleibt, ist sie wahrhaft Religion. Besäße sie hierzu nicht mehr die Kraft oder nicht mehr den Willen, dann hätte die verhängnisvollste Krise in ihr eingesetzt, dann könnte sie auch nicht mehr wahrhaft von Unsterblichkeit und Ewigkeit reden."[64]

Düsseldorf, im Frühjahr 2021[65]
(neu durchgesehen: Oktober 2024)   Peter Bürger

---

[64] Hier zitiert nach: K&W03, S. 550-551.
[65] Erstveröffentlichung des Textes: K&W06, S. 11-44 (jetzt geringfügig verändert).

6. QUELLEN- UND LITERATURVERZEICHNIS
(mit Kurztiteln)

ANDERSEN u.a. 1917 = Deutschchristentum aus rein-evangelischer Grundlage. 95 Leitsätze zum Reformationsfest 1917 von Hauptpastor Friedrich Andersen in Flensburg, Professor Adolf Bartels in Weimar, Kirchenrat D. Dr. Ernst Katzer in Oberlößnitz bei Dresden, Hans Paul Freiherrn von Wolzogen in Bayreuth. Leipzig: Theodor Weicher 1917. [https://digital.staatsbibliothek-berlin.de]

BESIER 1984 = Gerhard Besier: Die protestantischen Kirchen Europas im Ersten Weltkrieg. Ein Quellen- und Arbeitsbuch. Göttingen: V & R 1984.

BRAKELMANN 1974 = Günter Brakelmann: Protestantische Kriegstheologie im 1. Weltkrieg. Reinhold Seeberg als Theologe des deutschen Imperialismus. Bielefeld: Luther-Verlag 1974.

BRAKELMANN 1991 = Günter Brakelmann: Krieg und Gewissen. Otto Baumgarten als Politiker und Theologe im Ersten Weltkrieg. Göttingen: V & R 1991.

BRAKELMANN 2015 = Günter Brakelmann: Protestantische Kriegstheologie 1914 – 1918. Ein Handbuch mit Daten, Fakten und Literatur zum Ersten Weltkrieg. Kamen: Spenner 2015. [Umfangreiches bibliographisches Hilfsmittel.]

BIGELMAIR 1902 = Andreas Bigelmair: Die Beteiligung der Christen am öffentlichen Leben in vorconstantinischer Zeit. Ein Beitrag zur ältesten Kirchengeschichte. München: Verlag der J. J. Lentner'schen Buchhandlung 1902.

BUCHHOLZ 2015 = René Buchholz: „Zu diesem Kanon darf das AT nicht gestellt werden". Marginalien zu einer These Harnacks. In: Zeitschrift für Katholische Theologie 131 (2009), S. 26-46; ungekürzte und aktualisierte Fassung Juni 2015. https://uni-bonn.academia.edu/Ren%C3%A9Buchholz

FLACH 2000 = Kurt Flach: Die geistige Mobilmachung. Die deutschen Intellektuellen und der Erste Weltkrieg. Berlin: Alexander Fest Verlag 2000.

FOERSTER 1925 = Friedrich Wilhelm Foerster: Streiflichter zur gegenwärtigen Lage IV. In: Die Menschheit, 12. Jg., Nr. 38, S. 246, 18. September 1925.

GAEDE 2018 = Reinhard Gaede: Kirche – Christen – Krieg und Frieden. Die Diskussion im deutschen Protestantismus in der Weimarer Republik (= Schriftenreihe Geschichte & Frieden, Bd. 41). Bremen: Donat Verlag 2018.

GAILUS/LEHMANN 2005 = Manfred Gailus / Hartmut Lehmann (Hg.): Nationalprotestantische Mentalitäten. Konturen, Entwicklungslinien und Umbrüche eines Weltbildes. Göttingen: Vandenhoeck & Ruprecht 2005.

HAMMER 1972 = Karl Hammer: Adolf von Harnack und der Erste Weltkrieg. In: Zeitschrift für evangelische Ethik 16. Jg. (1972), S. 85-101.

HAMMER 1974 = Karl Hammer: Deutsche Kriegstheologie 1870-1918. [Zweite Auflage, zuerst: 1971 bei Kösel in München]. München: dtv 1974.

HÄRLE 1975 = Wilfried Härle: Der Aufruf der 93 Intellektuellen und Karl Barths Bruch mit der liberalen Theologie. In: Zeitschrift für Theologie und Kirche (Mohr Siebeck) 72. Jg. (1975), S. 207-224.

HARNACK 1905 = Adolf von Harnack: Militia Christi. Die christliche Religion und der Soldatenstand in den ersten drei Jahrhunderten. Tübingen: Verlag von J. C. B. Mohr (Paul Siebeck) 1905.

HARNACK 1906a = Adolf von Harnack: Mission und Ausbreitung des Christentums in den ersten drei Jahrhunderten. Band I: Die Mission in Wort und Tat. Zweite, neu durchgearbeitete Auflage. Leipzig: J. C. Hinrichs 1906.

HARNACK 1906b = Adolf von Harnack: Mission und Ausbreitung des Christentums in den ersten drei Jahrhunderten. Band II: Die Verbreitung. Zweite, neu durchgearbeitete Auflage. Leipzig: J. C. Hinrichs'sche Buchhandlung 1906.

HARNACK 1910 = Adolf von Harnack: Gedanken über die Notwendigkeit einer neuen Organisation der Wissenschaft in Deutschland. Berlin: „Gedruckt in der Reichsdruckerei" 1910. [12 Seiten; nicht eingesehen.]

HARNACK 1915 = Adolf von Harnack: Das Wesen des Christentums. 16 Vorlesungen vor Studierenden aller Fakultäten im Wintersemester 1899/1900 an der Universität Berlin gehalten. Ausgabe fürs Feld (in zwei Heften). Leipzig: Hinrichs 1915. [Bibliographiert nach: http://d-nb.info/560551886]

HARNACK 1916a = Adolf von Harnack: An der Schwelle des dritten Kriegsjahres. Rede gehalten am 1. August 1916 in der Philharmonie zu Berlin. Berlin: Weidmannsche Buchhandlung 1916.

HARNACK 1916b = Adolf von Harnack: Aus der Friedens- und Kriegsarbeit (= Reden und Aufsätze – Neue Folge, Dritter Band). Giessen: Töpelmann 1916.

HARNACK 1917a = Adolf von Harnack: Einleitungsworte [Titel des Textes im Inhaltsverzeichnis: „Wilsons Botschaft und die deutsche Freiheit"]. In: Bund deutscher Gelehrter und Künstler (Hg.): Die deutsche Freiheit. Fünf Vorträge von Harnack – Meinecke – Sering – Troeltsch – Hintze. Gotha: Verlag Friedrich Andreas Perthes A.-G. 1917, S. 1-13. [Dem Deckblatt folgt der Zusatz: „Diese Vorträge wurden gehalten am 18., 22. und 25. Mai 1917 im Abgeordnetenhause in Berlin."]

HARNACK 1917b = Adolf von Harnack: Martin Luther und die Grundlegung der Reformation. Festschrift der Stadt Berlin zum 31. Oktober 1917. Berlin: Weidmannsche Buchhandlung 1917. [Nicht eingesehen]

HARNACK 1923 = Adolf von Harnack: Erforschtes und Erlebtes (= Reden und Aufsätze – Neue Folge, Vierter Band). Giessen: Verlag Alfred Töpelmann 1923.

HARNACK 1924 = Adolf von Harnack: Marcion. Das Evangelium vom fremden Gott. Eine Monographie zur Geschichte der Grundlegung der Katholischen Kirche [zuerst 1921]. Zweite, verbesserte und vermehrte Auflage. Leipzig: J. C. Hinrich 1924. [https://archive.org]

HARNACK 1953 = Axel von Harnack: Der Aufruf Kaiser Wilhelm II. beim Ausbruch des Ersten Weltkrieges. In: Die neue Rundschau (Fischer-Verlag Frankfurt) 64. Jahrgang (1953), S. 612-620.

HARNACK 1999 = Adolf von Harnack: Das Wesen des Christentums. Herausgegeben und kommentiert von Trutz Rendtorff. Gütersloh: Chr. Kaiser / Gütersloher Verlagshaus 1999.

HAUCK 1887 = Albert Hauck: Kirchengeschichte Deutschlands. Erster Theil. Leipzig: J. Hinrich'sche Buchhandlung 1887.

HERING 1996 = Rainer Hering: Auf dem Weg in die Moderne? Die Hamburgische Landeskirche in der Weimarer Republik. In: Zeitschrift des Vereins für Hamburgische Geschichte 82 (1996), S. 127-166.

HOLZEM 2015 = Andreas Holzem: Erster Weltkrieg. In: Volkhard Krech / Peter Dinzelbacher (Hg.): Handbuch der Religionsgeschichte im deutschsprachigen Raum, Band 6.1: 20. Jahrhundert – Epochen und Themen. Paderborn: Schöningh 2015, S. 21-60.

JANTSCH 1996 = Johanna Jantsch: Der Briefwechsel zwischen Adolf von Harnack und Martin Rade. Theologie auf dem öffentlichen Markt. Berlin / New York: De Gruyter 1996.

JANTSCH 1998 = Johanna Jantsch: Christentum und Imperium Romanum in der Sicht Adolf von Harnacks. In: Kneissl, Peter / Losemann, Volker (Hg.): Imperium Romanum. Festschrift für Karl Christ zum 75. Geburtstag. Stuttgart: Franz Steiner Verlag 1998, S. 379-394.

K&W01 = Peter Bürger (Hg.): Katholische Diskurse über Krieg und Frieden vor 1914. Ausgewählte Forschungen nebst Quellentexten. (= Kirche & Weltkrieg, Band 1). Norderstedt: BoD 2020.

K&W02 = Ulrich Hentschel / Peter Bürger (Hg.): Protestantismus und Erster Weltkrieg. Aufsätze, Quellen und Propagandabilder. (= Kirche & Weltkrieg, Band 2). Norderstedt: BoD 2020.

K&W03 = Peter Bürger (Hg.): Frieden im Niemandsland. Die Minderheit der christlichen Botschafter im Ersten Weltkrieg. (= Kirche & Weltkrieg, Band 3). Norderstedt: BoD 2021.

K&W04 = Peter Bürger (Hg.): Katholizismus und Erster Weltkrieg. Forschungen und ausgewählte Quellentexte. (= Kirche & Weltkrieg, Band 4). Norderstedt: BoD 2020.

K&W05 = Franziskus Maria Stratmann: Weltkirche und Weltfriede [1924]. Neu hg. v. Thomas Nauerth. (= Kirche & Weltkrieg, Bd. 5). Norderstedt: BoD 2021.

K&W06 = Adolf von Harnack: Schriften über Krieg und Christentum. „Militia Christi" (1905) und Texte mit Bezug zum Ersten Weltkrieg. Hg. von Peter Bürger. (= Kirche & Weltkrieg, Bd. 6). Norderstedt: BoD 2021.

KALTENBORN 1973 = Carl-Jürgen Kaltenborn: Adolf von Harnack als Lehrer Dietrich Bonhoeffers. Berlin: Evangelische Verlagsanstalt 1973.

KAUFMANN 2005 = Thomas Kaufmann: Die Harnacks und die Seebergs. „Nationalprotestantische Mentalitäten" im Spiegel zweiter Theologenfamilien. In: Manfred Gailus / Hartmut Lehmann (Hg.). Nationalprotestantische Mentalitäten. Konturen, Entwicklungslinien und Umbrüche eines Weltbildes. Göttingen: Vandenhoeck & Ruprecht 2005, S. 165-222.

KINZIG 2001 = Wolfram Kinzig: Harnack heute. Neuere Forschungen zu seiner Biographie und dem „Wesen des Christentums". Zu Harnacks 150. Geburtstag am 7. Mai 2001. In: Theologische Literaturzeitung (Leipzig) 126. Jg. (2001), Heft 5, S. 473-500.

KINZIG 2004 = Wolfram Kinzig: Harnack, Marcion und das Judentum. Nebst einer kommentierten Edition des Briefwechsels Adolf von Harnacks mit Houston Stewart Chamberlain. Leipzig: Evangelische Verlagsanstalt 2004.

KINZIG 2015 = Wolfram Kinzig: Harnack, Houston Stewart Chamberlain, and the First World War. In: Journal for the History of Modern Theology / Zeitschrift für Neuere Theologiegeschichte, Band 22 (2015), Heft 2, S. 190-230.

KNAB 2017 = Jakob Knab: Luther und die Deutschen 1517-2017. Mit einem Geleitwort von Detlef Bald und einem Nachwort von Helmut Donat (= Schriftenreihe ‚Geschichte & Frieden', Bd. 40). Bremen: Donat Verlag 2017.

KÖNIG 2005 = Christopher König: Rezension „Kinzig, Wolfram: Harnack, Marcion und das Judentum. Nebst einer kommentierten Edition des Briefwechsels Adolf von Harnacks mit Houston Stewart Chamberlain. Leipzig 2004".
In: H-Soz-Kult 28.06.2005. www.hsozkult.de/publicationreview/id/reb-7135

KÖRNER 2021 = Tom Körner (Interview): Historiker über Caritas-Gründer Werthmann: „Biografien als historische Sonden". Heiko Wegmann erforscht die Befürworter des Kolonialismus. Dabei stieß er auf Lorenz Werthmann. Dem
ging es um die Christianisierung der Kolonialisierten. In: taz, 10.04.2021.
https://taz.de/Historiker-ueber-Caritas-Gruender-Werthmann/!5759220/

KRANICH 2018 = Sebastian Kranich: Mit Gott in den Krieg – mit Luther zum Sieg?
Der deutsche Protestantismus im Ersten Weltkrieg – und nach seinem Ende
im November 1918. In: Literaturkritik 11/2018. https://literaturkritik.de/pub
lic/rezension.php?rez_id=25130

LEHNERT 2009 = Erik Lehnert: Adolf von Harnack – der Universalgelehrte am
Hof. In: Männer um Kaiser Wilhelm II. (= Die Mark Brandenburg [Zeit-
schrift]. Heft 73). Berlin: Marika Großer Verlag 2009. [https://www.wilhelm-
der-zweite.de/essays/harnack.php]

LIEBING 1966 = Heinz Liebing: „Harnack, Adolf von". In: Neue Deutsche Biographie 7 (1966), S. 688-690 [Online-Version]; URL: https://www.deutsche-bio
graphie.de/pnd118546058.html#ndbcontent

NAUMANN 1897 = Friedrich Naumann: National-sozialer Katechismus. Erklärung der Grundlinien des National-Sozialen Vereins. Berlin: Bousset& Kundt
1897. [http://mdz-nbn-resolving.de/urn:nbn:de:bvb:12-bsb11124407-6]

MARKSCHIES 2016 = Christoph Markschies: Revanchismus oder Reue? Der Erste
Weltkrieg und die Frage nach Kontinuität und Diskontinuität im Denken von
Reinhold Seeberg, Adolf Deissmann und Adolf von Harnack. In: Joachim
Negel / Karl Pinggéra (Hg.): Urkatastrophe. Die Erfahrung des Krieges 1914-
1918 im Spiegel zeitgenössischer Theologie. Freiburg i.Br. 2016, S. 242-280.

NEGEL/PINGGÉRA 2016 = Joachim Negel / Karl Pinggéra (Hg.): Urkatastrophe. Die
Erfahrung des Krieges 1914-1918 im Spiegel zeitgenössischer Theologie. Freiburg in.Br.: Herder 2016.

NEUFELD 1980 = Karl H. Neufeld: Adolf von Harnack. In: Hans-Ulrich Wehler
(Hg.): Deutsche Historiker. Band 7. Göttingen: V & R 1980, S. 24-38.

NIPPERDEY 1988 = Thomas Nipperdey: Religion im Umbruch. Deutschland 1870-
1918. München: C. H. Beck 1988.

NOTTMEIER 2004 = Christian Nottmeier: Adolf von Harnack und die deutsche Politik 1890-1930. Eine biographische Studie zum Verhältnis von Protestantismus, Wissenschaft und Politik. Tübingen: Mohr Siebeck 2004.

NOWAK 1996 = Kurt Nowak (Hg.): Adolf von Harnack als Zeitgenosse. Reden
und Schriften aus den Jahren des Kaiserreichs und der Weimarer Republik.
(Zwei Bände.) Berlin: De Gruyter 1996.

NOWAK 2001 = Kurt Nowak: Was ist eine Nation? Die Antworten Ernest Renans und Adolf von Harnacks. In: Rechtshistorisches Journal 20. (2001), S. 311-324.

NOWAK/OEXLE 2001 = Kurt Nowak / Otto Gerhard Oexle (Hg.): Adolf von Harnack. Theologe, Historiker, Wissenschaftspolitiker. Göttingen: V & R 2001.

NOWAK/OEXLE/RENDTORFF/SELGE 2003 = Kurt Nowak / Otto Gerhard Oexle / Trutz Rendtorff / Kurt-Victor Selge (Hg.): Adolf von Harnack. Christentum, Wissenschaft und Gesellschaft. (Wissenschaftliches Symposion aus Anlaß des 150. Geburtstags). Göttingen: Vandenhoeck & Ruprecht 2003.

PACHALY 1964 = Erhard Pachaly: Adolf von Harnack als Politiker und Wissenschaftsorganisator des deutschen Imperialismus in der Zeit von 1914-1920. Dissertation (phil.) Humbold-Universität Berlin. Berlin 1964. [Maschinenschriftlich; bibl. nach: HAMMER 1972; Bibliotheksorte: Frankfurt, Leipzig.]

PLISCH 2015 = Uwe Karsten Plisch: Kriegsdienst als Gottesverachtung – Frühchristliche Friedenstheologie bis zur konstantinischen Wende. In: Die gesellschaftliche Aktualität der Reformation: Friedenszeugnis ohne Gew(a)ehr. Die Kirche und der Krieg. Bausoldatenkongress 2014 der Ev. Akademie Sachsen-Anhalt, 5.-7.9.2014 (epd-Dokumentation 4/2015), S. 31-34.

PRESSEL 1967 = Wilhelm Pressel: Die Kriegspredigt 1914-1918 in der evangelischen Kirche Deutschlands. Göttingen: Vandenhoeck & Ruprecht 1967.

RADMÜLLER 2012 = Angelo Radmüller: „Zur Germanisierung des Christentums". Verflechtungen von Protestantismus und Nationalismus in Kaiserreich und Weimarer Republik. In: Zeitschrift für junge Religionswissenschaft 7. [Online], 7|2012, Online erschienen am: 31 Dezember 2012, abgerufen am 22 April 2021. [URL: http://journals.openedition.org/zjr/399]

REBENICH 1997 = Stefan Rebenich: Theodor Mommsen und Adolf Harnack. Wissenschaft und Politik im Berlin des ausgehenden 19. Jahrhunderts. (Anhang: Edition und Kommentierung des Briefwechsels). Berlin: De Gruyter 1997.

REBENICH 1999 = Stefan Rebenich: Die Altertumswissenschaften und die Kirchenväterkommission an der Akademie: Theodor Mommsen und Adolf Harnack. In: Jürgen Kocka (Hg.): Die Königlich Preußische Akademie der Wissenschaften zu Berlin im Kaiserreich. Berlin: Akademie Verlag 1999, S. 199-233. [https://archiv.ub.uni-heidelberg.de/propylaeumdok/50/]

RUNDSCHAU 1915 = (W.): Aus der Reichshauptstadt. Kriegsvortrag von Adolf v. Harnack. Die deutschen Ostprovinzen, ihre Geschichte und ihre Leistungen. In: Tägliche Rundschau, Nr. 520 – Erste Beilage / Morgen-Ausgabe vom 13. Oktober 1915.

RUSTER 2000 = Thomas Ruster: Der verwechselbare Gott. Theologie nach der Entflechtung von Christentum und Religion. Freiburg i. Br.: Herder 2000.

SCHLINGENSIEPEN 2006 = Ferdinand Schlingensiepen: Dietrich Bonhoeffer 1906-1945. Eine Biographie. 2., durchgesehene Auflage. München: C.H. Beck 2006.

SCHMID u.a. 2019 = Rainer Schmid / Thomas Nauerth / Matthias-W. Engelke / Peter Bürger (Hg.): Die Seelen rüsten. Zur Kritik der staatskirchlichen Militärseelsorge. Norderstedt: BoD 2019.

SMEND/DUMMER 1990 = Friedrich Smend (Bearb.): Adolf von Harnack. Verzeichnis seiner Schriften bis 1930. Mit einem Geleitwort und bibliographischen Nachträgen bis 1985 von Jürgen Dummer. [= Reprint: Leipzig 1927, 1930 und 1977]. Leipzig: Zentralantiquariat der DDR 1990. [Nicht eingesehen]

SCHÜCKING 1915 = Walther Schücking: Die deutschen Professoren und der Weltkrieg. (= Flugschriften des Bundes „Neues Vaterland" Nr. 5). Berlin: Verlag Neues Vaterland 1915. [http://mdz-nbn-resolving.de/urn:nbn:de:bvb:12-bsb 11124793-3]

WEISSINGER 2020 = Johannes Weissinger: „Die große Befreiung" – Dietrich Bonhoeffers Wende vom nationalen Kriegstheologen zum ökumenischen Friedenstheologen 1930/1931. In: Thomas Nauerth / OekIF (Hg.): Was ist Friedenstheologie? Ein Lesebuch. Norderstedt: BoD 2020, S. 225-240.

WENZ 2001 = Gunter Wenz: Der Kulturprotestant Adolf von Harnack als Christentumstheoretiker und Kontroverstheologe. München: Herbert Utz 2001.

ZAHN-HARNACK 1936 = Agnes von Zahn-Harnack: Adolf von Harnack. Berlin: Hans Bott Verlag 1936.

edition pace

Begründet von Thomas Nauerth & Peter Bürger

John Dear
EIN MENSCH DES FRIEDENS UND DER GEWALTFREIHEIT WERDEN
Ausgewählte Aufsätze und Reden.
Norderstedt: BoD 2018 – ISBN: 978-3-7460-8898-3

Heinrich Missalla
„GOTT MIT UNS"
Die deutsche katholische Kriegspredigt 1914-1918.
Norderstedt: BoD 2018 – ISBN: 978-3-7528-1568-9

Christian Weisner / Friedhelm Meyer / Peter Bürger (Hg.)
„GEDENKT DER HEILIGSPRECHUNG VON OSCAR ROMERO
DURCH DIE ARMEN DIESER ERDE"
Dokumentation des Ökumenischen Aufrufes zum 1. Mai 2011.
Norderstedt: BoD 2018 – ISBN: 978-3-7460-7979-0

Reinhard J. Voß
DIE KATHOLISCHE KIRCHE IN DER DR KONGO
IM KONTEXT VON GESELLSCHAFT UND ÖKUMENE.
Norderstedt: BoD 2019 – ISBN: 978-3-7481-4482-3

Matthias-W. Engelke
ZELT DER FRIEDENSMACHER
Die christliche Gemeinde in Friedenstheologie und Friedensethik.
Norderstedt: BoD 2019 – ISBN: 978-3-7494-3645-3

IM SOLD DER SCHLÄCHTER
Texte zur Militärseelsorge im Hitlerkrieg
Hg. von R. Schmid, Th. Nauerth, M.-W. Engelke, P. Bürger.
Norderstedt: BoD 2019 – ISBN: 978-3-7481-0172-7

John Dear
GEWALTFREI LEBEN
Aus dem Englischen von Ingrid von Heiseler,
herausgegeben von Thomas Nauerth.
Norderstedt: BoD 2019 – ISBN: 978-3-7494-5179-1

DIE SEELEN RÜSTEN
Zur Kritik der staatskirchlichen Militärseelsorge
Hg. von R. Schmid, Th. Nauerth, M.-W. Engelke, P. Bürger.
Norderstedt: BoD 2019 – ISBN: 978-3-7494-6804-1

Peter Bürger
OSCAR ROMERO, DIE SYNODALE KIRCHE UND ABGRÜNDE DES KLERIKALISMUS
Zum 40. Todestag des Lebenszeugen aus El Salvador.
Norderstedt: BoD 2020 – ISBN: 978-3-7504-9377-3

Ullrich Hahn
VOM LASSEN DER GEWALT
Thesen, Texte, Theorien zu Gewaltfreiem Handeln heute.
Hg. von Annette Nauerth & Thomas Nauerth.
Norderstedt: BoD 2020 – ISBN: 978-3-7519-4442-7

Wilhelm Wille
SIE SAGEN FRIEDE, FRIEDE … Zwanzig Jahre Forum Friedensethik
in der Evangelischen Landeskirche in Baden (FFE).
Norderstedt: BoD 2020 – ISBN: 978-3-7526-2956-9

Thomas Nauerth /
Ökumenisches Institut für Friedenstheologie (Hg.)
WAS IST FRIEDENSTHEOLOGIE ? EIN LESEBUCH.
Norderstedt: BoD 2020 – ISBN: 978-3-7526-4444-9

George Pattery S.J.
GANDHI ALS GLAUBENDER. Eine indisch-christliche Sichtweise.
Aus dem Englischen von Ingrid von Heiseler.
Herausgegeben von Klaus Hagedorn & Thomas Nauerth.
Norderstedt: BoD 2021 – ISBN: 978-3-7557-0056-2

Ulrich Frey
AUF DEM WEG DER GERECHTIGKEIT UND DES FRIEDENS
Texte aus drei Jahrzehnten. Herausgegeben von Gottfried Orth.
Norderstedt: BoD 2022 – ISBN: 978-3-7543-8569-2

Thomas Nauerth / Annette M. Stroß (Hg.)
IN DEN SPIEGEL SCHAUEN
Friedenswissenschaftliche Perspektiven für das 21. Jahrhundert.
Ein Lesebuch mit Texten von Egon Spiegel.
Norderstedt: BoD 2022 – ISBN: 978-3-7562-2081-6

Jochen Vollmer
„Friedenskirche werden – Ankommen im
postkonstantinischen Zeitalter"
Friedenstheologische Beiträge zur Entgiftung von Kirche und Glauben.
In Zusammenarbeit mit dem OekIF, hg. von Matthias-W. Engelke.
Norderstedt: BoD 2023 – ISBN: 978-3-7583-0420-0

Gottfried Orth (Hg.)
… dass Gerechtigkeit und Frieden sich küssen
Helmut Gollwitzer (1908-1993).
Norderstedt: BoD 2024 – ISBN: 978-3-7583-7214-8

Alfred Hermann Fried
Geschichte der Friedensbewegung
Eine Darstellung zum Pazifismus bis 1912.
(Regal: Geschichte der Friedensbewegung 1)
Norderstedt: BoD 2024 – ISBN 978-3-7597-0334-7

Ludwig Quidde
Über Militarismus und Pazifismus
Vier friedensbewegte Texte aus den Jahren 1893-1926.
(Regal: Geschichte der Friedensbewegung 2)
Norderstedt: BoD 2024 – ISBN 978-3-7597-0320-0

Richard Barkeley
Die deutsche Friedensbewegung 1870-1933
Unveränderter Text der Darstellung von 1947 – Bibliographie.
(Regal: Geschichte der Friedensbewegung 3)
Norderstedt: BoD 2024 – ISBN 978-3-7597-0405-4

Eberhard Bürger
Friedensbewegungen in der Ökumene
um die Zeit des Ersten Weltkriegs – Ein Überblick
(Regal: Geschichte der Friedensbewegung 4)
Norderstedt: BoD 2024 – ISBN 978-3-7597-0660-7

Dieter Riesenberger
Die katholische Friedensbewegung in der Weimarer Republik
Neuedition der Auflage von 1976. – Mit einem Vorwort von Walter Dirks
und einem Nachruf für Dieter Riesenberger von Helmut Donat.
(Regal: Geschichte der Friedensbewegung 5)
Norderstedt: BoD 2024 – ISBN 978-3-7597-0649-2

David Low Dodge
KRIEG IST MIT DER RELIGION JESU CHRISTI UNVEREINBAR
Eine pazifistische Pionierschrift aus dem Jahr 1812,
mit einer Einführung von Edwin D. Mead –
aus dem Englischen von Ingrid von Heiseler.
(Regal: Geschichte der Friedensbewegung 6)
Norderstedt: BoD 2024 – ISBN: 978-3-7597-3038-1

Erasmus von Rotterdam
ALLE MÜSSEN DEN KRIEG VERLÄSTERN
„Die Klage des Friedens" 1517, übersetzt von Rudolf Liechtenhan –
mit einem Vorwort von Eugen Drewermann.
Norderstedt: BoD 2024 – ISBN: 978-3-7583-8178-2

Johann von Bloch
DIE WAHRSCHEINLICHEN POLITISCHEN UND WIRTSCHAFTLICHEN
FOLGEN EINES KRIEGES ZWISCHEN GROßMÄCHTEN
Neuedition der Übersetzung von 1901 mit Begleittexten
von B. Friedberg, Manfred Sapper und Jürgen Scheffran
(Regal: Pazifisten & Antimilitaristen aus jüdischen Familien 1)
Norderstedt: BoD 2024 – ISBN: 978-3-7597-2313-0

Rudolf Goldscheid
MENSCHENÖKONOMIE, WELTKRIEG UND WELTFRIEDEN
Ausgewählte Schriften 1912 – 1926
(Regal: Pazifisten & Antimilitaristen aus jüdischen Familien 2)
Norderstedt: BoD 2024 – ISBN: 978-3-7597-7885-7

Moritz Adler
WENN DU DEN FRIEDEN WILLST, BEREITE FRIEDEN VOR
Texte wider den Krieg 1868 – 1899
(Regal: Pazifisten & Antimilitaristen aus jüdischen Familien 3)
Norderstedt: BoD 2024 – ISBN: 978-3-7597-9450-5

Eduard Loewenthal
DER KRIEG IST ABZUSCHAFFEN
Friedensbewegte Schriften für das Europa
der Völker und einen Weltstaatenbund, 1870 – 1912
(Regal: Pazifisten & Antimilitaristen aus jüdischen Familien 4)
Norderstedt: BoD 2024 – ISBN: 978-3-7583-5069-6

edition pace

Die hier fortgesetzte *edition pace*,
initiiert von Thomas Nauerth und Peter Bürger,
erschließt Quellentexte, Inspirationen & Forschungsbeiträge
zu folgenden Themenschwerpunkten:

Kultur der Gewaltfreiheit und des Friedens;
Persönlichkeiten, Spiritualität und Praxis
des gewaltfreien Widerstands;
Friedenstheologie, Kritik der Kriegsreligion;
Kirchliche Friedenslehren und Geschichte des
religiös motivierten Pazifismus;
Ökumenische und interreligiöse Lernprozesse
in der Bewegung für Gerechtigkeit, Frieden und
Bewahrung der Schöpfung.

Ergänzend:
Regal zur Geschichte der Friedensbewegung.

Regal: Pazifisten & Antimilitaristen
aus jüdischen Familien.

Buchausgaben:
https://buchshop.bod.de/
(Suchfunktion I Eingabe: *edition pace*)